WORDPRESS
LA GUÍA COMPLETA

WORDPRESS 5
LA GUÍA COMPLETA

Fernando Tellado

SOCIAL MEDIA

Diseño de maqueta: Laura Apolonio Guerra
Adaptación de cubierta: Monchi Álvarez
Ilustración de cubierta: Eduardo Rodríguez Meliá
Revisión: Gelsys M. García Lorenzo
Maquetación: Claudia Valdés-Miranda Cros
Responsable editorial: Eugenio Tuya Feijoó

Todos los nombres propios de programas, sistemas operativos, equipos hardware, etc., que aparecen en este libro son marcas registradas de sus respectivas compañías u organizaciones.

Edición española:

© EDICIONES ANAYA MULTIMEDIA (GRUPO ANAYA, S.A.), 2019
Juan Ignacio Luca de Tena, 15. 28027 Madrid
Depósito legal: M-37446-2018
ISBN: 978-84-415-4060-6
Printed in Spain

El libro que tienes en tus manos lo dedico en especial
a la Comunidad WordPress en España y a todos sus voluntarios,
que a diario dedican su tiempo y conocimientos para que
todos tengamos esta magnífica herramienta
libre y gratuita, en nuestro idioma.

AGRADECIMIENTOS

Agradezco a mi editor, Eugenio Tuya, por su apoyo incondicional y consejos; así como a Claudia Valdés-Miranda y Gelsys María García por su trabajo de maquetación y revisión; y a Ana Cirujano por ayudarme con las imágenes de los capítulos. Y, cómo no, a mi mujer, Mar, por ser mi base e inspiración de vida.

Fernando Tellado tras muchos años dedicado a labores ejecutivas en una multinacional, un día decidió dar un salto al vacío, dejarlo todo y dedicarse a escribir, utilizando para ello la herramienta más libre y democrática posible: los blogs. En pocos años consiguió ser reconocido como mejor blogger español en el Congreso de Webmasters y obtuvo el galardón a la revelación en los premios Bitácoras con un blog sobre WordPress (ayudawp. com) donde lleva ya más de 10 años compartiendo todo lo que sabe sobre este sistema de creación de webs y contenidos.

Desde entonces ha dirigido una red de contenidos digitales, creó la primera red colaborativa de blogs (Entre blogs), su propia empresa de formación (Bisnis) y ha impartido cientos de conferencias y cursos sobre WordPress, creación de marca en la red, gestión de comunidades online, además de asesorar sobre implantación de nuevas tecnologías sociales y 2.0 a diarios, empresas e incluso a algún sindicato y partido político.

En la actualidad es embajador de marca de varias empresas líderes en Internet. Además de seguir escribiendo a diario en su blog y publicar libros, imparte conferencias en todo el mundo sobre ecommerce, SEO, *copywriting* y, por supuesto, WordPress. Recientemente ha impulsado una asociación (ADEWEB) desde la que crea webs totalmente sin coste para entidades sin ánimo de lucro y organizaciones sin recursos económicos.

ÍNDICE

EL GESTOR DE CONTENIDO QUE COBRÓ VIDA PROPIA

Si hay una persona veterana en el mundo WordPress, ese sin duda es Fernando Tellado.

Ya por el año 2007, antes incluso de que existiera comunidad WordPress en España, él se dedicaba a abrir el camino a todos los que daban sus primeros pasos con este gestor de contenidos. A pico y pala, publicando artículos y tutoriales durante más de una década, se ha ganado una reputación incuestionable. Y lo ha hecho a base de aportar valor, valor y más valor; facilitando a una cantidad incontable de usuarios el manejo de la herramienta que, hoy en día, mueve más del 30 % de la web y no deja de crecer.

Precisamente por eso, este libro era inevitable: la culminación de tanto conocimiento y experiencia, unidos a la vocación de divulgación que siempre ha movido a Fernando.

En su interior encontrarás todo lo que debes saber sobre WordPress con un enfoque que quizá no esperas. Y es que, no se trata de un simple manual de uso, sino que te aportará una nueva comprensión del CMS más popular del mundo. Podrás entender su filosofía y evolución, sumergirte en su historia y aprender a dominarlo. Llegarás al final sabiendo el qué, el cómo y también el porqué.

Pero lo mejor que hará por ti este libro es ahorrarte un montón de tiempo y energía. Evitará que cometas errores que pueden hacerte perder dinero. Y, muy especialmente, te ayudará a entrar en este mundo con buen pie, siguiendo buenas prácticas y haciendo la experiencia mucho más fácil y agradable. Crear tu propia página web y tener presencia online es una de esas habilidades que puede dar un vuelco a tu vida y, si lo haces en buena compañía, tendrás más posibilidades de lograr tus objetivos.

Recuerdo cuando empecé a diseñar webs allá por el año 2000, a base de HTML y PHP puro y duro con el bloc de notas. Eran los años más oscuros y difíciles de la web. Poco a poco llegaron los gestores de contenido: pasé por Joomla, PHPNuke y otros intentos fallidos, hasta que en 2004 apareció WordPress y todo cambió.

Se instalaba en 5 minutos (que en realidad eran 30 segundos) y en un solo paso, simplificando al máximo la gestión del contenido. Ninguna otra herramienta me había permitido diseñar y desarrollar webs de una forma tan rápida y eficiente, pero aún había más. Algo que supuso la auténtica revolución: WordPress era tan fácil de usar, que incluso alguien sin conocimientos previos podía gestionar la web. Una vez terminada mi tarea, el cliente podía añadir, modificar o eliminar contenido sin depender de mí. Y eso nos hacía a ambos mucho más libres.

También fueron años de aprendizaje árido y complicado a base de ensayo y error. Me fui formando en recónditas páginas escritas en inglés por programadores que daban por supuesto que todo el mundo entendía lo que contaban... Ahora, con el libro de Fernando en las manos, pienso que si lo hubiera tenido entonces me habría ahorrado no meses, sino ¡años! de búsquedas, equivocaciones, callejones sin salida y frustraciones.

Así que, si estás aterrizando ahora en el mundo WordPress, déjame decirte que no podrías haberlo hecho en mejor momento. Y tampoco a través de un mejor vehículo.

Tanto si necesitas empezar por lo más básico o dar el salto a acciones más complejas como la creación de redes *multisite* o la construcción de aplicaciones web, aquí encontrarás las respuestas.

Serás capaz de crear contenido, de organizarlo y jerarquizarlo. Aprenderás cómo gestionar y optimizar WordPress para mejorar tu posicionamiento en Google; cómo mantenerlo actualizado y seguro; y cuáles son las buenas prácticas para mejorar la velocidad de carga.

Incluso irás un pasito más allá para descubrir el ingrediente secreto que está tras el rotundo éxito de este gestor de contenidos: su comunidad. Sin ella, WordPress no sería lo que es. Sin ella, WordPress simplemente no sería.

El corazón que hace latir este increíble ecosistema son todas esas personas: las que crean temas y plugins, las que contribuyen mejorando el código, las que traducen, las que organizan *meetups* y WordCamps en sus ciudades. Esas personas, entre las que quizás llegues a estar algún día inspirado por este libro, son las que mantienen esta inmensa red activa y respirando.

WordPress es mucho más que un software. Es la revolución que ha democratizado la creación y gestión de las páginas web. Es un tejido vivo que crece cada día gracias a la dedicación de personas como Fernando, quien nos cuenta —de forma llana, simple y elocuente— el qué, el cómo y el porqué de WordPress en esta guía definitiva, que seguro devorarás con la misma avidez que la que lo he hecho yo.

¡Buen provecho!

JOAN BOLUDA
CEO de boluda.com

WORDPRESS 5: LA REVOLUCIÓN

La mayoría de webs que visitas hoy están creadas con WordPress, sin ninguna duda, lo sepas o no. Y esto ha sido posible gracias al esfuerzo y dedicación, no de una empresa, sino de miles de usuarios anónimos en todo el mundo que hacen a diario posible WordPress.

15 años después del nacimiento de WordPress, este gestor de contenidos, inicialmente concebido para hacer blogs, se ha convertido en el sistema de creación web más popular del planeta. En la actualidad es el sistema utilizado en más del 30 % de todo Internet.

Tras años de locura por las redes sociales propietarias, los curadores y divulgadores (no siempre altruistas), Internet está volviendo a su esencia, a los autores, a los creadores de contenidos. Hoy los blogs, las webs como las conocemos, están reviviendo, y WordPress tiene mucho que ver en todo esto.

La web se ha democratizado a niveles impensables hace nada. Si hace alrededor de un lustro un emprendedor o autónomo necesitaba una tienda online, tenía que pasar irremediablemente el trámite de pedir un préstamo a su entidad bancaria. Hoy, gracias a WordPress, la brecha no es tecnológica, ni siquiera económica: el único freno sería la falta de proyecto. Si tienes un producto, una idea, un servicio que ofrecer, WordPress dispone de herramientas gratuitas, a la par que profesionales, para hacer realidad tu sueño sin tener que hipotecar de nuevo tu casa.

También los buscadores —titubeantes durante años mientras afianzaban sus algoritmos, y que de paso volvían locos a los profesionales del SEO— han vuelto a las raíces. Hoy, como siempre, prima el contenido original, de interés, con autoridad y verdad, sobre cualquier otro parámetro mecánico o matemático, devolviendo el poder sobre la presencia online a los creadores.

En los próximos años vamos a ver dos paradigmas en apariencia contradictorios: por un lado, una huida de los servicios propietarios hacia las aplicaciones móviles puras; y por otro, un regreso de los grandes contenidos, las noticias, los blogs y el ecommerce hacia la web (creada con WordPress).

En este manual de WordPress he querido incluir todo lo que sé sobre este fantástico sistema de creación web, de manera sencilla, paso a paso, para que tú mismo puedas formar parte de ese maravilloso futuro de Internet.

WordPress incorpora en su versión 5 tecnologías y herramientas que lo hacen aún más potente y versátil, al tiempo que mantienen la sencillez que le ha llevado a ser el sistema más utilizado.

Con WordPress 5 cualquier usuario sin conocimientos de programación ni práctica previa puede crear fácilmente su web corporativa, personal, el blog de su afición, una tienda online totalmente operativa e incluso aplicaciones web.

Y, como siempre, con la libertad por bandera, pues WordPress es un software libre, gratuito, de código abierto, con la garantía de que siempre será libre y gratis.

CÓMO USAR ESTE LIBRO

A QUIÉN VA DIRIGIDO Y QUÉ ES NECESARIO PARA EMPEZAR

Este libro va dirigido principalmente a los usuarios que empiezan con WordPress, que están dando sus primeros pasos con el sistema o que, simplemente, quieren mejorar el uso que hacen de este CMS.

Los usuarios de nivel medio o avanzado también pueden usar este libro como manual de referencia, utilizando directamente el capítulo que necesiten.

WEB PARA PRÁCTICAS

Si quieres practicar lo aprendido en este libro puedes ir a la web librowp.es y crear de manera gratuita una nueva web, por tiempo ilimitado, en la que ejercitar todo lo aquí aprendido.

1

¿POR QUÉ DEBERÍAS ELEGIR WORDPRESS?

DEMOCRATIZANDO LA PUBLICACIÓN WEB

Hasta la llegada de WordPress al mundo de la publicación web había muchos sistemas que ofrecían métodos para escribir y publicar en Internet, pero la mayoría eran propiedad de marcas o no coincidían con la filosofía open source, de código abierto (que garantiza que la herramienta será siempre por y para el público). Es tremendamente importante este aspecto de la licencia de publicación pues, asegura que en el futuro el software del que se sirve el usuario siempre estará disponible, libre, gratuito, con la libertad de difundirlo, copiarlo, cambiarlo. Con este tipo de licencia, en concreto la GPLv2 a la que está suscrito WordPress, se garantizan todos estos derechos y libertades, que permitirán que tú hoy, y tus hijos mañana, dispongan de herramientas de libertad para publicar, sin línea editorial ni tener que pagar por el derecho a compartir tus conocimientos, opiniones, sentimientos.

WordPress nació para democratizar la publicación de contenidos y en la actualidad es el rey de los CMS (del inglés *Content Management System*) o sistemas de gestión de contenidos, que son la evolución de los tradicionales sistemas de publicación, añadiendo elementos avanzados de administración, diseño y configuración de sitios y aplicaciones web o incluso tiendas online, y también blogs, por supuesto. Pero si WordPress es, y será durante mucho tiempo, el indiscutible rey de los CMS es debido a que no ha perdido su esencia inicial: ser el mejor entorno de publicación en Internet *para escritores*. Con la llegada de la versión 5.x, WordPress ha dado, además, un paso de gigante a la hora de ofrecer un sistema de creación, diseño y publicación sencillo y potente para cualquier usuario, mejorando aún más la experiencia de creación web.

Otros CMS, más orientados al diseñador o al programador, han ido descuidando el objetivo fundamental de todo sistema de publicación *online* mientras que WordPress se ha mantenido fiel a su cometido. Y por eso el escritor, el diseñador y el programador que lo conoce sabe apreciar su sencillez, sin menosprecio de la potencia, al tiempo que le permite administrar su web sin unos requisitos técnicos exigentes que sí precisan otros sistemas. De este modo, otros sistemas como Drupal, Joomla o Movable Type han ido perdiendo masa de usuarios a favor del nuevo Rey, que no ha hecho más que crecer y desarrollarse, siempre orientado al usuario final, que es la clave de su éxito. Es por todo ello que hoy WordPress supone el 30 % de todo Internet y más del 60 % de la cuota de implantación de todos los CMS.

	% All Websites	% CMS Market
WordPress	30.0	60.2
Joomla	3.1	6.3
Drupal	2.2	4.4
Squarespace	0.9	1.7
Wix	0.5	1.0

Figura 1.1. Implantación de los distintos CMS.

IMPULSADO POR LA COMUNIDAD

Si hay algo que distingue a WordPress de otros sistemas es su comunidad de usuarios, la mayoría anónimos y todos sin ánimo de lucro, que a diario aportan tiempo y conocimiento en ayudar a programar, traducir, difundir, en definitiva, a hacer WordPress más grande y mejor. Estos usuarios organizan reuniones (donde comparten experiencias y conocimientos) y eventos locales, nacionales e internacionales, conocidos como WordCamp (donde difunden durante días todo lo que se puede hacer con WordPress, además de implicar a más usuarios en la creación de WordPress).

Son estos usuarios anónimos quienes están logrando que WordPress ya no sea algo conocido solo como plataforma de blogs, sino como una herramienta de productividad web con la que vender online, crear aplicaciones y sitios corporativos o incluso redes sociales a coste cero y con una pequeña curva de aprendizaje.

Es esta comunidad la que suple, con su esfuerzo altruista, las carencias *a priori* de un proyecto que no tiene una empresa detrás. Y, aunque son muchas las virtudes de WordPress, es su comunidad la que lo hace estar vivo y cada vez más accesible.

Dicho esto, las ventajas que distinguen a WordPress del resto de sistemas de publicación se pueden resumir así:

1. Es un software de código abierto, que permite adaptar el programa a cualquier necesidad, así como su modificación, mejora y difusión infinita.

2. Los plugins —esas aplicaciones que amplían las posibilidades de WordPress— posibilitan que se convierta en una tienda online, una red social, tenga encuestas, formularios, funcione como CRM o sirva como aplicación de gestión remota, solo por poner unos ejemplos.

3. Es compatible con cualquier sistema externo, gracias a su interfaz de comunicación con aplicaciones, conocida como REST API, que lo integra con cualquier sistema existente o por existir.

4. Se caracteriza por su sencillez y suave curva de aprendizaje, desde la instalación a la publicación, pasando por una administración intuitiva, pensada en el usuario, no en el programador.

5. Su comunidad, que colabora en su crecimiento, atiende las consultas de los usuarios en los foros de soporte a diario, añade y mejora funcionalidades de manera permanente.

2

BREVE, PERO INTENSA HISTORIA DE WORDPRESS

15 AÑOS DE DESARROLLO CONSTANTE

El nombre de WordPress lo sugirió Christine Selleck, amiga de Matt Mullenweg (uno de los creadores iniciales), para venir a definir el objetivo del sistema: la palabra impresa (del inglés *word* y *press*) por su orientación hacia el escritor, y también con ciertas reminiscencias periodísticas.

La primera versión de WordPress salió a la luz el 27 de mayo de 2003, con el número 0.7. Fue una versión preliminar, pero disponible para el público, y ya ofrecía características avanzadas como un gestor de enlaces (entonces conocidos como *blogroll*), una completa interfaz de administración de publicaciones, posibilidad de creación de extractos y temas (como se denomina a las plantillas de diseño de WordPress) que cumplían los estándares XHTML 1.1.

Nota: *Como todo software, WordPress numera sus versiones. El primer número es la denominada «rama», el segundo es la versión «mayor» y los subsiguientes son actualizaciones menores, de mantenimiento.*

Pero no fue hasta el 3 de enero de 2004 que vio la luz la primera gran versión de WordPress, la 1.0, que empezó a tener nombre de jazzista, en esta primera ocasión Miles Davis: una costumbre mantenida hasta hoy, por la que toda nueva rama de WordPress homenajea a un mito del jazz, la música favorita de Matt Mullenweg.

WordPress

Post / Edit | Team | Options | Categories | Template | Manage Links | My Profile | View site | Logout

Post / Edit

Figura 2.1. Primera interfaz de WordPress.

Las tecnologías que incorporó esta primera versión ya marcaban diferencias:

▶ Instalación y actualizaciones sencillas, con un solo archivo de configuración, el importante y vigente hasta hoy wp-config.php.

▶ Moderación de comentarios, para que el administrador del sitio aprobara o rechazara las aportaciones de los lectores, y así gestionar adecuadamente la conversación.

▶ Sindicación de contenidos mediante tecnologías XML y Atom, para poder suscribirse a los contenidos de manera sencilla.

▶ Importación de contenidos desde otros CMS, como Textpattern, para facilitar la migración del resto de sistemas a WordPress.

▶ Introducción de la primera taxonomía, con la posibilidad de «archivar» una entrada en varias categorías para, de este modo, asignar varias temáticas posibles en las que la misma pueda estar encuadrada y, a su vez, facilitar la organización y navegación por las publicaciones.

▶ Enlaces permanentes (*permalinks* en inglés) amigables o humanos. Hasta la fecha las direcciones de una página web, o URL, eran del tipo misitio.es/?p=123 o similares; algo nada descriptivo que no permitía al usuario adivinar el contenido. Con el sistema incorporado, las URL pasaban a algo tan humano y comprensible como por ejemplo misitio.es/nombre-de-mi-publicacion/. Estas URL amigables son aún hoy uno de los principales parámetros de posicionamiento en los buscadores (SEO).

Nota: *Un permalink o enlace permanente es la dirección web de una página por la que se identifica desde cualquier lugar donde se haga referencia, es de algún modo su dirección única reconocible.*

La versión 1.2 (Mingus), lanzada solo cinco meses más tarde, fue una auténtica revolución gracias a la introducción de los plugins, pequeñas aplicaciones que, añadidas a WordPress, posibilitan aún hoy ampliar y extender sus funcionalidades hasta el infinito. Con cerca de 50 000 plugins, se puede decir que WordPress es escalable hasta el infinito, pues hay un plugin para cada posible necesidad. Otras novedades de esta versión fueron las siguientes:

1. Subcategorías, para añadir jerarquía a la organización de las entradas en categorías.

2. Compatibilidad con traducciones, gracias a lo que hoy WordPress está traducido a cientos de idiomas y variaciones locales.

3. Vista previa de las publicaciones, para comprobar el resultado final de un escrito antes de publicarlo.

4. Importación de contenidos desde cualquier fuente de sindicación RSS (del inglés *Real Simple Sindication*, un estándar abierto de visualización de contenidos desde otras webs).

5. Aviso a servicios de difusión de contenidos y buscadores de cada nueva entrada publicada, para la difusión automatizada. Algo que los motores de búsqueda agradecen, pues les ahorra recursos y tiempo a la hora de detectar nuevas publicaciones en Internet.

La versión 1.5, Strayhorn, disponible un año más tarde, incorporó el Escritorio, un sitio desde el que llegar fácilmente a las distintas áreas de administración de WordPress, también se mejoró en gran medida toda esta zona de administración. También se añadió la creación de páginas estáticas, un tipo de publicación que —al contrario de las entradas cuyo objetivo era la noticia, la publicación cronológica— está orientada a ofrecer información no perecedera. En esta versión, además, se agregó la posibilidad de tener instalados varios temas (plantillas) para cambiar la apariencia de la web con unos clics, sin que esto afecte al contenido.

WORDPRESS COMO CMS

WordPress 2.0 (Duke Ellington), lanzada el 26 de diciembre de 2005, dio los pasos hacia lo que hoy es WordPress. Con 1,8 millones de descargas, la lista de novedades fue impresionante, como correspondía a una nueva rama de versiones que cambiarían el futuro de la publicación de contenidos en Internet, algunas tan relevantes como estas:

1. Editor visual TinyMCE WYSIWYG («lo que ves es lo que obtienes», del inglés «*What You See Is What You Get*»), que convertía el editor de WordPress en una herramienta amigable para el escritor, que no necesitaba conocer etiquetas de programación para dar formato a sus textos.

2. Subida de archivos, para poder ilustrar las publicaciones con imágenes o añadir ficheros que se pudieran descargar por el lector.

3. Metadatos, identificadores de cada elemento de una entrada mediante datos rastreables por los buscadores, una tecnología en la que está basada toda la infraestructura actual de la web.

4. Perfiles y capacidades de usuarios, para poder disponer de varios autores en una misma instalación, cada uno con distintos permisos de publicación y administración, aprovechando de este modo de manera eficaz la capacidad multiusuario de WordPress.

5. Akismet, un plugin preinstalado para el control de los comentarios no deseados o *spam*.

A partir de la rama 2.x la cosa se iba acelerando y, bien pronto, con la versión 2.1 (Ella) se avanzaba en el futuro de WordPress, incorporando características que perduran hasta hoy:

▶ Guardado automático de entradas mediante la conocida Heartbeat API, para no perder nada de lo escrito, pues cada varios segundos se crea un borrador de la entrada en curso.

▶ Capacidad de exportar e importar el contenido de un WordPress a otro.

▶ Editor de entradas con pestañas, para poder elegir entre la edición visual o HTML.

▶ Posibilidad de definir una página estática como portada del sitio y definir una página como archivo de las entradas.

▶ Gestor de subida de medios.

▶ Administración sencilla y masiva de usuarios.

En mayo de 2007 aparece WordPress 2.2 (Getz) que añadió por defecto los widgets (antes solo disponibles mediante un plugin): bloques de contenido que se pueden personalizar y colocar mediante «arrastrar y soltar» en distintas zonas de un sitio, normalmente en las secciones laterales, para ofrecer recursos de navegación al lector, enlaces, contenido a medida, etcétera.

WordPress 2.3 (Dexter) fue la consolidación del amor con Google, agregó el sistema de etiquetado de entradas mediante *tags*, una nueva taxonomía que identificaba los textos con metadatos semánticos exclusivos y relacionados con el contenido, más allá de la organización más genérica de las categorías. Si a esto le unimos la incorporación de URL canónicas (con las que se optimizaba tu sitio para que los rastreadores de los buscadores identificaran los enlaces permanentes únicos de él y no los confundieran con otros), tenemos el círculo prácticamente cerrado para que WordPress se convirtiera en el sistema de publicación que más facilita el posicionamiento de contenidos en buscadores. También se aprovechó esta versión para incorporar el sistema de avisos de actualizaciones, por el que, sin intervención alguna del usuario, se le informaba en el Escritorio cuando hubiese nuevas versiones de WordPress o de los plugins instalados.

Las mejoras que incorporó pocos meses más tarde la versión 2.5 (Michael Brecker) consolidaban herramientas que hacían de WordPress un entorno pensado por y para el escritor, pero también para una administración potente y sencilla. Desde la subida múltiple de archivos a las actualizaciones de plugins con un solo clic, pasando por la incorporación de galerías de imágenes, biblioteca de medios, personalización del Escritorio o el modo de escritura a pantalla completa, todas estas ventajas mostraban un CMS sólido y sin fallos. Además, se mejoró la seguridad mediante contraseñas únicas y encriptación de las *cookies* de sesión.

WordPress 2.6 (Tyner) trajo el contenido multimedia, para incrustar vídeos y otros elementos dinámicos fácilmente mediante el sistema conocido como oEmbed, que muestra contenido dinámico solo con pegar la URL de un medio de la web en el editor de WordPress. En lo relativo a las mejoras destinadas a la publicación, añadió un sistema de versiones de distintos estados de las entradas, con la facilidad de volver a ediciones previas para recuperar textos modificados. También se mejoró el sistema de galerías de imágenes, la gestión de estas directamente en el editor, la posibilidad de agregar pies de foto o redimensionarlas con el ratón. Un hito en la seguridad del sistema fue la posibilidad de cambiar de ubicación el fichero de configuración principal, wp-config.php.

El cambio visual más importante llegó con WordPress 2.7 (John Coltrane), un cambio estético que no duró mucho, pero sí incorporó novedades de usabilidad vigentes en la actualidad. La novedad más importante de esta versión fue la introducción de las actualizaciones automáticas, sin salir del Escritorio, una auténtica revolución. El cambio del Escritorio fue colosal, con nuevas tecnologías donde todo se podía mover de sitio y personalizar, pantallas más intuitivas, menús más sencillos, edición masiva de contenidos y tal cantidad de novedades que prácticamente parecía una rama nueva de WordPress. Fueron muchísimos los cambios, pero llegó...

EL VERANO DE 2009

El 10 de junio de 2009 empezó un proceso de actualizaciones a partir de WordPress 2.8 (Chet Baker) que le supuso el apelativo de no ser seguro durante años. Fueron tantas las novedades que permitían a WordPress instalar temas y plugins de una forma tan simple que desató una avalancha de ataques por parte de hackers que provocaron montones de actualizaciones de seguridad sucesivas durante semanas. Todo ello convirtió el verano de 2009 en una auténtica pesadilla de avisos de actualización para el pobre administrador de WordPress.

En pocas semanas, en 2009, el equipo del núcleo de WordPress lanzó una serie de cuatro parches de seguridad, con los que cerraron de manera rápida y sistemática cualquier factor remanente de inseguridad. A finales de ese verano el código base de WordPress era ya prácticamente irrompible. Sin embargo, si tenías alguna instalación en marcha de WordPress en esa época, había que actualizar bastante a menudo, cada vez que se lanzaba un nuevo parche de seguridad. En total se emitieron seis versiones de WordPress, desde la 2.8.1 del 19 de julio hasta la 2.8.6 antes de Navidad. En solo 34 días hubo hasta cuatro actualizaciones de seguridad, y esta profusión de actividad provocó que muchos usuarios no actualizaran, empeorando la situación, al tener activas instalaciones inseguras. Todo esto generó una inquietud periodística, en muchos casos interesada, hacia este nuevo y potente sistema de publicación. Hasta la fecha había 64 millones de webs creadas con WordPress, el 17 % de todo Internet, así que no era cosa de broma. La parte negativa es que incluso hasta nuestros días pervive en la cultura popular la idea de que WordPress tiene problemas de seguridad, algo alejadísimo de la realidad, pues en cada análisis de CMS se ha mostrado como el más sólido.

Quizás debido a este sufrimiento, la siguiente versión, WordPress 2.9 (Carmen), se centró en mejorar pequeños detalles, con pocas incorporaciones, alguna notable y muy útil como un sencillo editor de imágenes para rotar, recortar o desdoblar una foto subida a las publicaciones.

EL REY DE LOS CMS

Con la llegada de la versión 3.0 (Thelonius) en junio de 2010, WordPress incorporó todas las nuevas características que le han convertido en el Rey de los CMS.

Un breve repaso de las más de 1200 mejoras y soluciones a fallos previos debe, por supuesto, incluir las siguientes:

▶ Fusión de WordPress y WordPress multisitio, anteriormente con descargas e instalaciones separadas, y ahora con una única experiencia para todo tipo de instalaciones.

▶ Nuevo sistema de administración de menús, totalmente visual, para gestionar de manera intuitiva la portada de tu web.

▶ Personalización de cabeceras y fondos de temas integrados.

▶ Mejoras en los tipos de entrada y taxonomías personalizadas.

▶ Posibilidad de usar el editor de entradas con los estilos del tema activo.

Nota: *Taxonomía es cualquier agrupación de contenidos mediante elementos comunes, como etiquetas o categorías.*

En febrero de 2011, WordPress 3.1 (Django Reinhardt) añadió el enlazado automático a entradas propias desde el buscador del editor, la barra de administración global, además de múltiples mejoras en las instalaciones multisitio. WordPress 3.2 (George Gershwin) mejoró la interfaz de administración, pero sobre todo marcó el reinado de WordPress, exigente con los requisitos para su instalación, al no permitir instalarse con versiones antiguas, y por tanto inseguras, de PHP y MySQL.

En cuanto a la siguiente versión, ya en 2011, con la 3.3 o Sonny, WordPress llevó la administración del CMS a las tabletas, a todos los dispositivos táctiles. También añadió la funcionalidad de arrastrar y soltar archivos al gestor de medios. Tampoco la versión 3.4, denominada Green, trajo muchas novedades, pero el personalizador de temas es a día de hoy una de las partes de WordPress más importantes, al llevar a la portada en directo de tu web todos los ajustes de cambio de apariencia que previamente había que realizar en la administración, sin ver el resultado de los cambios realizados. Algo parecido pasó con la siguiente revisión, WordPress 3.5 (Elvin), que se adaptó a la tecnología *retina*, que se está imponiendo en los ordenadores y tabletas más avanzados.

Con WordPress 3.6 (Oscar) de agosto de 2013, el cambio más relevante fue el nuevo tema predeterminado, Twenty Thirteen, que recibió quejas y alabanzas casi por igual, pues al contrario que los temas por defecto de años anteriores, este tenía un diseño quizás demasiado cerrado, bonito pero específico. Siempre los temas predeterminados de WordPress habían sido de base simple, esperando la personalización de cada usuario. A pesar de que pasasen bastante desapercibidas, también incorporó estas otras mejoras a destacar:

► Bloqueo de edición cuando hay otro usuario modificando una misma publicación, lo que incrementa el poder de WordPress como herramienta multiusuario.

► Reproductor multimedia HTML5 integrado, que facilita al extremo la publicación de contenido multimedia.

La siguiente fue la versión que rompió con la sensación de ser un sistema inseguro: la versión 3.7 (Basie) sorprendió a todos introduciendo la actualización en segundo plano de WordPress, sin intervención del usuario, para versiones menores. Hubo otros cambios y mejoras, pero esta variación es vital, pues exime al administrador de estar pendiente de actualizaciones de mantenimiento o seguridad (de la 5.2 a la 5.2.1 por ejemplo), dejando que decida solo el cambio a versiones mayores (de la 5.2 a la 5.3).

En las 3.9 y 4.0, WordPress dio los primeros pasos a siguientes retos. Se cambió el tema predeterminado, pasando del tradicional «estilo blog» a un formato de revista digital, frecuentemente utilizado por diarios digitales, Twenty Fourteen. Se modificó por completo la interfaz de administración, que pasó a un diseño menos minimalista a primera vista, pero menos pesado y, sobre todo, de aspecto muy profesional a la par que sencillo. La instalación y personalización de temas y plugins alcanzó la perfección y por fin se introdujo la elección de idioma durante la instalación.

Hubo un trecho complicado desde la versión de WordPress 4.9.5 hasta WordPress 5.0, pues en medio del largo desarrollo del nuevo editor Gutenberg, surgió la necesidad de incorporar no pocas medidas de gestión de la privacidad forzadas por nuevas regulaciones europeas, pero se superó con actualizaciones menores hasta llegar a la flamante WordPress 5.0.

Y LLEGARON LOS BLOQUES

Y ha sido desde la versión 5.0, de nombre de código Bebo, cuando WordPress se ha convertido en la plataforma de gestión, desarrollo y publicación más avanzada, con cambios tan relevantes en la forma de edición y administración que le han hecho imbatible.

El conocido proyecto Gutenberg ha cambiado totalmente la forma de publicar, introduciendo la fórmula de bloques de contenido, convirtiendo el clásico editor de WordPress —anteriormente similar a los viejos procesadores de texto— en una herramienta de publicación, diseño y maquetación web sencilla para cualquier usuario. De nuevo, democratizando la publicación web.

3

¿QUÉ NECESITAS PARA EMPEZAR A USAR WORDPRESS?

WORDPRESS.COM O WORDPRESS.ORG

Un error muy común cuando hablas a alguien de WordPress es confundir WordPress.com con WordPress.org, como si fuesen versiones distintas de lo mismo, una gratis y otra de pago. La respuesta correcta es siempre que el único WordPress, el auténtico, libre y gratuito, es el que se encuentra en WordPress.org, que es la web donde la comunidad de usuarios de WordPress colabora y mantiene el sistema y su documentación.

WordPress.com, a pesar de la coincidencia de nombre, es un servicio web de la empresa de uno de los creadores de WordPress, Matt Mullenweg, llamada Automattic, que ofrece blogs gratuitos, creados con WordPress, pero con limitaciones de uso y administración. Por ejemplo, en WordPress.com no puedes modificar el código o ampliar características sin pagar una cuota adicional a la empresa que presta el servicio. Y sí, usan WordPress, pero una versión personalizada y limitada.

Sin embargo, WordPress.org es donde encontrarás el código libre, abierto y gratuito, listo para instalar, configurar, ampliar y modificar a tu gusto donde quieras. También en WordPress.org es donde se encuentran los directorios oficiales y seguros de plugins y temas, en es.wordpress.org/plugins y es.wordpress.org/themes respectivamente, así como las versiones internacionales y traducidas de WordPress.

Bonitos diseños, potentes características, y la libertad de crear
lo que tú quieras. WordPress es al mismo tiempo gratis y de
precio incalculable.

Figura 3.1. Sitio web oficial de WordPress.org.

Figura 3.2. Web oficial de WordPress.com.

A pesar de lo anterior, aún hay muchos usuarios que se plantean si WordPress.com puede ser una buena opción para iniciarse en la publicación *online:* no lo es, nunca. Es tan distinta la interfaz y los servicios personalizados que lo que aprendas no te servirá en un entorno profesional, donde encontrarás siempre el original, WordPress.org.

WordPress.com es un servicio del tipo Freemium, por el que se ofrecen una serie de características gratuitas que, si se quieren ampliar, exigen pago adicional. Pero sobre todo es un sistema propietario, en el que no tienes acceso al código original y todas sus fuentes, por lo que se aleja de la filosofía original de WordPress, y será un freno a tu libertad creativa y necesidades de crecimiento.

Además, al estar dentro de un ecosistema propietario, nunca serás el dueño completo de tus contenidos, estando sujeto incluso a las normas propias de la empresa que aloja tu sitio, por las que podrán, sin que puedas hacer nada para evitarlo, incluso borrarte tu web entera.

WordPress.org —aunque requiere pasos previos que para muchos usuarios en principio parecen insalvables pero que, con el tiempo, justifican el pequeño esfuerzo inicial con creces— dispone de una libertad de uso y control de los que nunca se podrá disponer en servicios ofrecidos por otros.

HOSTING O ALOJAMIENTO WEB

El primer concepto clave a conocer cuando te adentras en la creación de un sitio web, con WordPress o cualquier otro software de Internet, es el de alojamiento, comúnmente denominado *hosting.*

Las empresas de alojamiento web actuales ofrecen aplicaciones sencillas para instalar WordPress y otros sistemas, además de todo lo necesario para tener presencia online.

Los servicios básicos que se ofrecen de alojamiento web son:

- ▶ Dominio de Internet.
- ▶ Espacio de alojamiento.
- ▶ Correo electrónico.

El dominio de Internet es un proceso meramente administrativo de registro de nombres que identifica dispositivos conectados a la red, convirtiendo las direcciones físicas (del tipo 11.22.33.44, también conocidas como direcciones IP) a algo mucho más intuitivo y fácil de recordar como miweb.es. Podrías pensar en ello como atajos a tu web.

El espacio de alojamiento se refiere a cuántos gigas o megas (GB o MB, unidad de medida de espacio físico de alojamiento en un disco de ordenador) dispones para los archivos necesarios para que tu sitio web funcione, variando enormemente la oferta de unos proveedores de alojamiento a otros.

Nota: *A los ordenadores donde se alojan sitios web se les denomina comúnmente servidores.*

No pienses que vas a disponer de un ordenador para ti solo, la realidad es que habitualmente solo dispondrás de una carpeta de usuario en la que alojar tu sitio web, carpeta a la que se asocia una dirección física (11.22.33.44), a la que el proveedor de alojamiento relaciona el nombre de dominio contratado. El funcionamiento es similar al sistema de usuarios del sistema operativo de un ordenador personal, donde accedes con un nombre y contraseña a tu carpeta Mis documentos, que es todo lo que ves, aunque en realidad hay muchas otras carpetas y usuarios.

Es importante tener esto en cuenta porque estás compartiendo recursos físicos de un mismo ordenador con otros usuarios y sitios web, de manera que, si hay un problema en una de las carpetas o en el software instalado en las mismas, puede afectar al rendimiento de tu sitio web. A esto se le llama alojamiento compartido, el más común y económico.

Figura 3.3. Muestra de distintas ofertas de alojamiento web.

¿Es esto siempre así? Afortunadamente no. Las empresas que ofrecen alojamiento web disponen de diversas configuraciones, dependiendo de las necesidades de cada proyecto web, que pasan desde alojamientos compartidos de bajo precio hasta servidores dedicados (donde se te asigna un ordenador de manera exclusiva, que puedes configurar según las necesidades de tus proyectos).

SERVICIOS CLOUD

En la actualidad se están popularizando los servicios de alojamiento en la nube, o *cloud hosting,* que ofrecen rendimientos similares a los de un servidor dedicado, pero a precios ligeramente superiores a los de un alojamiento compartido tradicional.

Con este tipo de servicio el usuario adapta el alojamiento contratado a las necesidades de cada momento, pudiendo ampliar las características del mismo en cuestión de segundos a través de una página especial o panel de control *online*. De este modo, adaptas de forma progresiva el alojamiento al crecimiento de tu sitio web, sin necesidad de contratar un paquete distinto al original. Ello te ofrece mucha más flexibilidad que los sistemas tradicionales, que por lo general requerían el traslado de información de un ordenador a otro, con la pérdida de tiempo que supone, además de molestias para los visitantes de la web.

ALOJAMIENTO WINDOWS O LINUX

Cada vez es menos frecuente tener que decidir entre un alojamiento Windows o Linux, pero en caso de que te veas ante esta posibilidad la solución es sencilla. Tanto uno como otro se refieren al sistema operativo base instalado en el ordenador donde se alojará tu sitio web, y dependiendo de cuál elijas influirá en qué otras aplicaciones llevará instalado, así que es una decisión importante. Pero, sobre todo, no te preocupes si nunca has utilizado el sistema operativo Linux, pues tu vida seguirá igual de tranquila ya que no tendrás que aprender a usarlo. En tu ordenador personal puedes seguir empleando el sistema operativo habitual.

La regla básica es que siempre elijas el alojamiento Linux, salvo que tu proyecto vaya a crearse usando algún lenguaje de programación de Microsoft como NET o ASP. La inmensa mayoría de las webs actuales se crean mediante los lenguajes de programación HTML, PHP, Perl o Phyton, y muchas de ellas utilizan bases de datos MySQL. Todos estos lenguajes funcionan mejor en servidores Linux.

Truco: *Los alojamientos Linux, además de ser los más compatibles, suelen ser más baratos que los que están basados en Windows.*

PHP Y MYSQL O MARIADB

Los gestores de contenidos, los CMS, no solo usan lenguajes de programación como PHP o Perl, sino que también necesitan almacenar información en bases de datos, como nombres de usuario, configuraciones, etcétera.

Los gestores de bases de datos más utilizados son MySQL y MariaDB, pues están especializados para su uso en servicios web y, asimismo, son de código abierto por lo que se adaptan a cualquier necesidad.

PHP, por su parte, es un lenguaje de programación avanzado que sirve para crear sitios webs con contenido dinámico. Cuando un visitante llega a una web creada con PHP, el servidor ejecuta los comandos PHP incluidos en la misma y devuelve los resultados al navegador del visitante.

WordPress es una plataforma de creación web basada en la combinación de PHP y MySQL o MariaDB. Su funcionamiento básico es el siguiente: alguien visita tu sitio web para ver tu contenido, lo que genera una petición de información al servidor donde está alojada, entonces el lenguaje de programación PHP recibe esa petición y comprueba en la base de datos si existe la información solicitada, la recupera y la muestra a tu visitante a través de su navegador de Internet. Este proceso, que parece complicado, se completa de manera automática en cuestión de segundos, o incluso menos, dependiendo de la cantidad de contenido disponible y de datos almacenados.

Es, en consecuencia, imprescindible que el servicio de alojamiento web que contrates disponga de PHP y MySQL o MariaDB instalados en el servidor, para que puedan interpretar los comandos de PHP y alojar la información dinámica que genera WordPress en bases de datos MySQL.

Advertencia: *WordPress recomienda la versión 7.2 o superior de PHP y la versión 5.6 de MySQL o la 10.0 o superior de MariaDB. No contrates ningún alojamiento que no te ofrezca estas configuraciones.*

Es habitual que las empresas de alojamiento ofrezcan este tipo de información, pero no siempre con el nivel de detalle necesario así que siempre es buena idea contactar con ellos antes de decidirte por un plan de alojamiento u otro.

CÓMO DECIDIR EL MEJOR ALOJAMIENTO

Hay una serie de conceptos que debes tener claros antes de elegir dónde alojar tu sitio web para instalar WordPress, la mayoría novedosos para ti. No es común, y ni siquiera recomendable, cambiar de alojamiento con frecuencia, pero es importante que decidas bien.

WordPress no es especialmente exigente en cuanto a los recursos necesarios para su funcionamiento, así que casi siempre podrás seleccionar un paquete de alojamiento básico o intermedio que, poco a poco, según crezca tu sitio web, irás ampliando.

Los requisitos básicos a la hora de contratar un alojamiento web en el que instalar WordPress son estos:

▶ Alojamiento compartido o Cloud, eligiendo primero el mínimo disponible para, en un futuro, escalar hacia el siguiente.

▶ PHP (versión 7.0 o superior) y MySQL (versión 5.6 o superior) o MariaDB (versión 10.0 o superior) son la base imprescindible para instalar WordPress.

▶ 10 GB de espacio en disco iniciales, más que suficientes para alojar WordPress (que ocupa poco más de 6,5 MB) y los archivos o fotos que utilices para tus contenidos.

▶ Discos SSD, muchos más rápidos y eficaces que los viejos discos mecánicos.

▶ Certificados SSL gratuitos de por vida, del tipo *Let's Encrypt,* para ofrecer tu web segura en HTTPS, imprescindible para proteger a tus visitantes.

▶ Bases de datos ilimitadas, para poder instalar tantos WordPress como necesites.

▶ Herramientas específicas para WordPress, como WP-CLI o Staging.

▶ Instalador de WordPress.

▶ Soporte 24/7 especializado en WordPress, porque no tiene sentido que tu web esté online 24 horas al día, 365 días al año y la ayuda de tu empresa de *hosting* tenga horario de oficina.

▶ Copias de seguridad automáticas diarias.

4

INSTALACIONES Y ACTUALIZACIONES

MAMP-WAMP-LAMP

Aunque WordPress es muy fácil de instalar, para el principiante puede parecer un muro infranqueable, sobre todo por el uso de nuevas herramientas y el lenguaje exclusivo de este proceso. En este capítulo vamos a aprender a instalar WordPress tanto manualmente como gracias a herramientas automáticas.

Existe, asimismo, la posibilidad de hacer pruebas en una instalación local, en el ordenador propio en vez de en un servidor. No te recomiendo esta opción, pues conlleva elementos y comportamientos tan diferentes frente a una instalación «normal» en servidor que casi nunca merece la pena emplear el tiempo en ello. No obstante, si tienes interés, existen unos paquetes como el denominado Microsoft Web Platform Installer, disponible en www.microsoft. com/web/wordpress, con los que se instala WordPress, con todo lo necesario, en un ordenador con sistema operativo Windows mediante un asistente de instalación sencillo, como cualquier otra aplicación. O, si lo prefieres, tienes las distribuciones completas, disponibles para cualquier sistema operativo, que instalan en tu ordenador la base fundamental que requiere WordPress para funcionar: servidor web Apache, MySQL o MariaDb y PHP. Las encontrarás en distribución para Windows (WAMP), Linux (LAMP) y Mac OSX (MAMP).

Una vez instalado el paquete básico solo queda instalar WordPress de manera manual (igual que lo harías en un servidor), como luego explicaremos en detalle. El problema de las instalaciones locales es que ese WordPress solo estará disponible para ti salvo que ofrezcas al mundo exterior la dirección IP de tu ordenador, lo que no suele ser recomendable. La parte interesante es que es posible realizar experimentos antes de lanzarte a la red de redes, que es donde reside todo su potencial, el hacer todo *online*.

Advertencia: *Los sistemas operativos Linux y Mac OSX ya llevan de serie el componente de servidor web Apache, que deberás desactivar para evitar conflictos con una instalación AMP.*

El proceso de instalación de WordPress mediante paquetes del tipo de AMP es muy sencillo pues, una vez hayas terminado el proceso propio para instalar la plataforma básica, ofrece un panel de control donde activar los servicios necesarios (Apache, PHP y MySQL) así como una interfaz web para administrar las bases de datos, denominada phpMyAdmin.

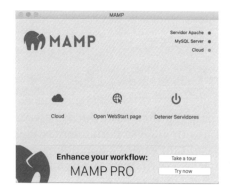

Figura 4.1. Panel de control de MAMP.

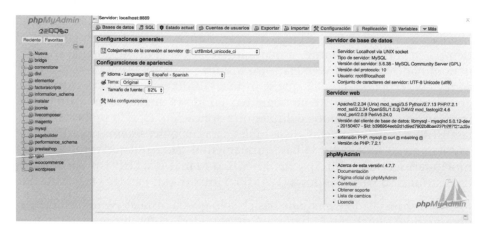

Figura 4.2. Interfaz web del gestor de bases de datos phpMyAdmin.

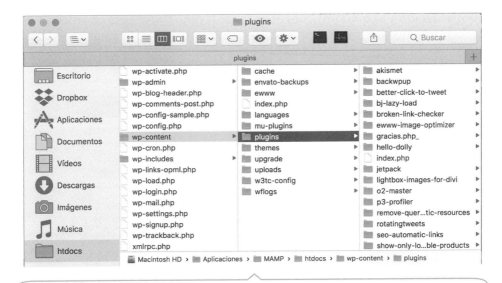

Figura 4.3. Instalación local de WordPress.

Nota: *Para acceder tanto a tu servidor local como al gestor de base de datos tienes que abrir tu navegador web y teclear, por defecto, localhost:8888.*

Para instalar WordPress simplemente descarga la última versión desde el sitio oficial como veremos más adelante y coloca los archivos y carpetas en el directorio donde esté situado tu paquete AMP, normalmente en el subdirectorio htdocs. La siguiente vez que accedas a la dirección local de tu servidor comenzará la «famosa instalación de WordPress».

INSTALACIONES AUTOMÁTICAS

Desde no hace mucho tiempo la mayoría de las empresas proveedoras de alojamiento web han incorporado instaladores de aplicaciones web mediante los que dispones de tu CMS favorito evitando algunos procesos manuales normalmente intimidantes para los nuevos usuarios. Por supuesto, en estas listas de CMS disponibles siempre está WordPress, habitualmente como opción preferente.

Este tipo de instalaciones en un clic tienen una ventaja irrefutable: su simplicidad, pues no requiere de ningún tipo de conocimiento ni paso previo para tener lista una instalación finalizada de WordPress y empezar a crear, muy parecido a lo que consigues en servicios como WordPress.com pero, eso sí, con una instalación completa del WordPress original. Es una posibilidad muy atractiva, y mucho más rápida que la instalación manual.

Figura 4.4. Instalación automática en un clic de aplicaciones web.

LA FAMOSA INSTALACIÓN EN 5 MINUTOS DE WORDPRESS

Aunque es cierto que se suele hablar de la «famosa instalación en 5 minutos» la realidad es que, según el punto de vista, dura muchísimo menos o, por el contrario, muchísimo más, todo depende de a qué nos refiramos al hablar del proceso de instalación. Si contamos como instalación el proceso desde la descarga de WordPress desde la web oficial y la posterior carga de ficheros a tu servidor, entonces por supuesto que dura bastante más, pero la verdad es que eso no es el proceso de instalación en sí mismo como no dirías que estás instalando una aplicación en tu ordenador mientras descargas la misma de su web ¿no?

Teniendo en cuenta todos los pasos necesarios esta sería la secuencia de acciones a realizar:

- ▶ Descargar la última versión.
- ▶ Recopilar los datos necesarios para la instalación.
- ▶ Subida de archivos mediante FTP (del inglés *File Transfer Protocol*).
- ▶ La famosa «instalación en 5 minutos».

Así que, empecemos con la descarga de la última versión estable de WordPress. Para ello iremos a la web oficial de nuestro idioma materno. Para el español de España la dirección es es.wordpress.org, pero debes saber que hay versiones de adaptaciones locales (como la de Perú pe.wordpress.org) que se diferencian en los pequeños matices de cada localización. Todas estas traducciones, igual que el mismo desarrollo de WordPress, dependen de la disponibilidad y trabajo de la comunidad de usuarios.

Figura 4.5. Descarga de la última versión de WordPress desde el sitio oficial.

Desde WordPress 4.0 puedes elegir el idioma de la instalación desde el primer momento, de modo que sea el mismo proceso de instalación de WordPress quien se ocupe de, una vez realizada la selección, descargar los archivos de tu idioma elegido y continuar la instalación en tu lengua.

Una vez descargado el fichero ZIP en tu ordenador debes descomprimirlo para visualizar las carpetas y archivos que contiene. Lo que obtienes es una carpeta denominada WordPress que, a su vez, contiene otras tres carpetas (wp-admin, wp-includes, wp-content) y una serie de archivos (17) que, en su conjunto, son todo lo que necesitas para la instalación.

Advertencia: *Jamás se deben modificar manualmente los archivos de instalación de WordPress. La única excepción es el fichero de configuración wp-config.php.*

4.6. Estructura de archivos y carpetas de instalación de WordPress.

Lo siguiente, como hemos visto en la lista de tareas, es recopilar la información necesaria para la instalación, que es la siguiente:

▶ Datos de conexión a la base de datos:

▶ Nombre de la base de datos.

▶ Usuario de la base de datos.

▶ Contraseña de la base de datos.

Datos para la conexión al servidor por FTP:

▶ Nombre del servidor o *host* (normalmente el nombre del dominio contratado).

▶ Usuario de acceso FTP.

▶ Contraseña de acceso FTP.

Toda la información anterior nos la facilita el proveedor de alojamiento cuando contratamos el servicio, enviándola por correo electrónico, además estará disponible en el panel de control del alojamiento contratado. En caso de haber perdido el correo electrónico o no encontrar fácilmente los datos, deberás contactar con la empresa de alojamiento para que te los facilite pues los necesitas ahora y es probable que más veces en el futuro.

A continuación, ya con toda la información necesaria, empieza a subir todo por FTP, que por si no lo conoces es un sistema de transferencia de archivos muy veterano pero vigente hasta nuestros días. Lo que hace es permitirte navegar por los archivos de un servidor igual que harías en tu propio ordenador. Para ello necesitarás una aplicación especializada, denominada cliente FTP, que facilita la tarea de conexión y navegación por los archivos remotos.

Nota: *Hay clientes FTP gratuitos como FileZilla con versiones para los principales sistemas operativos.*

Todos los clientes FTP disponen de un menú de configuración para añadir nuevas conexiones, donde introduciremos los datos que nos ha facilitado previamente el proveedor de alojamiento. Una vez guardada la información requerida nos conectaremos al servidor que, en el cliente FileZilla se localiza en el menú Archivo>Gestor de sitios.

Figura 4.7. Configuración de conexión nueva en cliente FTP con los datos facilitados por el proveedor de alojamiento.

Una vez configurado el cliente FTP con los datos facilitados por el proveedor, conéctate con el servidor y «arrastra» los archivos descargados de WordPress al cliente FTP como lo haríamos entre dos carpetas de nuestro ordenador. El proceso es lento, dependiendo de la velocidad del servidor (a pesar del pequeño tamaño de WordPress), debido al mismo protocolo FTP que tarda mucho en subir muchos archivos (aproximadamente unos veinte minutos) aunque sean pequeños.

Figura 4.8. Transferencia de archivos de la carpeta de ordenador al cliente FTP.

Cuando terminen de subirse todos los archivos ya estás listo para empezar la verdadera instalación de WordPress. Para ello, abre tu navegador web favorito y teclea la dirección del dominio contratado. Si todos los archivos y carpetas están subidos verás una pantalla en tu navegador como la de la figura 4.9 (en caso contrario, vuelve a subir los archivos y carpetas de nuevo).

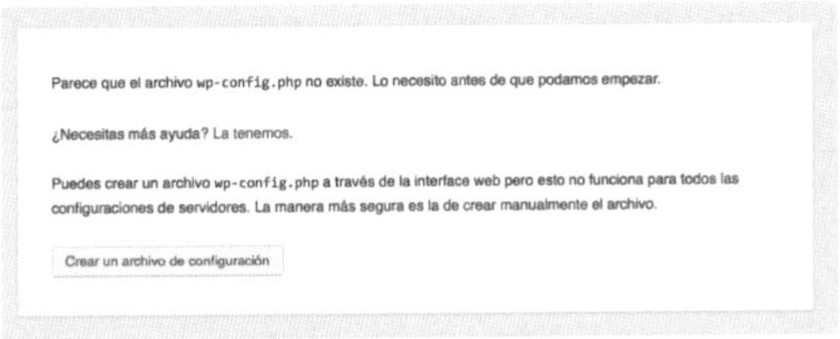

Parece que el archivo wp-config.php no existe. Lo necesito antes de que podamos empezar.

¿Necesitas más ayuda? La tenemos.

Puedes crear un archivo wp-config.php a través de la interface web pero esto no funciona para todos las configuraciones de servidores. La manera más segura es la de crear manualmente el archivo.

Crear un archivo de configuración

Figura 4.9. Primera pantalla de preinstalación de WordPress.

Advertencia: *Debes subir los archivos y carpetas contenidos en la carpeta denominada wordpress, no la misma carpeta wordpress. Es un error muy común descubrir que, para acceder a una web, tengas que teclear dominio.es/wordpress/ en vez de simplemente dominio.es.*

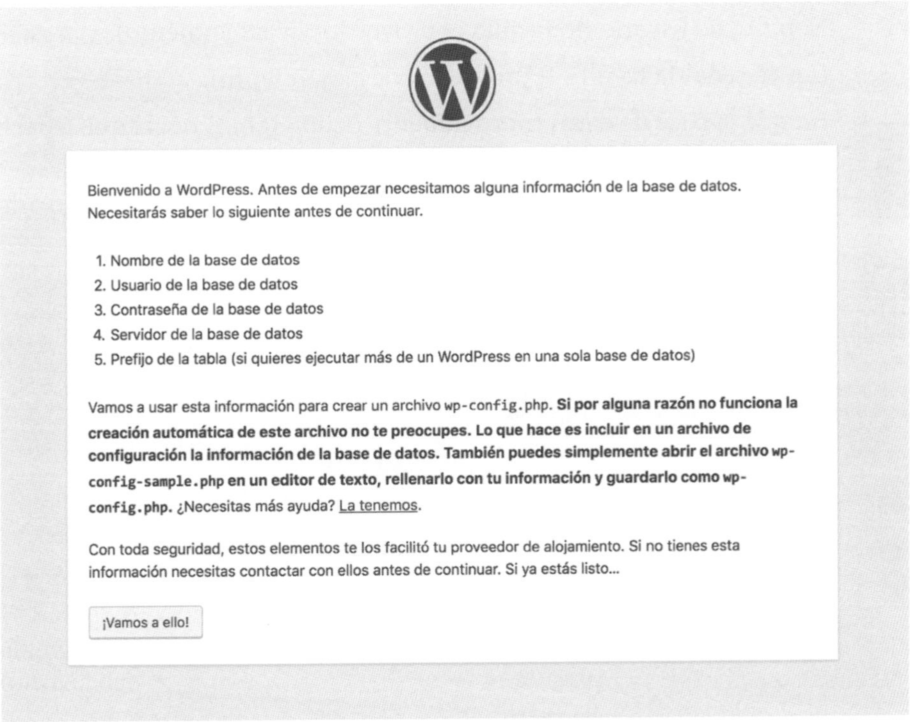

Bienvenido a WordPress. Antes de empezar necesitamos alguna información de la base de datos. Necesitarás saber lo siguiente antes de continuar.

1. Nombre de la base de datos
2. Usuario de la base de datos
3. Contraseña de la base de datos
4. Servidor de la base de datos
5. Prefijo de la tabla (si quieres ejecutar más de un WordPress en una sola base de datos)

Vamos a usar esta información para crear un archivo wp-config.php. **Si por alguna razón no funciona la creación automática de este archivo no te preocupes. Lo que hace es incluir en un archivo de configuración la información de la base de datos. También puedes simplemente abrir el archivo wp-config-sample.php en un editor de texto, rellenarlo con tu información y guardarlo como wp-config.php.** ¿Necesitas más ayuda? La tenemos.

Con toda seguridad, estos elementos te los facilitó tu proveedor de alojamiento. Si no tienes esta información necesitas contactar con ellos antes de continuar. Si ya estás listo...

¡Vamos a ello!

4.10. Segunda pantalla de la preinstalación de WordPress.

Lo que nos indica esta primera pantalla es que WordPress necesita un archivo de configuración y que hay que crearlo y, aunque nos invite a crearlo manualmente, la mejor opción y más sencilla es hacerlo a través de la interfaz web, lo que conseguimos haciendo clic en el único botón disponible: Crear un archivo de configuración. Una vez pulsado, WordPress comprueba que en los archivos que has subido exista uno denominado wp-config-sample.php, que usará como modelo para la instalación. Este archivo, como se nos informa en la siguiente pantalla, es posible modificarlo de forma manual editándolo directamente si lo abrimos con un editor de texto desde nuestro cliente FTP. Sin embargo, no necesitas hacerlo así, pues el mismo proceso de instalación puede hacerlo por ti a continuación.

En esta misma pantalla encontrarás un recordatorio de la información que se te va a solicitar durante el siguiente paso de la instalación, así como la selección del idioma en el que usarás WordPress.

Y es en la siguiente pantalla del proceso donde de verdad empezamos la instalación propiamente dicha. Aquí se nos pide que facilitemos una serie de información, que en su mayor parte deberemos tener con anterioridad como vimos antes:

1. Nombre de la base de datos (lo facilita el proveedor de alojamiento).

2. Nombre de usuario (lo facilita el proveedor de alojamiento).

3. Contraseña (la facilita el proveedor de alojamiento).

4. *Host* de la base de datos (normalmente *localhost* o, si no, el que te facilite tu proveedor de alojamiento).

5. Prefijo de la tabla (por defecto se muestra wp_ pero debes cambiarlo siempre, a lo que quieras, por ejemplo: misitio_).

Figura 4.11. Pantalla para introducir los detalles de conexión a la base de datos.

Esta pantalla es fundamental, y cualquier dato equivocado en la información que solicita impedirá que WordPress se conecte con la base de datos para almacenar las configuraciones necesarias y, en consecuencia, funcione correctamente. Si tras hacer clic en el botón Enviar se mostrara algún mensaje de error, deberás volver de nuevo a este paso tras comprobar que tienes toda la información necesaria y esta es correcta.

Advertencia: *Es muy importante no dejar el prefijo de la tabla en su valor predeterminado ya que sería información que cualquier atacante podría aprovechar pues es una configuración básica de WordPress ampliamente conocida.*

Truco: *Es posible realizar varias instalaciones de WordPress usando una sola base de datos, solo tienes que especificar un prefijo de tabla distinto en cada instalación.*

Si la información que facilitamos era completa y correcta, la siguiente pantalla nos felicitará por ello y nos animará, ahora sí, a instalar WordPress. Y es que, en realidad, hasta ahora solo hemos facilitado la información necesaria para la instalación de WordPress y ahora es que empieza, una vez tenemos todo lo necesario para completarla.

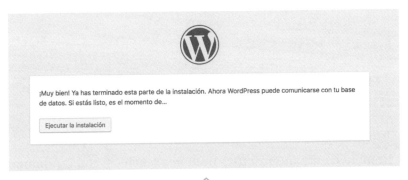

Figura 4.12. Confirmación de datos para la instalación de WordPress.

En la siguiente pantalla es donde comienza la «famosa instalación de WordPress en cinco minutos», aunque vas a ver enseguida que dura mucho menos. Solo tienes que facilitar los datos que se te piden para tener WordPress instalado con la información inicial básica; y lo mejor de todo es que esta información podrás modificarla después en cualquier momento, así que no temas cambiar de idea más tarde, es un mero trámite:

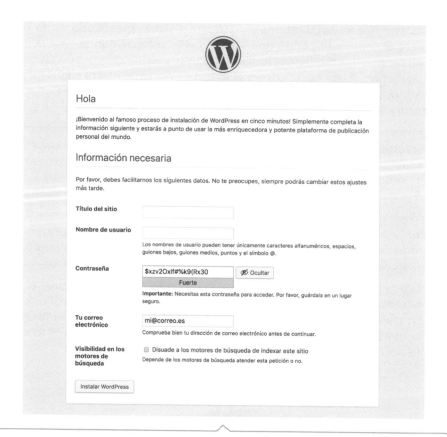

4.13. Inicio de la famosa instalación de WordPress en cinco minutos.

1. Título del sitio (nombre visible de tu web).

2. Nombre de usuario (no uses nombres sencillos, como Admin, administrador o similares).

3. Contraseña (según la tecleas verás un indicador de su fortaleza; procura utilizar una contraseña segura que incluya mayúsculas, minúsculas, números y signos de puntuación y que no sea una palabra de diccionario).

4. Correo electrónico (debe ser real y tienes que poder acceder a él, pues es en el que recibirás avisos de tu instalación de WordPress).

5. Visibilidad en los motores de búsqueda (esta casilla, desmarcada por defecto, hace que Internet sepa desde el primer momento que tu web existe, pero es recomendable marcarla en este momento de la instalación. Podrás desactivarla de nuevo más adelante).

Haz clic en el botón Instalar WordPress y ya has terminado. En la siguiente pantalla ya solo tienes un botón para acceder a tu WordPress recién instalado.

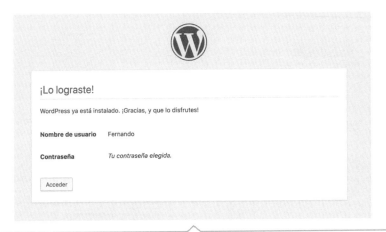

Figura 4.14. Fin de la instalación de WordPress.

Mediante el botón Acceder llegarás a la pantalla de acceso de WordPress, donde tienes que introducir el nombre de usuario y contraseña que definiste con anterioridad y ¡ya podrás acceder al Escritorio de WordPress o visitar tu recién creada web, que mostrará un diseño básico predeterminado e incluso dispone de información inicial para que no se vea vacía del todo!

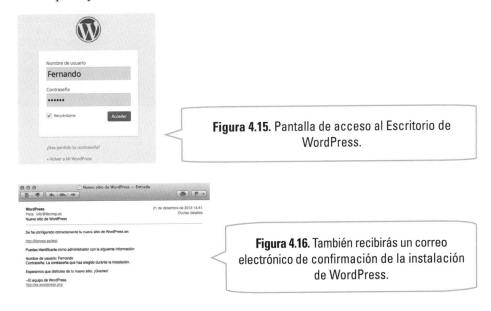

Figura 4.15. Pantalla de acceso al Escritorio de WordPress.

Figura 4.16. También recibirás un correo electrónico de confirmación de la instalación de WordPress.

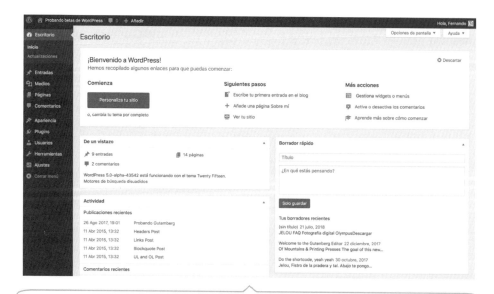

Figura 4.17. Escritorio de WordPress recién instalado.

Figura 4.18. Web creada con WordPress recién instalado.

WORDPRESS EN TU IDIOMA

El proceso de instalación que hemos visto está basado en la distribución en tu idioma, ya sea descargando la versión internacional o seleccionando el idioma en el momento de la instalación, pero ¿qué pasa si no tienes acceso a una versión internacional en tu lengua preferida o quieres instalar otra? Vamos a rizar el rizo… ¿cómo cambio el idioma de WordPress si ya estuviera instalado en otra lengua o dialecto? Es muy fácil en realidad y el proceso solo conlleva dos pasos:

1. Instalar la versión en el idioma que quieres utilizar.

2. Elegir el idioma de WordPress.

Para ello encontrarás un selector de idiomas en la página de ajustes generales de WordPress, denominado Idioma del sitio. Al desplegarlo verás primero los idiomas instalados y, a continuación, los que puedes instalar.

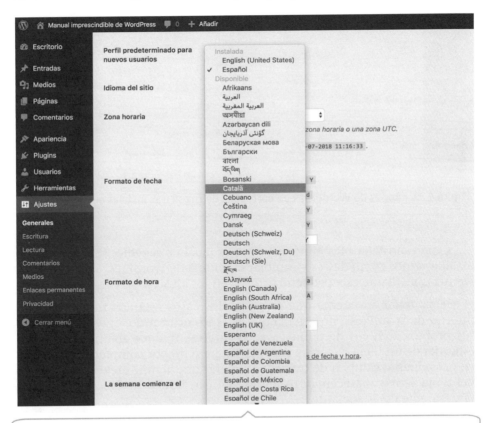

Figura 4.19. Instalando más idiomas en WordPress.

Para seleccionar un nuevo idioma solo tienes que decidir el que quieras añadir y guardar los cambios de esta pantalla de ajustes. Al guardarse los cambios se instalan los archivos necesarios para WordPress en el idioma elegido y se modifica automáticamente a este idioma recién instalado.

Cambiar tu WordPress a otro idioma instalado es tan sencillo como elegir el idioma y guardar los cambios, en esta misma pantalla de ajustes.

Figura 4.20. Interfaz de WordPress en portugués de Brasil tras instalar el nuevo idioma.

¿Quieres instalar más idiomas?, pues es igual de sencillo, solo tienes que instalar tantos como desees y cambiar el idioma de WordPress según tus preferencias mediante este pequeño cambio en los ajustes.

Debes tener en cuenta que en todos los casos estamos traduciendo la interfaz de WordPress, no el tema que estemos utilizando, que debe facilitar sus propios archivos de traducción. WordPress traduce algunas funciones estándar de un tema de forma automática pero no por completo; por lo que en ocasiones al cambiar de traducción, verás que algunos textos estándares del tema activo aparecen en tu idioma y otros no. La traducción de temas la trataremos más adelante.

Otra cosa que puedes hacer es que WordPress esté en un idioma pero que prefieras gestionarlo en otro. Para ello ve a tu perfil y cambia el ajuste de idioma de Predeterminado del sitio al que prefieras.

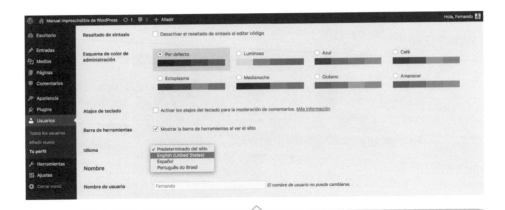

Figura 4.21. Cambiar idioma de WordPress en el perfil de usuario.

Truco: *Los temas predeterminados de la instalación de WordPress traducirán todos los textos al cambiar de idioma, si se instalaron también los archivos del nuevo idioma ubicados en la carpeta wp-content/languages/themes/.*

Truco: *Las traducciones de WordPress también son una labor de la comunidad abierta de usuarios por lo que puedes colaborar o proponer la tuya propia. El sistema de traducción está en translate.wordpress.org y es posible realizar consultas sobre la traducción en el foro oficial de es.wordpress.org/support/traducciones-es_es.*

5

EL PANEL DE CONTROL

¡BIENVENIDO A WORDPRESS!

Cuando has instalado WordPress y accedes a la zona de administración recibes una bienvenida en la que, desde ahora, será tu página de inicio en Internet: el Escritorio de WordPress. En esta pantalla vas a encontrar elementos comunes al resto de pantallas, pero también algunos únicos que harán de este espacio algo querido por ti.

En la zona central de la pantalla tienes los elementos propios de la misma. El primero que destaca es uno de los *widgets* de Escritorio, el denominado Bienvenido a WordPress, donde se hallan enlaces útiles para empezar a trabajar en nuestra web:

▶ En la sección Comienza se localiza el botón Personaliza tu sitio (con el que se accede a la personalización en directo del diseño) y el enlace denominado cambia tu tema por completo (para llegar a la pantalla de administración de temas y elegir o instalar el que más te guste).

▶ En la parte central, denominada Siguientes pasos, se encuentran los enlaces directos para escribir la primera entrada, crear una página estática o ver el sitio en directo.

▶ Y en Más acciones están disponibles los enlaces para administrar los *widgets* y menús desde la sección de Apariencia, para activar o desactivar los comentarios en la página de Ajustes>Comentarios o para acceder a una página especial del *Codex* (en inglés) en la que se explica por dónde empezar a trabajar con WordPress.

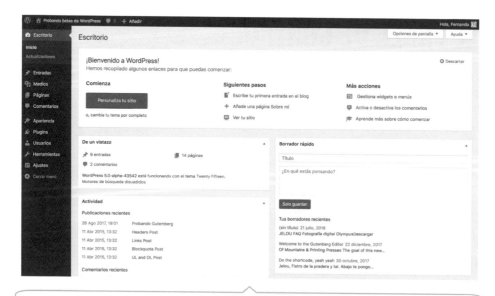

Figura 5.1. Escritorio de WordPress recién instalado.

Figura 5.2. Widget de Escritorio Bienvenido a WordPress.

Nota: *El Codex es la Biblia de WordPress, una sección de la web oficial con toda la documentación necesaria para conocer, mejorar, configurar y programar WordPress.*

Nota: *Un widget es el modo en que se denomina en WordPress a las cajas disponibles en las páginas de administración desde las que realizar diversas acciones relacionadas con cada sección.*

Este *widget* especial es de extraordinaria utilidad para el nuevo usuario, aunque con el tiempo suele ser más práctico acceder a las distintas secciones desde otros menús y enlaces también disponibles en el Escritorio de WordPress. Por ello, es el único que dispone en su parte superior derecha de una casilla para Descartar y ocultarlo. El resto de *widgets* también se pueden ocultar si no se les va a dar uso, pero para hacerlo hay que desplegar la pestaña denominada Opciones de pantalla que se encuentra en la parte superior derecha del Escritorio.

| ☑ De un vistazo | ☑ Actividad | ☑ Borrador rápido | ☑ Noticias de WordPress | ☐ Hola |

Opciones de pantalla ▲

Figura 5.3. Pestaña de opciones de pantalla desplegada.

Truco: *La mayoría de las pantallas de administración de WordPress disponen de la pestaña denominada Opciones de pantalla, pero adaptada al contenido de cada una de ellas.*

El resto de *widgets* del Escritorio —que como hemos visto se ocultan o muestran a voluntad— nos ofrecen una buena cantidad de acciones y enlaces útiles:

▶ El *widget* De un vistazo muestra de manera rápida la cantidad de entradas, páginas y comentarios existentes, así como la versión de WordPress y el tema activo. Los textos de información permiten acceder a la pantalla correspondiente de entradas, páginas, comentarios y administración de temas, respectivamente.

▶ En Borrador rápido es posible crear una entrada con las opciones básicas (título de la entrada y texto plano) sin necesidad de acceder al editor de WordPress. Las posibilidades son tan pocas que no es recomendable acostumbrarse a utilizar este pequeño editor, ni siquiera para guardar entradas en estado de borrador.

▶ Mucho más útil es el *widget* de Actividad donde se visualizan las últimas entradas publicadas y comentarios. En el caso de los comentarios, al mover el cursor sobre cualquiera de ellos aparecen los denominados «enlaces de acción» para aprobarlos, rechazarlos, borrarlos, etc.

▶ Por último, existe un *widget* en el que se ofrecen las últimas Noticias de WordPress publicadas en el blog oficial (en inglés).

Todos los *widgets* que encontrarás en la zona de administración de WordPress se pueden ocultar y, lo que es más interesante, mover de un sitio a otro dentro de esa misma pantalla. En efecto, cada vez que veas una cajita de estas puedes moverla a donde quieras solo con «arrastrarla» del título que lo encabeza.

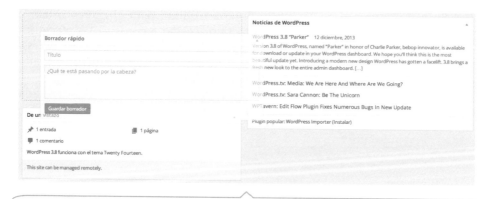

Figura 5.4. Moviendo un widget del Escritorio.

Pero quizás el elemento que más te sorprenderá gratamente en todas las pantallas de administración de WordPress —que además es el más obvio y, al mismo tiempo, el menos utilizado en cualquier aplicación de software— es la Ayuda.

En WordPress la pestaña de Ayuda disponible en la parte superior de todas las pantallas de administración ofrece información detallada de cómo utilizar la ventana que estás visualizando en ese momento, con enlaces para obtener información adicional.

Dependiendo del lugar donde te encuentres, se adapta a la pantalla y muestra distintas secciones desde las que aprender para qué sirve cada elemento disponible, con explicaciones sencillas pero precisas sobre cómo usarlos. Esta ayuda es especialmente amplia y útil en la pantalla del editor de entradas y páginas, así que acuérdate de utilizarla, olvida tus malas e inservibles experiencias con las ventanas de ayuda de otras aplicaciones, también WordPress marca diferencias en esto.

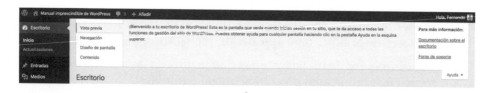

Figura 5.5. Pestaña de ayuda desplegada que brinda información de los elementos disponibles.

Nota: *En ocasiones, los temas o plugins que instales añaden widgets del Escritorio con utilidades específicas. Como el resto de widgets es posible ocultarlos y moverlos a voluntad.*

LOS MANDOS DE WORDPRESS

Sé que estás aguantando la tentación de «tocar» ese enorme y llamativo menú a la izquierda del Escritorio, con iconos y enlaces tentadores, pues ahí tienes todo lo que WordPress te ofrece, sección por sección, así que vamos a ello.

Figura 5.6. Menú de administración de WordPress desplegado.

Estamos hablando del menú de administración, que abarca las distintas áreas desde donde configurar, crear y personalizar WordPress. Aunque en las últimas versiones no se ve la diferencia de forma muy clara, hay tres grandes bloques bien claros por su aplicación:

1. El Escritorio, o «casita» de inicio, donde en principio solo hay dos submenús:

    ▶ Escritorio.

    ▶ Actualizaciones.

2. El bloque de los contenidos, donde accederás a:

    ▶ Entradas con las que mantendrás actualizada tu web.

    ▶ Medios que ilustrarán tus publicaciones, como imágenes, documentos, etc.

    ▶ Páginas estáticas que reflejarán lo mejor de ti.

    ▶ Comentarios.

3. El panel de control, con las pantallas desde donde:

  ▸ Configurar la Apariencia de WordPress cambiando de tema, *widgets* de barra lateral y menús.

  ▸ Instalar, activar o desactivar Plugins.

  ▸ Añadir, modificar o eliminar Usuarios.

  ▸ Acceder a las Herramientas de exportación e importación de contenido; convertir etiquetas en categorías y viceversa; o publicar desde cualquier parte (algo que veremos más adelante y seguro que te vuelve loco).

Y es que, aunque parezcan en principio pocos menús, cada uno dispone a su vez de submenús, que se despliegan cuando pasas el cursor sobre ellos y que te permitirán abrir todas las pantallas de administración de WordPress con un solo clic.

Figura 5.7. Submenús de administración desplegados.

Igualmente te habrá llamado la atención un pequeño icono abajo del todo con el texto Cerrar menú que sirve exactamente para eso: para plegar el gran menú de administración, ofreciendo una versión reducida, solo con iconos. Con el tiempo todo usuario avanzado de WordPress termina usando esta versión plegada del menú pues, una vez eres capaz de identificar cada elemento por su icono, es habitual preferir dejar la mayor cantidad de espacio en la ventana para el contenido de cada pantalla (especialmente si trabajamos con ordenadores pequeños o tabletas).

Nota: *El menú de administración de WordPress «crece» a medida que se instalan nuevos plugins o temas, pues muchos de ellos añaden nuevos menús y/o submenús propios desde los que llegar a sus distintas configuraciones y ajustes. Muchos se añaden como submenú del menú Ajustes, pero puedes encontrarlos casi en cualquier posición y con iconos personalizados.*

Figura 5.8. Menú de administración de WordPress plegado.

LA BARRA MAESTRA DEL ADMINISTRADOR

Si hay un elemento de WordPress que siempre te acompaña y aprenderás a amar es la barra de administración, siempre visible (ya estés en la zona de administración o incluso en la parte visible de tu web). Es aquí donde encontrarás los elementos que más vas a precisar en tu uso diario, será tu barra maestra, como administrador que eres.

Lo mejor de la barra de administración es que es inteligente: se adapta y cambia dependiendo de donde te encuentres en cada momento. De hecho, hay menús de la barra que estarán siempre disponibles mientras que otros solo aparecerán cuando los necesites.

Los menús que siempre estarán disponibles, de izquierda a derecha, son estos:

1. Icono de WordPress, desde donde abrir los siguientes submenús:

    ▶ Acerca de WordPress, que te lleva a una página especial de la zona de administración con las novedades de la última versión, apartados donde conocer a los programadores y traductores y una sección especial para saber más acerca de la filosofía de WordPress.

    ▶ WordPress.org, enlace que te redirige a la página oficial de WordPress en español: es.wordpress.org.

    ▶ Documentación, para llegar rápido al *Codex*.

    ▶ Foros de soporte en español, donde nos encontrarás dispuestos a ayudarte con las dudas que te surjan en el uso diario de WordPress.

    ▶ Sugerencias, una página especial de los foros de soporte en español donde es posible hacer peticiones de mejoras o avisar de errores para que los solucionemos en próximas versiones.

Figura 5.9. Barra de administración de WordPress con los elementos básicos.

2. El menú con el nombre de tu sitio es un enlace especial que cambia su comportamiento dependiendo de si estás en la zona de administración o en la parte visible de la web:

   ▶ Si estás en la zona de administración, haciendo clic en el nombre de tu sitio o en un submenú denominado Visitar sitio irás a la portada de tu web, a la parte visible por todos.

   ▶ Si estás en la parte visible de la web, haciendo clic en el nombre irás al Escritorio. Asimismo, tendrás a tu disposición submenús con enlaces directos para entrar a la zona de administración de Temas, Personalizar, Widgets, Menús, Fondo y Cabecera. La filosofía es que mientras visualizas tu sitio web puede surgirte la necesidad de cambiar algo de su aspecto.

3. El icono con forma de «bocadillo» de mensaje con un contador a su lado te lleva directamente a la página de administración de comentarios. Este menú no varía salvo en el número que mostrará el contador (por lo general cero), que cambiará de manera instantánea para que sepas si hay comentarios pendientes de moderación.

4. Con el menú denominado +Añadir se agregan nuevos contenidos y usuarios rápidamente, desde cualquier lugar en el que nos encontremos de nuestra web, a través de sus submenús:

   ▶ Entrada.

   ▶ Medio.

   ▶ Página.

   ▶ Usuario.

5. El menú que te saluda como Hola da acceso a la página de configuración de tu perfil de usuario, además de cerrar la sesión en WordPress. En este menú hay un icono personal que puedes hacer que muestre una imagen que tú elijas. Para ello solo tienes que asociar el correo electrónico que uses habitualmente en es.gravatar.com.

6. El último elemento de la barra de administración es un buscador, con un icono de lupa. Está disponible solamente en la parte visible de la web, no en la administración. Al hacer clic se extiende mostrando un campo

para introducir el texto a buscar, a continuación pulsas la tecla Intro de tu ordenador y aparecen los resultados encontrados en entradas, páginas, comentarios y adjuntos con el término de búsqueda introducido.

Figura 5.10. Aviso de comentario pendiente de moderación.

Figura 5.11. Menú de usuario con imagen de Gravatar.

Nota: *El servicio Gravatar es gratuito, pero requiere que crees una cuenta en WordPress.com, pues pertenece a la misma empresa que lo gestiona, Automattic. Si lo prefieres, también hay plugins para subir imágenes a WordPress y personalizar tu perfil de usuario.*

Pero, como he comentado antes, los menús disponibles varían según donde te encuentres y de en algunas situaciones especiales. También hay plugins y temas que añaden elementos a la barra de administración, por lo que puede llegar a ser muy extensa.

Un menú que aparecerá de vez en cuando en la barra de administración será un nuevo icono que te avisa de las actualizaciones pendientes, con un contador que te informa de la cantidad de ellas disponibles, con la ventaja adicional de que al pasar el cursor sobre el icono te informa de qué requiere actualización en concreto. Haciendo clic sobre el mismo accedes a la pantalla Escritorio>Actualizaciones para actualizar los elementos disponibles: WordPress, Plugins, Temas y Traducciones.

Figura 5.12. Búsqueda desde la barra de administración.

Figura 5.13. Icono de aviso de actualizaciones.

Otro de los elementos más prácticos que aparecerán en tu barra de administración es el menú para editar tus publicaciones cuando las estás visualizando desde la web. Verás un nuevo icono con el texto de Editar entrada o Editar página para acceder al editor de WordPress de inmediato y modificar lo que quieras de esa publicación.

Son algunos más los elementos de la barra de administración que irás viendo a menudo que instales plugins, como gráficos de estadísticas, accesos directos a páginas de ajustes y otras funcionalidades. Estoy seguro es de que la barra de administración será tu mejor compañero de WordPress.

Truco: *Cuando has iniciado sesión es sencillo llegar al Escritorio de WordPress mediante la barra de administración, pero si no lo has hecho siempre puedes acceder en la dirección midominio.es/wp-admin/, midominio.es/admin/ o incluso midominio.es/login/.*

Figura 5.14. Menú para editar entrada desde la barra de administración.

Figura 5.15. Menú para editar página desde la barra de administración.

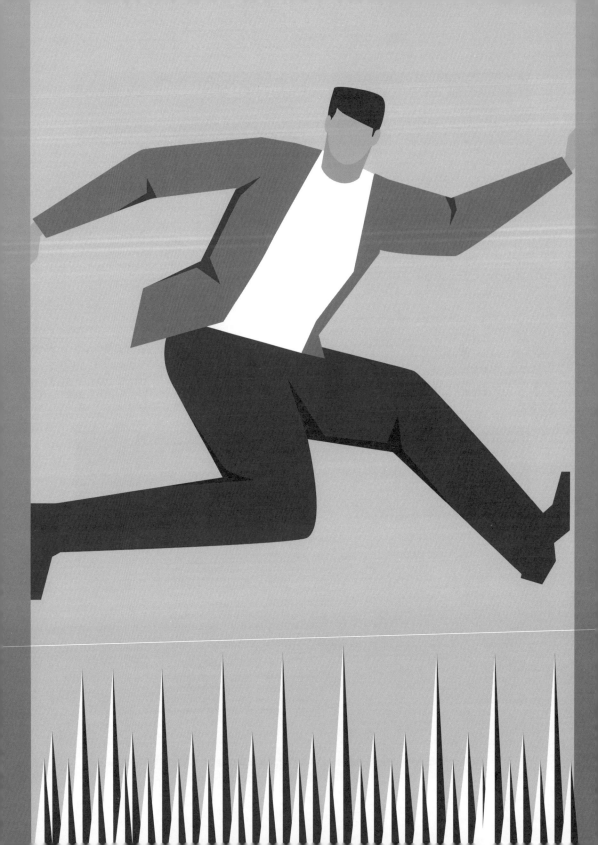

6 AJUSTES Y PRIMEROS PASOS

DOMINA WORDPRESS

Vamos a ser un poco rebeldes, pues a pesar de que al instalar WordPress lo primero que ves es una caja que te anima a publicar, siempre es más recomendable que configures correctamente el entorno y la maquinaria para que todo funcione a la perfección. Unos ajustes correctos te evitarán problemas y cambios de última hora que pueden penalizar tu web, además de ofrecerles una pobre experiencia de navegación a los visitantes. Es importante tomarte unos minutos y afinar los mecanismos para que tu sitio web funcione a la perfección.

Nuestro camino de entrada a las tripas de WordPress está en el menú de Ajustes, una serie de secciones que debemos configurar antes de empezar a publicar y que, con toda seguridad, no tendremos que volver a visitar en mucho tiempo si hacemos bien las cosas desde el principio. Veamos en detalle cómo configurar bien WordPress.

Truco: *Existe una página especial oculta desde donde se accede a todas las opciones configurables en WordPress. Para abrirla tienes que teclear la dirección misitio.es/wp-admin/options.php. No busques un menú que te lleve a esta página, no existe, solo se llega a ella tecleando la URL anterior.*

Figura 6.1. Menú de ajustes de WordPress.

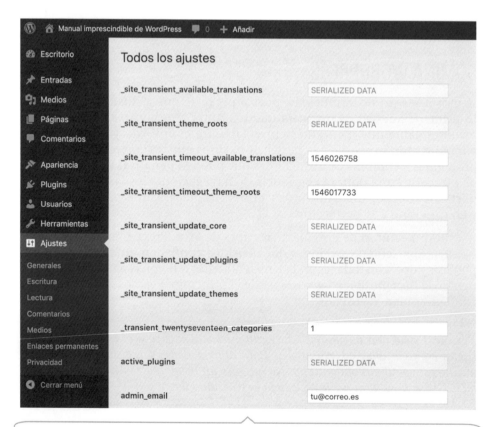

Figura 6.2. Página oculta de ajustes de WordPress.

¿DE QUÉ VA NUESTRA WEB?

La primera sección que encontramos contiene algunos ajustes básicos y sencillos de comprender, pero también un par con los que hay que tener especial cuidado y que, en ocasiones, dan más de un disgusto al usuario novato, así que vamos a ver en detalle tanto lo simple como lo esencial.

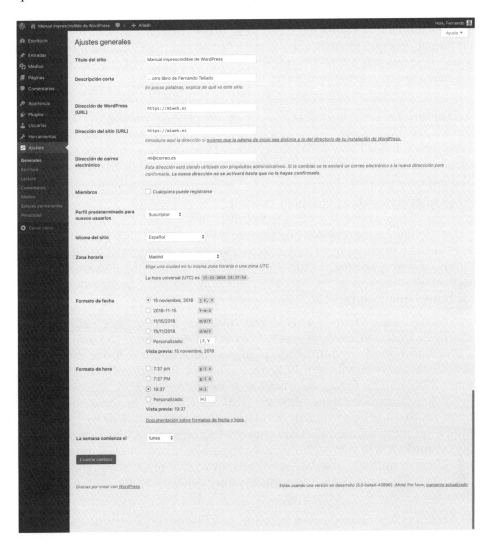

Figura 6.3. Ajustes generales.

¿Recuerdas que en la instalación de WordPress se nos pedía el nombre visible de nuestra web y otros datos que luego podríamos cambiar? Pues aquí están, en el menú Ajustes generales.

En los dos primeros campos de texto es posible cambiar el nombre (Título del sitio) y la descripción (Descripción corta), también conocida como *tagline* de nuestro sitio web. Estas son configuraciones visuales, que mostrará el tema que hayamos elegido, y pueden modificarse en cualquier momento, aunque no es recomendable porque son las dos principales etiquetas de posicionamiento en buscadores que identificarán tu web. Por este motivo elige bien el nombre y descripción: son los textos que se mostrarán en los resultados de Google cuando alguien busque tu web.

Advertencia: *Las principales etiquetas de cara al posicionamiento en buscadores son las conocidas como Title y Description, que son precisamente las que genera WordPress con los ajustes de Título del sitio y Descripción corta, de ahí que sea primordial escoger bien estos textos y no cambiarlos de manera habitual.*

Es importante que elijas bien el título y la descripción, y que se complementen. El título debería ser tu nombre de marca, así como los servicios principales o temáticas que cubras, procurando que no exceda los 60 caracteres (que es el tamaño máximo que Google será capaz de mostrar en sus resultados). En cuanto a la descripción, no superará los 160 caracteres por el mismo motivo, y debe ser una explicación breve pero lo más completa posible de lo que el visitante hallará en tu web.

Los siguientes campos son de gran utilidad, a la par que peligrosos. El campo de Dirección de WordPress (URL) y el de Dirección del sitio (URL) indican a WordPress dónde está instalado el núcleo del sistema y dónde está tu web visible, respectivamente. Por lo general, deben coincidir, salvo que prefieras tener instalados los ficheros del núcleo de WordPress en un directorio distinto del de tu web (por cuestiones de seguridad). Sin embargo, lo que siempre debes tener en cuenta es que si cambias alguno de estos campos tu web dejará de funcionar temporalmente, hasta que no cambies los archivos de sitio para que se ajusten a lo que aquí hayas configurado. Estos campos no se suelen modificar después de instalar WordPress, salvo que se vaya a migrar la web a otra carpeta distinta. Este es un proceso muy delicado, que requiere de ayuda de profesionales habitualmente.

Menos comprometida es la decisión de la Dirección de correo electrónico, que sí podemos cambiar cuantas veces queramos, pues es solo la dirección a donde nos llegarán los avisos de WordPress.

Lo siguiente que encuentras es una casilla de selección mediante la que consigues que WordPress autorice el registro de otros Miembros. Como veremos más adelante, un administrador siempre puede añadir nuevos usuarios, pero aquí lo que decidimos es si cualquier visitante de tu web puede registrarse él mismo, a través de la dirección misitio.es/wp-register.php, accesible en un enlace de la pantalla de acceso a WordPress. Y, en consecuencia, deberemos a continuación determinar en la lista el Perfil predeterminado para nuevos usuarios que por defecto es el de Suscriptor. Los perfiles y capacidades de usuarios merecen capítulo aparte, así que los veremos en detalle.

Para finalizar con esta pantalla hay varias configuraciones visuales, que usan los temas WordPress para indicar el Formato de hora, el Formato de fecha y también si La semana comienza el lunes u otro día. De hecho, esta última configuración solo la utilizan los *widgets* de barra lateral de Calendario y similares.

He dejado aparte uno de los ajustes porque, aunque parezca trivial, en realidad no es así y tiene su propia magia. En la lista desplegable de la Zona horaria, que viene predeterminada a uno de los formatos estándar internacionales UTC (del inglés *Coordinated Universal Time* o Tiempo Universal Coordinado), se hallan las principales zonas horarias por continente y país. Si elegimos el formato de hora adecuado a nuestra ubicación, cuando haya cambios de horario de verano a invierno y viceversa, WordPress modificará la hora automáticamente: algo muy útil para programar la publicación de entradas y páginas como veremos más adelante.

Advertencia: *Recuerda siempre guardar los cambios antes de abandonar cualquier pantalla de configuraciones, en caso contrario no se activarán.*

AJUSTES DE ESCRITURA

La página de configuraciones de los ajustes de Escritura contiene opciones por defecto que, en su mayoría, se modifican desde el editor de entradas. No obstante, es interesante saber qué significa cada uno de los ajustes disponibles.

Lo primero que encontramos es la posibilidad de que cuando escribamos caracteres del tipo :-) o similares se conviertan en gráficos de manera automática al publicar. Este ajuste, aunque es cuestión de gustos personales, es recomendable quitarlo ya que —salvo en sitios muy personales— da un aspecto muy poco profesional, sobre todo, al generar efectos visuales no deseados, como altos de línea diferentes en un mismo párrafo.

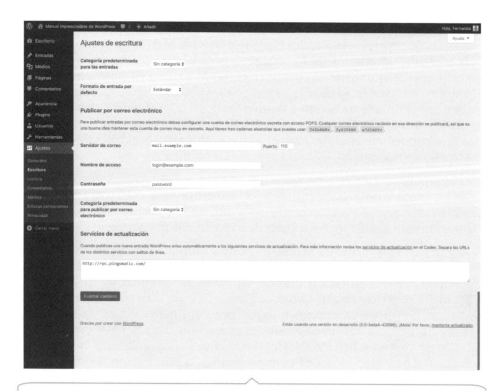

Figura 6.4. Ajustes de escritura.

A continuación hay una casilla de selección que es pura magia, la que corrige código XHTML anidado de forma incorrecta, de manera automática. La realidad es que WordPress siempre intentará evitarlo, aún sin tener marcada la casilla, pero siempre es conveniente activarla, sobre todo si acostumbras a copiar y pegar textos desde otras aplicaciones, que no siempre producen código XHTML válido 100 %.

Para que lo entiendas, un código XHTML siempre debe abrir y cerrar las etiquetas en el mismo orden para que sea válido. Si WordPress detecta que no está correctamente «escrito», lo corrige de manera automática. Este ajuste es importante para que el código de tu web valide XHTML correctamente.

Esto sería un ejemplo de código XHTML anidado de forma incorrecta:

CÓDIGO

```
<strong><em>texto</strong></em>
```

Que WordPress lo anidará correctamente, de manera que las etiquetas «envuelvan» el texto de manera válida:

```
<strong><em>texto</em></strong>
```

Nota: *La validación de código XHTML es un elemento fundamental para el posicionamiento en buscadores, y sigue los estándares W3C (o World Wide Web Consortium), que pueden comprobarse introduciendo la URL de cualquier página web en la dirección validator.w3c.org.*

Los siguientes dos ajustes no deben hacerte perder el sueño, pero sí es conveniente que, más adelante, los modifiques. Se refieren a dos elementos de la publicación de contenidos que tienes que controlar, aunque no es vital que lo cambies ahora; de hecho, puedes dejarlos como están.

La Categoría predeterminada para las entradas determina en qué área o temática de tu sitio se almacenarán las entradas si tú no decides lo contrario al crearlas. Ello significa que, si no creas alguna nueva o eliges una distinta, se guardará en esa categoría. Es más, verás que en una instalación nueva solo hay una categoría para elegir, que para que no haya confusión posible se llama Sin categoría.

En cuanto al Formato de entrada por defecto depende de los distintos formatos para los que esté preparado el tema activo, así que las opciones en el desplegable pueden variar. De nuevo, son opciones predeterminadas, que es posible modificar a la hora de crear entradas, antes de publicarlas. Lo dicho, ni te preocupes.

Lo que no es buena idea es la Publicación por correo electrónico al ser un método anticuado, ya mejorado por muchas aplicaciones móviles, plugins para WordPress y otro tipo de desarrollos de software. Tiene sentido su uso en situaciones de poca calidad de conexión, pero la ofrecida por WordPress por defecto no es la mejor opción: los resultados son mucho menos que óptimos. Este sistema simplemente lo olvidamos y no le dedicamos ni un segundo.

Ahora bien, lo que sí es importante —y parte del éxito de WordPress como CMS radica en ello— es la última configuración posible de esta página de ajustes: la que se refiere a los Servicios de actualización. Esta página es una serie de aplicaciones webs que informan a directorios web y buscadores cuando hay contenido nuevo en Internet. Si recuerdas en el último paso de la instalación de WordPress había una casilla desmarcada denominada Visibilidad en los motores de búsqueda, donde se nos preguntaba si ya (desde ese primer momento de la instalación) queríamos que los buscadores supieran de la existencia de nuestra web, y que te recomendé que no dejaras activa.

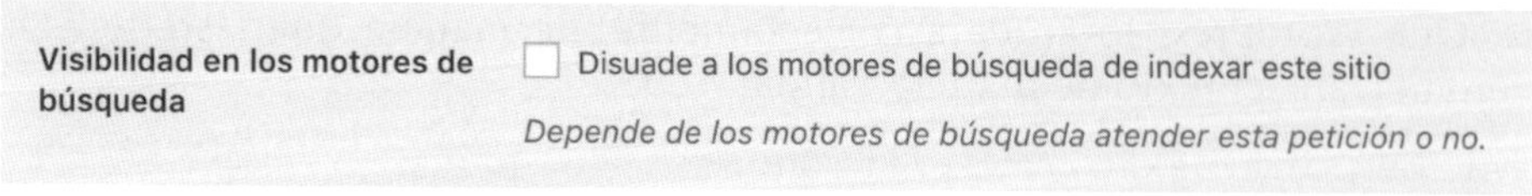

Visibilidad en los motores de búsqueda	☐ Disuade a los motores de búsqueda de indexar este sitio
	Depende de los motores de búsqueda atender esta petición o no.

Figura 6.5. Ajuste de visibilidad en motores de búsqueda en la instalación de WordPress.

Si hiciste caso a esta indicación, tu ventana ahora te recordará que WordPress no está avisando a ninguno de estos servicios de que existe tu web y te ofrecerá dos enlaces: uno para visitar una página del *Codex* donde saber más acerca de este tipo de servicios, y de paso apuntar unos cuantos de interés; y otro para dirigirte a la siguiente página de ajustes de WordPress, la de Lectura, donde modificar este ajuste de privacidad.

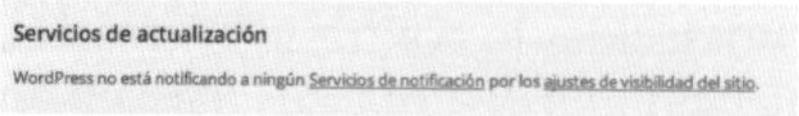

Servicios de actualización

WordPress no está notificando a ningún Servicios de notificación por los ajustes de visibilidad del sitio.

Figura 6.6. Servicios de actualización desactivados.

En caso contrario, en esta sección encontrarás un gran campo de introducción de texto, con una dirección web ya añadida: rpc.pingomatic.com.

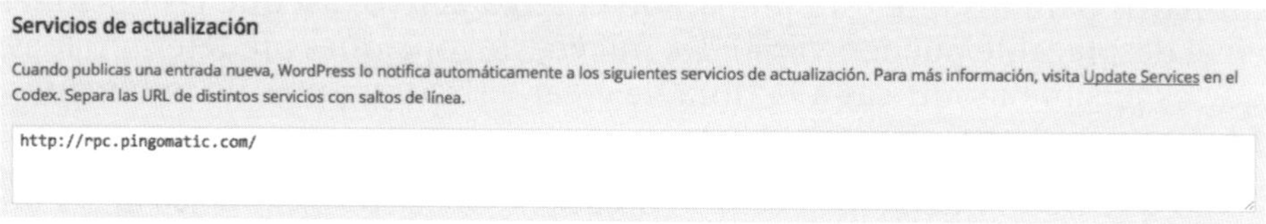

Servicios de actualización

Cuando publicas una entrada nueva, WordPress lo notifica automáticamente a los siguientes servicios de actualización. Para más información, visita Update Services en el Codex. Separa las URL de distintos servicios con saltos de línea.

```
http://rpc.pingomatic.com/
```

Figura 6.7. Servicios de actualización activados.

Una vez activos, los servicios de actualización enviarán avisos automáticos a los principales buscadores cada vez que haya contenido nuevo en tu web, y estos empezarán a almacenar tus publicaciones y todos los metadatos relacionados con las mismas. Esto es lo que se denomina indexar en buscadores, el primer paso imprescindible para empezar a existir en Internet, que WordPress realiza desde el mismo momento en que lo instalas.

¿Por qué entonces te animo a que no lo actives durante la instalación? Por el simple motivo de que entonces lo primero que enviarás a los buscadores es información predeterminada, irrelevante y repetida, la entrada y la página por defecto de la instalación de WordPress. Y es mejor que lo primero que sepa Google de nosotros diga algo acerca de lo que tenemos que ofrecer de verdad y no información irrelevante e igual a la que otros millones de sitios envían.

Nota: *Los metadatos son datos que describen otros datos, son descripciones y etiquetas que identifican de manera única un contenido. Son la base del alimento de los buscadores, les permiten clasificar los contenidos por temática, tiempo, ubicación, etcétera.*

¿Lo tienes todo?, pues solo queda hacer clic en el botón de Guardar cambios, que no se te olvide.

EN MODO LECTURA

WordPress es uno, pero al mismo tiempo es muchos. Esta críptica declaración se demuestra en muchas ocasiones, pero nunca imaginarías que ibas a descubrir tan pronto el poder del rey de los CMS.

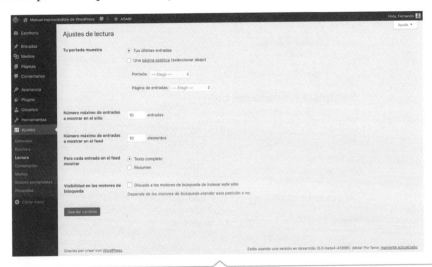

Figura 6.8. Ajustes de lectura.

En una sencilla pantalla de ajustes iniciales, en tu primera configuración, tienes un ejemplo de una de las muchas razones por las que WordPress es especial, simplemente decidiendo qué mostrará la página principal, la portada de tu web.

Si dejas marcada la opción predeterminada, Tus últimas entradas, el tema activo mostrará un diseño «estilo blog», conocido como listado de entradas en cronología inversa (lo último que publicas aparece en la parte superior). Pero ¡ah, amigo!, si te atreves a elegir la otra posibilidad, la opción de mostrar Una página estática, la cosa cambia, tanto que parece mentira. Simplemente escoge esa segunda casilla y en el primer desplegable elige una página existente, a continuación guarda los cambios.

Figura 6.9. Ajuste de página estática como portada de la web.

Si visitas tu web, donde antes tenías una disposición de contenido en la que en portada se mostraban las entradas, ahora aparecerá el contenido de la página estática.

Figura 6.10. Portada de la web con entradas en sentido cronológico inverso.

Mediante este pequeño gesto has convertido tu sitio de blog a web estática, sin cambiar de tema WordPress. Es importante conocer —y es parte de la belleza de este CMS— que cualquier tema WordPress estándar sirve para distintos usos solo con cambiar un pequeño ajuste predeterminado y, de este modo, te ofrece una experiencia de blog o, por el contrario, es la base de una web empresarial donde lo que importa es la información básica contenida en las páginas.

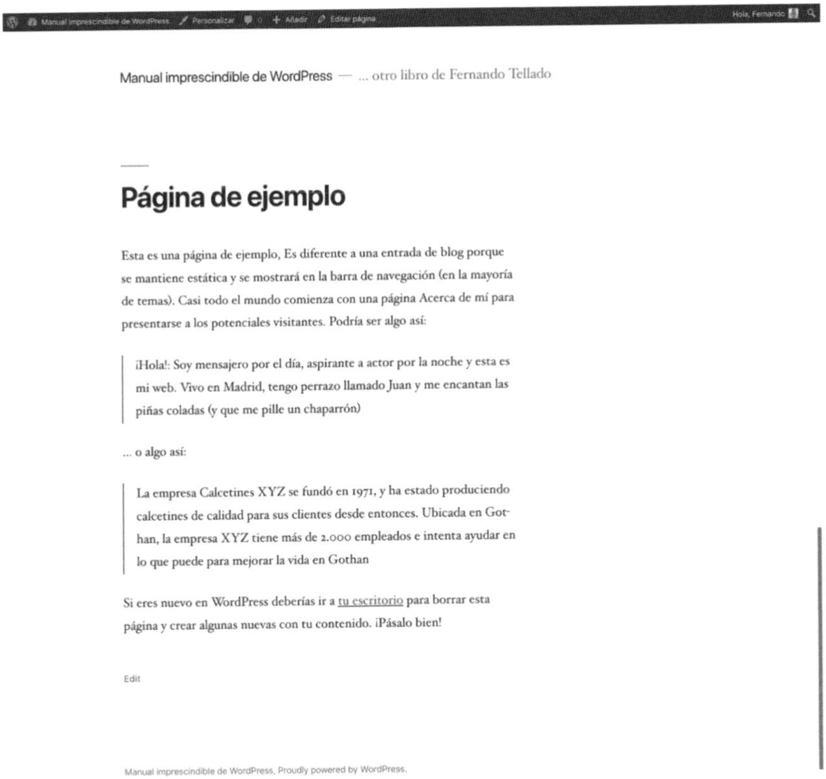
Manual imprescindible de WordPress — ... otro libro de Fernando Tellado
Página de ejemplo
Esta es una página de ejemplo, Es diferente a una entrada de blog porque se mantiene estática y se mostrará en la barra de navegación (en la mayoría de temas). Casi todo el mundo comienza con una página Acerca de mí para presentarse a los potenciales visitantes. Podría ser algo así:
¡Hola!: Soy mensajero por el día, aspirante a actor por la noche y esta es mi web. Vivo en Madrid, tengo perrazo llamado Juan y me encantan las piñas coladas (y que me pille un chaparrón)
... o algo así:
La empresa Calcetines XYZ se fundó en 1971, y ha estado produciendo calcetines de calidad para sus clientes desde entonces. Ubicada en Gothan, la empresa XYZ tiene más de 2.000 empleados e intenta ayudar en lo que puede para mejorar la vida en Gothan
Si eres nuevo en WordPress deberías ir a tu escritorio para borrar esta página y crear algunas nuevas con tu contenido. ¡Pásalo bien!
Edit
Manual imprescindible de WordPress, Proudly powered by WordPress.

Figura 6.11. Portada de la web con una página estática.

Nota: *Hay temas WordPress especializados en mostrar en portada contenido estático, orientados hacia entornos corporativos.*

Pero, te preguntarás, ¿entonces cómo accedo a las entradas? Sencillo, para eso tienes la siguiente lista desplegable donde seleccionarás una página que servirá de enlace a las entradas, la denominada Página de entradas, y esto también es magia.

Para tener una página dedicada a mostrar entradas solo ve a la barra de administración y en el menú +Añadir busca la opción Página para abrir el editor de entradas. Ponle un título descriptivo, como Blog o Noticias, lo que prefieras. A continuación, a la derecha de la caja de texto principal, verás un *widget* denominado Publicar que contiene un gran botón con ese mismo nombre; haz clic en él y tu entrada estará publicada.

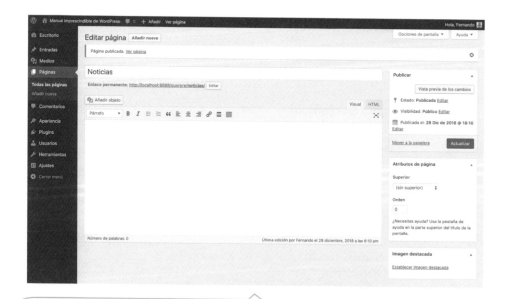

Figura 6.12. Creación de página de entradas.

Vuelve a la página de Ajustes>Lectura y selecciona esa página recién creada como Página de entradas y guarda los cambios haciendo clic en el botón de la parte superior de la pantalla.

Figura 6.13. Selección de página de entradas.

Ahora visita tu web y encontrarás un nuevo enlace en la parte superior con el nombre de la página recién creada. Si haces clic en este nuevo elemento del menú de navegación, desplegará un listado con las entradas creadas, cerrando el círculo de usabilidad de tu web.

Nota: *Por usabilidad se entiende la forma en que una web o aplicación se muestra al usuario, el modo en que se comunica con él mediante su diseño y funcionalidades.*

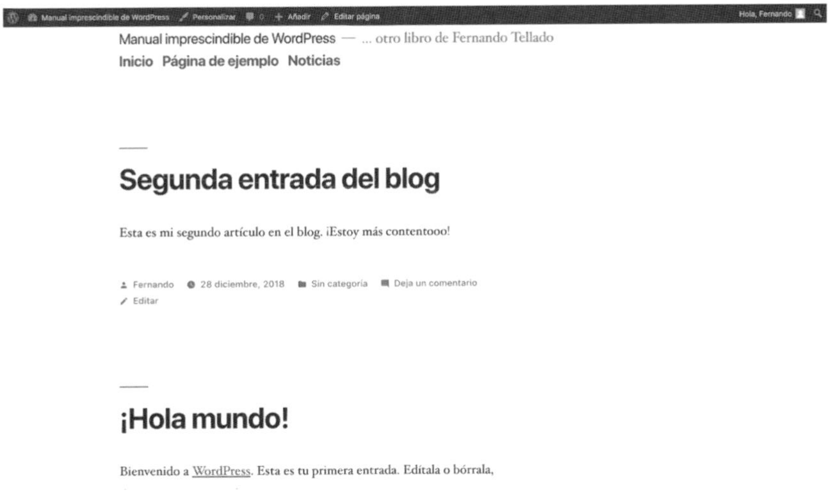
Manual imprescindible de WordPress
Personalizar
Añadir
Editar página
Hola, Fernando
Manual imprescindible de WordPress — ... otro libro de Fernando Tellado
Inicio Página de ejemplo Noticias
Segunda entrada del blog
Esta es mi segundo artículo en el blog. ¡Estoy más contentooo!
Fernando
28 diciembre, 2018
Sin categoría
Deja un comentario
Editar
¡Hola mundo!
Bienvenido a WordPress. Esta es tu primera entrada. Edítala o bórrala,

Figura 6.14. Página de entradas.

Lo que queda por configurar en la pantalla de Ajustes de Lectura son, comparado con lo anterior, meros detalles, aunque no por eso menos interesantes. Uno de estos ajustes nos permite especificar cuántas entradas mostrará el tema en portada (por supuesto, si esta tienen las últimas entradas, pues en caso de haber elegido una página estática no tendrá aplicación alguna). Es una exclusiva configuración visual, pero como todo en esta vida también tiene su ciencia, en este caso relacionada con la usabilidad.

Lo que hacemos en este ajuste es decidir a partir de qué número de entradas se dejarán de mostrar publicaciones en portada y, en consecuencia, se requerirá de algún sistema de navegación para ver las anteriores. Cualquier tema WordPress puede hacerlo, mediante enlaces del tipo Entradas anteriores y Entradas siguientes, pero ¿qué decisión tomo?, ¿es mejor muchas entradas o pocas? Lo mejor es aprender con la experiencia propia, pero sobre todo con la de tus visitantes. Una regla básica de estética y usabilidad es que la relación de entradas no supere con mucho, ni se quede corta, a la lista de elementos que dispongas en los laterales de tu web.

No obstante, estas cuestiones han cambiado con los tiempos. No hace mucho la regla era no forzar a que el visitante tuviera que navegar excesivamente hacia debajo de la web. Ahora con la llegada de las cronologías interminables de redes sociales como Twitter y Facebook, a las que se han acostumbrado la mayoría de los usuarios, cada vez se tiende más a este tipo de navegaciones, o *scrolls*, infinitos. De hecho, algunos temas WordPress los ofrecen como opción, con lo que esta configuración deja de tener sentido en esos casos.

De parecida relevancia son los siguientes dos ajustes, en este caso relativos a los *feeds*: por un lado, debemos definir cuántas publicaciones visualizará el usuario recién suscrito a nuestra web y, por otro lado, y mucho más importante, si verá las publicaciones completas o solo un resumen de ellas.

Nota: *Se denomina feed a un tipo de contenido legible en aplicaciones específicas de lectura de contenidos sindicados mediante protocolos como Atom o RSS, que eliminan todo el diseño y utilidades de una web para mostrar solo el contenido de las publicaciones. Aunque están en desuso, debido especialmente a la popularización de la navegación móvil, continúan siendo una opción fantástica para abordar la lectura simultánea de mucha información en Internet. WordPress ofrece feeds por defecto para suscribirse a las entradas e incluso a los comentarios de una entrada.*

Es importante la decisión relativa a si los suscriptores verán textos completos o resúmenes, pues depende del objetivo de la web. Para ello se debería seguir esta sencilla regla:

▶ Si la web depende de los anuncios para sobrevivir, es mejor mostrar solo el resumen, así se fuerza a visitar el sitio para poder visualizar todo el contenido y, en consecuencia, también los anuncios.

▶ Si la web se basa sobre todo en ofrecer contenido de calidad y no depende de la publicidad para sobrevivir, entonces es obligado ofrecer los textos completos a los suscriptores.

Es recomendable hacer la reflexión anterior antes de decidir si mostrar *feeds* completos o solo resúmenes, pero si te equivocas cámbialo en cualquier momento.

Para terminar, tenemos la casilla de activación o desactivación de privacidad para ajustar la Visibilidad en los motores de búsqueda que hemos visto anteriormente en este mismo capítulo cuando revisábamos los Servicios de actualización. Solo quedaría añadir que es posible que no todos los buscadores «hagan caso» a esta configuración, ya que disponen de sus propios métodos para detectar contenido nuevo en Internet.

SOMOS MULTIMEDIA

Los Ajustes de medios, aunque básicos, son el fundamento de las posibilidades multimedia de WordPress, y nos dan un primer avance de otra de sus grandes virtudes. Y es que en esta página de configuración lo que se hace es decir a nuestro WordPress cómo queremos que guarde las imágenes que subamos para ilustrar nuestras publicaciones.

En primer lugar, se nos preguntan las dimensiones de tres tamaños de imagen, y esto es así por el funcionamiento de WordPress que, cuando subes una imagen, crea automáticamente otras tantas, de tamaño menor, proporcionalmente a los tamaños que en esta página de ajustes definas. Esto significa que si, por ejemplo, subes una imagen de unas dimensiones de 2048 x 2048 pixeles, WordPress va a crear al menos otras tres, que con los tamaños por defecto serían:

▶ Una miniatura de 150 x 150 pixeles.

▶ Un tamaño medio de 300 x 300 pixeles.

▶ Un tamaño grande de 1024 x 1024 pixeles.

Esto es debido a que, si acostumbras a subir imágenes demasiado grandes, al publicarse en tu portada se multiplicará el tamaño de la web, haciendo más lenta su visualización. De este modo, si cada imagen que subes —aunque cambies su tamaño visible a través de las herramientas del editor de entradas— tiene un peso de, digamos, 2 MB, y si publicas 10 entradas en portada, cada una con una imagen de ese tamaño y peso, tu portada pesará por lo menos 20 MB, que para una web es una barbaridad y hará la experiencia de navegación insufrible.

Por ello, WordPress, a la hora de insertar imágenes en tus entradas, te ofrecerá estos otros tamaños, mejor adaptados a los anchos estándar de los temas y que pesarán mucho menos, haciendo tu web más ligera.

Para verlo más claro subimos una imagen como la de la figura 6.15, de 1200 x 900:

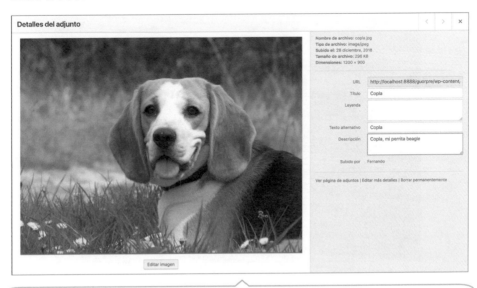

Figura 6.15. Imagen subida a WordPress.

Si ejecutamos nuestro cliente FTP y accedemos a las carpetas de WordPress, en concreto al directorio predeterminado para la subida de imágenes, /wp-content/uploads/, comprobaremos, entre otras cosas, que se han creado imágenes adicionales, en este caso ajustadas a los tamaños menores inmediatos a las dimensiones de la imagen original.

Figura 6.16. Imágenes adicionales creadas por WordPress.

Quizás te hayas fijado ya, pues en la captura siguiente se puede adivinar que WordPress ha almacenado las imágenes, no directamente en la carpeta /wp-content/uploads/, sino en subcarpetas (en el ejemplo en /wp-content/uploads/2018/12/), es decir, ha subido las imágenes el mes de diciembre (12) del año 2018.

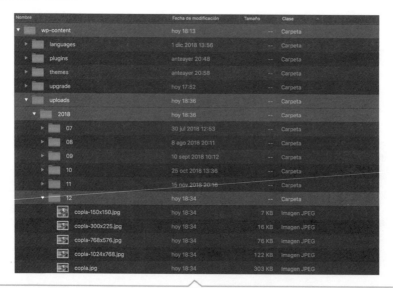

Figura 6.17. Organización de carpetas para archivos subidos basada en año y mes.

Esto es el resultado de la última configuración disponible en la página de Ajustes de medios que, por defecto, provoca este comportamiento de WordPress. Este tipo de organización hace más sencilla la lectura de datos al servidor, además de facilitar copias de seguridad y localización de archivos concretos. Si quitásemos la marca a esta casilla todos los archivos se subirían directamente a la carpeta /wp-content/uploads/, haciendo más complicado localizar de forma manual en cualquier momento en que lo necesitemos un archivo concreto. WordPress no tiene problema alguno con una configuración u otra en este sentido, pero siempre es mejor tener los archivos ordenados y organizados.

ENLACES PERMANENTES Y SLUGS

El penúltimo de los ajustes que vamos a realizar ahora en este capítulo no es menos importante, sino todo lo contrario. De hecho, es uno de los muchos elementos fundamentales de WordPress, que han conseguido que su popularidad hoy sea irrebatible.

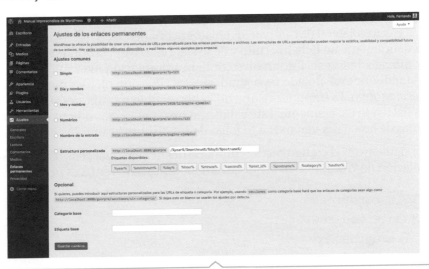

Figura 6.18. Ajustes de los enlaces permanentes.

Los Enlaces permanentes, o *permalinks*, son la estructura que tendrán las URL generadas por nuestras publicaciones. Es decir, si creamos una publicación denominada Hola mundo, WordPress generará una URL del tipo misitio.es/?p=1, muy poco amistosa, y que no dice nada acerca del contenido. Pero, si modificamos los Ajustes de los enlaces permanentes a la opción de, por ejemplo, Nombre de la entrada, entonces la URL resultante sería así: misitio.es/hola-mundo/, mucho más comprensible y que, además, informa a los buscadores acerca del contenido de la publicación. Otras opciones, como Día y nombre, añaden de manera automática información relativa a la fecha de publicación, y quedaría de este modo: misitio.es/2019/09/19/hola-mundo/, indicando a cualquier visitante el día, mes y año en que se publicó la entrada.

Existen otras opciones predeterminadas, como poner solo el mes y el nombre o el cada vez menos utilizado identificador numérico. No olvides que puedes personalizar los enlaces permanentes para mostrar las URL como desees, por ejemplo, añadiendo al final la extensión .html, que WordPress no usa de forma predeterminada, pero que en diversos entornos es considerado un estándar web. En cualquier caso, es importante que sepas que la elección de un enlace permanente u otro no afecta al rendimiento ni resultados de tu web, es una mera cuestión estética y, como mucho, de usabilidad. Lo importante es no cambiar de elección una vez empieces a publicar, ya que si alguien copia la URL de una entrada tuya (por ejemplo, misitio.es/hola-mundo/) y luego decides cambiarla (quedando como misitio.es/2019/09/19/hola-mundo/), puede que no se llegue al contenido con el enlace antiguo, devolviendo un error y obteniendo una penalización de los buscadores.

Un efecto colateral de cambiar los enlaces permanentes es que WordPress crea automáticamente un fichero oculto y de sistema en la carpeta donde lo instalaste, denominado .htaccess. Este archivo contiene información relevante para que el servidor donde está alojado sepa «traducir» las URL y no pierdas ninguna visita por este motivo. Es importante que no lo borres ni lo modifiques sin saber qué estás haciendo exactamente. Este valioso archivo tiene otras muchas utilidades, algunas de las cuales veremos a lo largo de los distintos capítulos del libro.

El siguiente es el código predeterminado del fichero .htaccess básico de una instalación de WordPress en la que se han modificado los enlaces permanentes:

```
# BEGIN WordPress
<IfModule mod_rewrite.c>
RewriteEngine On
RewriteBase /
RewriteRule ^index\.php$ - [L]
RewriteCond %{REQUEST_FILENAME} !-f
RewriteCond %{REQUEST_FILENAME} !-d
RewriteRule . /index.php [L]
</IfModule>
# END WordPress
```

Truco: *Si eres observador, te habrás dado cuenta de que el archivo .htaccess tiene un punto delante: eso le identifica como fichero de sistema para los servidores web y normalmente no se muestra por defecto en los clientes FTP. Si quieres verlo o modificarlo, debes hacerlo visible con antelación mediante el ajuste correspondiente en la página de preferencias del cliente FTP que utilices.*

PRIVACIDAD

El chico nuevo en el barrio de Internet es la protección de la privacidad, y WordPress se ha actualizado en los últimos tiempos para incorporar herramientas que permitan al administrador web hacerse responsable de la privacidad de sus visitantes. Para ello, tenemos los ajustes de privacidad, donde podemos crear la página de política de privacidad de nuestra web, para gestionar de manera responsable los datos de nuestros usuarios.

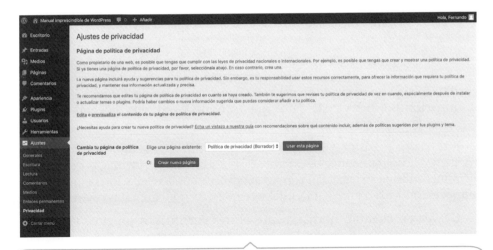

Figura 6.19. Ajustes de privacidad.

Al llegar a esta página de ajustes verás que WordPress ofrece crear una página de privacidad con unos textos generales, que nos servirán de base para nuestra política de privacidad definitiva.

Figura 6.20. Página de privacidad creada automáticamente.

Da igual si eliges el botón Editar esta página o Crear nueva página, se abrirá el editor con el texto sugerido para la página de privacidad (figura 6.20), con información por defecto de datos que recopila WordPress, además de otras secciones que deberás completar tú.

Esta página es básica, y hay que completarla con toda la información que recopilemos nosotros o servicios externos de nuestras visitas. Además, por supuesto, siempre confirma su legalidad con un abogado, pues la regulación de privacidad europea, conocida como RGPD, establece qué deben incluir estas páginas.

De vez en cuando, normalmente al instalar nuevos plugins, verás que aparece un icono rojo de aviso en esta página de ajustes.

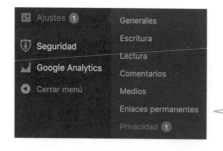

Figura 6.21. Aviso de cambios para la página de privacidad.

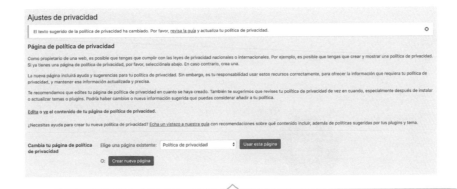

Figura 6.22. Aviso de textos sugeridos para añadir a la página de privacidad.

Esto se deberá a que algún plugin recopila información y te sugiere un texto para que lo añadas a tu política de privacidad. Es buena idea revisarla cada vez que instales algún plugin.

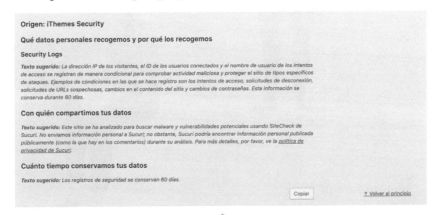

Figura 6.23. Texto de privacidad disponible para copiar de un nuevo plugin.

Veremos más ajustes de privacidad, pero en otro capítulo. Con esta página tienes la base que cualquier otro plugin y tema usará para mostrar tu página y así ayudarte a cumplir la regulación de privacidad europea.

Nota: *No es casual no haber tratado en este capítulo la página de Ajustes de comentarios, pues por su nivel de detalle merece un apartado específico de este libro.*

7 WORDPRESS MULTIUSUARIO

PERFILES Y CAPACIDADES

Una de las características básicas, pero importantes, de WordPress es que es un CMS multiusuario, o sea, permite que varias personas (cada una con distintos perfiles y permisos) administren, gestionen o creen contenido en una misma instalación.

Para ello, y como vimos en el capítulo anterior, en la primera pantalla de Ajustes generales, ya se nos pregunta si queremos que los usuarios se registren por sí solos o, por el contrario, tengamos que crearlos nosotros manualmente. Esta decisión, por supuesto, es una cuestión personal, o del uso que se vaya a dar a la web, pero en cualquiera de los casos es importante saber cuáles son los perfiles predeterminados de WordPress y qué capacidades tiene cada uno. Esto es lo primero que vamos a ver.

Antes de empezar, debes saber que es posible incorporar más perfiles: hay plugins que añaden tipos especiales de usuario, como los sistemas de membresía, los foros, y plugins que convierten WordPress en una red social. Lo bueno es que la gestión de todos ellos es igual de sencilla, tanto a través de la administración de usuarios propia de WordPress como mediante plugins que mejoran y amplían el control sobre perfiles y capacidades.

También es interesante, y te ayudará a comprenderlo mejor, visualizar el entorno de gestión de contenidos de WordPress como si fuera la redacción de un periódico, pues en algunos aspectos se parece mucho, en especial en lo que a la gestión de usuarios, permisos y capacidades se refiere.

Los perfiles de usuario que todo WordPress dispone por defecto son los siguientes:

▶ **Suscriptor:** sus capacidades son las más limitadas, solo puede modificar los elementos de su perfil propio y comentar sin tener que rellenar datos, pues ya los conoce WordPress.

▶ **Colaborador:** es lo que yo suelo denominar el «perfil becario» porque, además de las capacidades básicas del suscriptor, puede crear entradas, pero no subir archivos para ilustrar sus contenidos ni tampoco publicar. Requiere que un usuario con capacidades superiores revise su contenido, ilustre la entrada y la publique.

▶ **Autor:** es el creador de contenidos por excelencia, con capacidades para subir archivos, moderar comentarios que hagan los visitantes a sus entradas y, por supuesto, publicar directamente sin necesidad de supervisión.

▶ **Editor:** este perfil, además de todas las capacidades anteriores, modifica contenido y comentarios de otros usuarios, publica las entradas pendientes de revisión de los colaboradores. Además, puede crear y modificar páginas estáticas, y utilizar código HTML sin restricciones. Vendría a ser la analogía de un jefe de redacción de un diario.

▶ **Administrador:** eres tú, el poder omnímodo de toda instalación de WordPress. No solo aúna todas las capacidades de los otros perfiles, sino que tiene acceso a la sección de ajustes y configuraciones, invisibles para el resto de perfiles de usuario.

Nota: *En instalaciones múltiples existe un perfil adicional: el superadministrador, que tiene capacidades extras para gestionar los sitios y usuarios de la red.*

Visualmente te será más fácil comprender a lo que tiene acceso cada perfil de usuario:

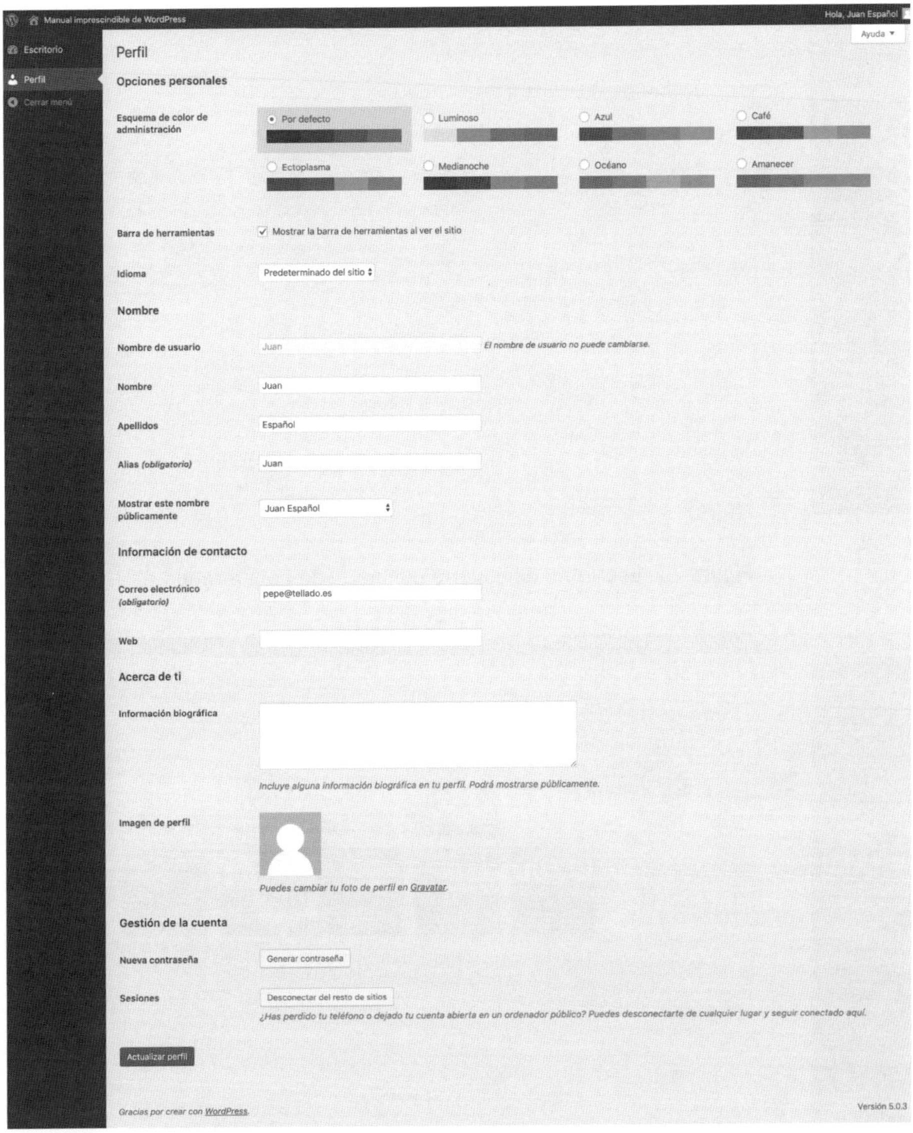

Figura 7.1. Escritorio de usuario con perfil de suscriptor.

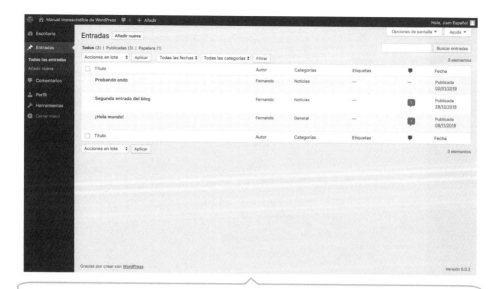

Figura 7.2. Escritorio de usuario con perfil de colaborador.

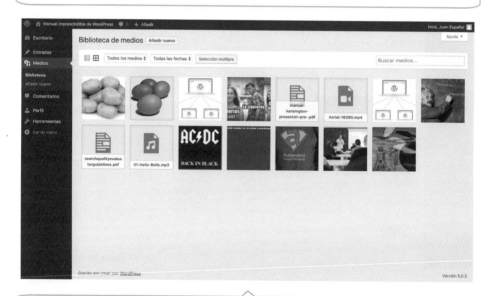

Figura 7.3. Escritorio de usuario con perfil de autor.

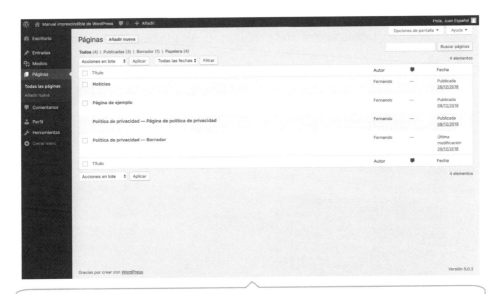

Figura 7.4. Escritorio de usuario con perfil de editor.

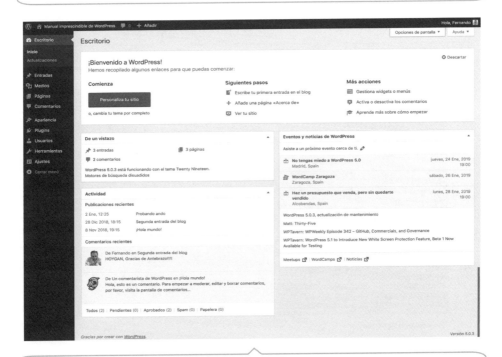

Figura 7.5. Escritorio de usuario con perfil de administrador.

Para una mejor comprensión de las capacidades de cada perfil de usuario en las siguientes tablas tienes una explicación detallada de cada una de ellas:

(W) Perfiles y Capacidades en WordPress

Capacidad	Descripción	Super Admin	Admin	Editor	Autor	Colaborador	Suscriptor
manage_network	Administrar la red	✓					
manage_sites	Administrar sitios	✓					
manage_network_users	Administrar usuarios de la red	✓					
manage_network_themes	Administrar temas de la red	✓					
manage_network_options	Administrar opciones de la red	✓					
activate_plugins	Activar plugins	✓	✓				
add_users	Añadir usuarios	✓	✓				
create_users	Crear usuarios	✓	✓				
delete_plugins	Borrar plugins	✓	✓				
delete_themes	Borrar temas	✓	✓				
delete_users	Borrar usuarios	✓	✓				
edit_files	Editar archivos	✓	✓				
edit_plugins	Editar plugins	✓	✓				
edit_theme_options	Editar opciones del tema	✓	✓				
edit_themes	Editar temas	✓	✓				
edit_users	Editar usuarios	✓	✓				
export	Exportar	✓	✓				
import	Importar	✓	✓				
install_plugins	Instalar plugins	✓	✓				
install_themes	Instalar temas	✓	✓				
list_users	Listar usuarios	✓	✓				
manage_options	Administrar ajustes	✓	✓				

Creado por **Ayuda WordPress**

Página 1 de 3

Figura 7.6. Perfiles y capacidades de WordPress 1.

(W) Perfiles y Capacidades en WordPress

Capacidad	Descripción	Super Admin	Admin	Editor	Autor	Colaborador	Suscriptor
promote_users	Promocionar usuarios	✓	✓				
remove_users	Borrar usuarios	✓	✓				
switch_themes	Cambiar de tema	✓	✓				
unfiltered_upload	Subida sin restricciones	✓	✓				
update_core	Actualizar WordPress	✓	✓				
update_plugins	Actualizar plugins	✓	✓				
update_themes	Actualizar temas	✓	✓				
edit_dashboard	Editar escritorio	✓	✓				
moderate_comments	Moderar comentarios	✓	✓	✓			
manage_categories	Administrar categorías	✓	✓	✓			
manage_links	Administrar enlaces	✓	✓	✓			
unfiltered_html	HTML sin restricciones	✓	✓	✓			
edit_others_posts	Editar entradas de otros	✓	✓	✓			
edit_pages	Editar páginas	✓	✓	✓			
edit_others_pages	Editar páginas de otros	✓	✓	✓			
edit_published_pages	Editar páginas publicadas	✓	✓	✓			
publish_pages	Publicar páginas	✓	✓	✓			
delete_pages	Borrar páginas	✓	✓	✓			
delete_others_pages	Borrar páginas de otros	✓	✓	✓			
delete_published_pages	Borrar páginas publicadas	✓	✓	✓			
delete_others_posts	Borrar entradas de otros	✓	✓	✓			
delete_private_posts	Borrar entradas privadas	✓	✓	✓			

Creado por **Ayuda WordPress**

Página 2 de 3

Figura 7.7. Perfiles y capacidades de WordPress 2.

Perfiles y Capacidades en WordPress

Capacidad	Descripción	Super Admin	Admin	Editor	Autor	Colaborador	Suscriptor
edit_private_posts	Editar entradas privadas	✓	✓	✓			
read_private_posts	Leer entradas privadas	✓	✓	✓			
delete_private_pages	Borrar páginas privadas	✓	✓	✓			
edit_private_pages	Editar páginas privadas	✓	✓	✓			
read_private_pages	Leer páginas privadas	✓	✓	✓			
edit_published_posts	Editar entradas publicadas	✓	✓	✓	✓		
upload_files	Subir archivos	✓	✓	✓	✓		
publish_posts	Publicar entradas	✓	✓	✓	✓		
delete_published_posts	Borrar entradas publicadas	✓	✓	✓	✓		
edit_posts	Editar entradas (propias)	✓	✓	✓	✓	✓	
delete_posts	Borrar entradas (propias)	✓	✓	✓	✓	✓	
read	Leer	✓	✓	✓	✓	✓	✓

Creado por **Ayuda WordPress**

Página 3 de 3

Figura 7.8. Perfiles y capacidades de WordPress 3.

AÑADIR USUARIOS

Añadir usuarios manualmente es muy fácil, casi más que permitir que tus visitantes se registren por sí mismos.

Hazlo desde tres sitios distintos, pero todos a mano:

► Mueve el cursor sobre el menú de Usuarios y haz clic en el submenú de Añadir usuario.

► Accede al menú de gestión de Usuarios y haz clic a continuación en el botón Añadir nuevo.

► Desde la barra de administración, busca +Añadir>Usuario.

A través de cualquiera de estos métodos accedes a la página de creación de usuarios, donde tienes que especificar, al menos, los siguientes datos obligatorios:

► Nombre de usuario (no puede coincidir con otro existente).

► Correo electrónico (igualmente debe ser distinto a cualquier otro).

► Contraseña, que deberá establecer o confirmar el usuario desde un enlace que le llegará por correo electrónico, y ser lo más segura posible, para lo que dispones de un indicador que te ilustra visualmente su fortaleza.

► Perfil de usuario, que es posible modificar más adelante si se desea.

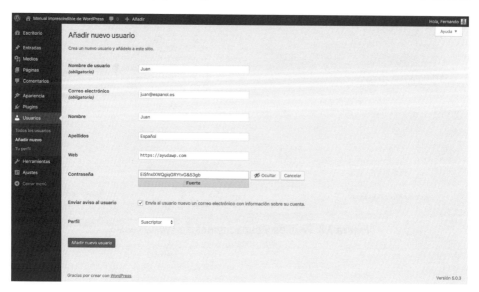

Figura 7.9. Página para añadir usuarios.

Truco: *También es recomendable (pero no obligatorio) marcar la casilla para que el nuevo usuario reciba un correo electrónico con sus datos de acceso.*

Una vez añadido un usuario, en cualquier momento un administrador puede modificar su perfil o accediendo a él o desde la página de administración de Usuarios seleccionando la casilla al lado del nombre de usuario y a continuación eligiendo el perfil deseado de la lista desplegable denominada Cambiar perfil a....

Nota: *El administrador también recibe un correo electrónico cuando se añade un nuevo usuario.*

Figura 7.10. Correo electrónico de confirmación de contraseña del nuevo usuario.

Figura 7.11. Cambio de capacidades de usuario modificando su perfil.

Figura 7.12. Cambio de capacidades de usuario cambiando el perfil.

ACTIVAR EL REGISTRO DE USUARIOS

La gestión manual de usuarios en WordPress permite ampliar las posibilidades de administración de la web, designando tareas y capacidades, pero si quieres ofrecer una experiencia superior y fidelizar a los visitantes entonces hay que abrir el registro de usuarios.

El primer paso, como vimos, es marcar la casilla correspondiente en Ajustes>Generales, para a continuación decidir qué perfil tendrán por defecto. Esta pequeña decisión tiene su miga, debes pensarlo bien.

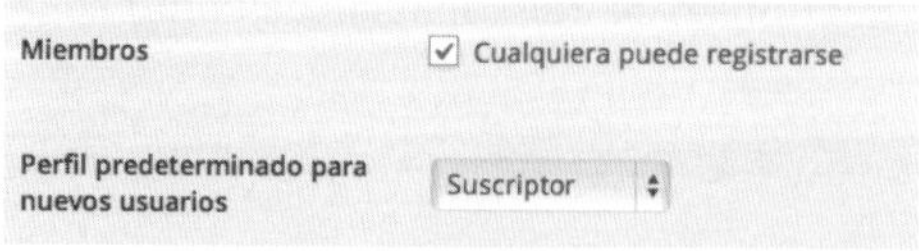

Figura 7.13. Activación de registro de usuarios en los ajustes generales de WordPress.

Las ventajas de ser suscriptor son pequeñas para el usuario, a no ser que las unas a otras características. Por ejemplo, puedes configurar WordPress para que todos los comentarios requieran moderación excepto para los usuarios registrados, y en este caso estás ofreciendo un plus para el usuario registrado; o crea un código de manera que los usuarios registrados vean sus comentarios resaltados con algún color, algo habitual en algunos diarios digitales. Ello conlleva modificar la hoja de estilos del tema activo (habitualmente con el nombre style.css) añadiendo algo así:

```
*/Diferente color para fondo de comentarios a usuarios re-
gistrados */
.commentlist li.byuser {
 background:#88B9E7;


}
```

Este código utiliza una variable de WordPress por la cual los comentarios de los usuarios registrados se identifican como *byuser* (esta propiedad se define en la primera línea del código CSS) y tienen asignado un bonito color de fondo (*background*) en tonos azules difuminados (línea dos del código) que se expresa en modo hexadecimal (#88B9E7). Esto, por supuesto, puedes cambiarlo a tu gusto.

Nota: *El formato de números hexadecimales, o sistema de colores HTML, tiene hasta dieciséis valores distintos, que van del 0 al 9, y de la A a la F. Cada color está representado por un grupo de seis dígitos en hexadecimal, precedidos por una almohadilla, como por ejemplo #FFFFFF.*

Truco: *El valor hexadecimal de un color se conoce utilizando las herramientas de personalización de temas de WordPress, un editor de imágenes o multitud de páginas web que lo ofrecen de manera gratuita.*

Estos pequeños regalos pueden ser poco para el usuario registrado, pero para el administrador no solo permitir el registro de usuarios sino fomentarlo y abre un mundo de posibilidades de marketing. Cada usuario va asociado a un correo electrónico, y además facilita un buen montón de información adicional, ansiada por las empresas de publicidad online.

Es en extremo recomendable aprobar el registro de usuarios y, además, animar a ello a los visitantes. Para conseguirlo tenemos varios modos: desde añadir un enlace al menú principal para registrarse o crear un banner enlazado a la página de registro, hasta instalar algún plugin de membresía especializado, que hay muchos. Pero la primera opción, ya disponible, es el *widget* por defecto denominado Meta, visible desde el primer momento de la instalación de WordPress, que para los usuarios registrados ofrece enlaces útiles y para los visitantes no registrados dispone de un único enlace útil, para acceder al sitio, donde se le invitará a registrarse.

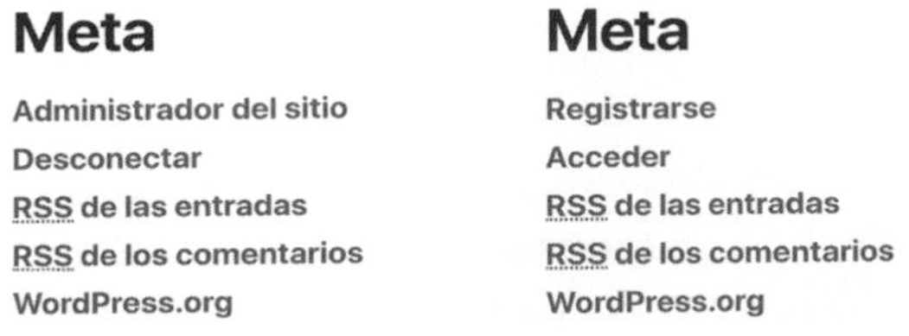
Meta
Administrador del sitio
Desconectar
RSS de las entradas
RSS de los comentarios
WordPress.org
Meta
Registrarse
Acceder
RSS de las entradas
RSS de los comentarios
WordPress.org

Figura 7.14. Widget Meta para usuarios registrados (izq.) y no registrados (dcha.).

Truco: *La URL de registro de usuarios en WordPress, que sirve para enlazar banners y menús, es misitio.es/wp-register.php.*

Por supuesto, si el perfil predeterminado de usuario tiene capacidades superiores, invitando por ejemplo a los visitantes a colaborar con artículos, las posibilidades de fidelización son mayores.

Figura 7.15. Pantalla de registro de usuarios activos de WordPress.

CÓMO AÑADIR Y MODIFICAR PERFILES DE USUARIO

¿Te imaginas poder afinar los perfiles y capacidades de usuario al máximo, incluso creando tipos nuevos de usuario?

Todo administrador de WordPress que gestiona distintos tipos de usuario en su sitio tarde o temprano termina encontrando limitaciones al sistema estándar: por ejemplo, le surge la necesidad de crear perfiles intermedios, como un colaborador que suba imágenes pero que no publique directamente, con lo que ahorra mucho trabajo al editor.

Todo esto y mucho más se consigue mediante plugins, esas pequeñas aplicaciones gratuitas que amplían las posibilidades de WordPress. Hay muchos para este cometido, pero si quieres uno que te dé toda la flexibilidad que necesitas sin incorporar demasiadas utilidades extras no hay nada mejor que el denominado Members (es.wordpress.org/plugins/members).

Una vez instalado añade las siguientes utilidades a WordPress:

▶ **Gestor de perfiles:** la utilidad más potente, y la que estamos buscando, que autoriza la creación de nuevos perfiles o la modificación de los existentes, asignándoles o quitándoles capacidades.

- ▶ **Permisos sobre el contenido:** añade al editor de entradas un *widget* con el que especificar a partir de qué perfil de usuario podrá ver cada entrada, lo que es genial para ofrecer contenidos exclusivos según el perfil de usuario.

- ▶ **Widgets:** añade dos *widgets*, uno que mejora el aspecto del *widget* Meta que viene por defecto de WordPress y otro para mostrar una lista de usuarios.

- ▶ **Sitio privado:** una opción para que solo los usuarios registrados puedan ver la web, dirigiendo automáticamente al resto a la pantalla de acceso, estupendo para webs en construcción o incluso webs privadas o intranets.

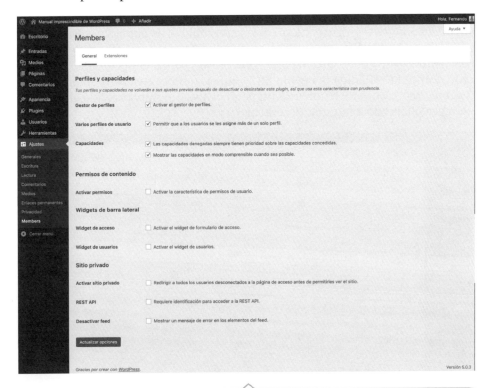

Figura 7.16. Pantalla de ajustes del plugin Members.

De esta forma, se amplían con mucho las posibilidades de fidelización de usuarios de WordPress, pero vamos a centrarnos en la gestión de estos. Para ello, al activar el plugin añade varios submenús nuevos a WordPress. El primero, en Ajustes>Members, es el de configuración y activación de los distintos módulos que hemos visto, que por defecto ya trae activos el gestor de perfiles y el de permisos de contenido.

Además, incorpora dos submenús nuevos en el menú Usuarios, uno para la gestión de perfiles (Perfiles) y otro para crear nuevos perfiles (Añadir nuevo perfil).Si queremos crear un nuevo usuario, es bueno que tengamos a mano las tablas vistas antes en las figuras 7.6, 7.7 y 7.8. En ellas está el listado completo de capacidades de WordPress que podemos asignar a cada usuario, así como la traducción práctica de los permisos que asignados a cada uno. Al crear un nuevo usuario, o modificar uno ya existente, solo tenemos que ir marcando las casillas correspondientes a las capacidades reales que tendrá.

Así, en el ejemplo de la figura 7.18, hemos creado un nuevo perfil de usuario, al que he llamado Colaborador Plus: tiene las capacidades estándar del colaborador (en inglés *contributor*), pero le he añadido la posibilidad de publicar (*publish_posts*), moderar comentarios (*moderate_comments*), editar y ver contenido privado (*edit_private_posts*, *read_ private_pages*, *read_private_posts*), la opción de ver contenido restringido añadida por el plugin Members (*restrict_content*) y subir archivos (*upload_files*). Con esto, tendremos un perfil de usuario muy parecido al de autor, pero personalizado a nuestras necesidades.

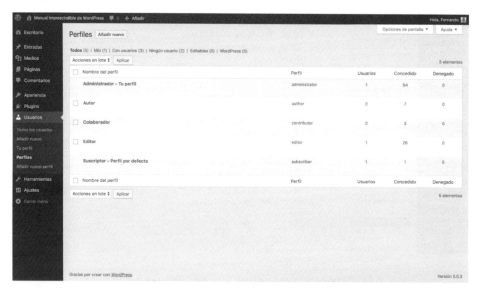

Figura 7.17. Listado de perfiles de usuario en el submenú Usuarios>Perfiles.

Modificar un perfil de usuario ya existente es igual de sencillo, pues solo hay que hacer clic en él en el listado de Perfiles.

Los nuevos perfiles de usuario estarán disponibles para asignarlos a los usuarios nuevos o existentes.

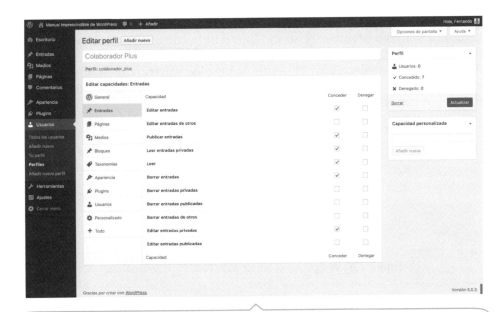

Figura 7.18. Pantalla de creación de nuevos perfiles de usuario.

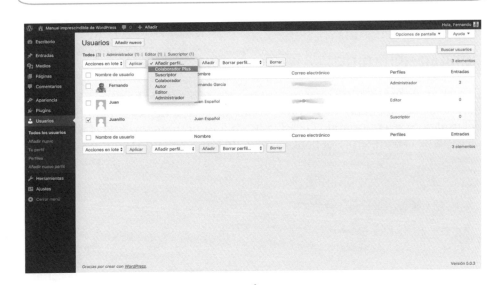

Figura 7.19. Listado de usuarios con el nuevo perfil creado.

Pero todo esto no sirve de nada si no le damos utilidad, y ya que tenemos instalado y activo Members y su módulo para restringir contenido, a partir de ahora cuando estemos creando una entrada podemos —desde el nuevo *widget* que añade seleccionar el perfil mínimo de usuario que tendrá acceso a la misma— mostrar el mensaje por defecto definido en la página de ajustes del plugin o especificar uno concreto para cada entrada.

Figura 7.20. Widget en el editor para restringir contenido.

Como he comentado antes, hay otros muchos plugins para este tipo de cometidos relacionados con la gestión de usuarios, pero Members aúna sencillez y potencia.

BORRAR USUARIOS

La gestión de usuarios no estaría completa sin saber cómo borrarlos. Es posible hacerlo de dos maneras: bien con el enlace de acción de Borrar bajo el nombre del usuario o seleccionando la casilla junto a su nombre y, desde el menú desplegable de la parte superior para acciones en lote, eligiendo la opción de Borrar.

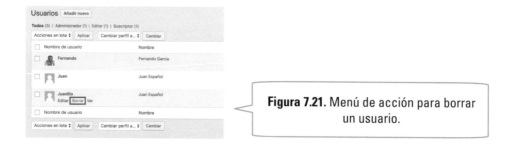

Figura 7.21. Menú de acción para borrar un usuario.

Figura 7.22. Desplegable para borrar uno o varios usuarios seleccionados.

Este proceso es delicado en principio, porque si borras un usuario se eliminarían también todas las publicaciones y enlaces que haya creado. Precisamente por eso, antes de borrar un usuario, WordPress pide confirmación de la acción, ofreciéndote borrar todas las entradas y enlaces del mismo o, por el contrario, asignarlas a otro usuario existente.

Borrar usuarios

Has marcado a este usuario para su eliminación:

ID #2: Juan

¿Qué debería hacerse con el contenido de este usuario?

○ Borrar todo el contenido.

○ Atribuir todo el contenido a: Fernando (Fernando) ⬍

Confirmar borrado

Figura 7.23. Confirmación de borrado de usuario.

8 DISEÑANDO TU WEB

CÓMO INSTALAR TEMAS EN WORDPRESS

Los temas lo son casi todo en WordPress de cara a tus visitantes. Da igual que dispongas de la mejor información y las imágenes más maravillosas: si no eliges un buen tema que los enseñen al mundo exterior de la mejor manera posible, tu sitio no será atractivo, no incitará a ver tu contenido, mucho menos a compartirlo y a hacer crecer tu web.

Hay otros elementos que ayudan a que tu web tenga éxito, pero muchos pasan por escoger el tema adecuado, correcto, perfecto, que diga lo mejor de ti y tus contenidos. Afortunadamente, WordPress facilita muchísimo esta tarea gracias a las herramientas de instalación y personalización de que dispone. La buena noticia es que los temas WordPress son en su mayoría gratuitos y los de pago son baratísimos (puedes seleccionar maravillosos diseños, por completo personalizables, por menos de lo que te cuesta un menú en tu restaurante favorito).

No obstante, siempre recomiendo empezar a buscar temas gratuitos por los siguientes motivos:

- ► Son gratis.

- ► Tienen menos configuraciones posibles, y lo que *a priori* parece una carencia en realidad es una virtud al permitir mayor flexibilidad.

- ► Promueves que haya más temas gratuitos al apostar por uno para tu web.

Es más, quizás la mejor opción posible sería siempre usar alguno de los temas que tienes ya instalados, los que vienen por defecto con WordPress. Pensarás que no es una opción porque, claro, habrá ya demasiada gente utilizándolo o tu sitio no va a parecer único y diferente, pero te equivocas: lo mejor de los temas WordPress es que se personalizan hasta el infinito: un tema en apariencia simple es capaz de transformarse en un diseño maravilloso.

Por ejemplo, en la figura 8.1 tienes una captura de Twenty Ten, el que fue el tema predeterminado de WordPress hace tres años y, al lado, una personalización que hace irreconocible la base en la que está inspirada.

Figura 8.1. Tema Twenty Ten (izq.) y su personalización (dcha.).

Asimismo, los temas por defecto de la instalación de WordPress tienen enormes ventajas:

▶ Son gratuitos.

▶ Están traducidos todos los textos a tu idioma.

▶ Cumplen los estándares de WordPress.

▶ Siempre incorporan las nuevas funcionalidades de WordPress.

Tenlos siempre en cuenta como tu primera opción. De hecho, cuando termines de leer este libro vas a saber adaptarlos a tus necesidades y personalizarlos de tal modo que no serán reconocibles. Pero, como estos ya están instalados, vamos a ver cómo añadir nuevos temas.

WordPress dispone de un instalador propio —que facilita muchísimo esta tarea— situado en Apariencia>Temas. Además de miniaturas de los temas instalados, tiene dos botones para acceder al instalador: uno pequeño en la parte superior, al lado de buscador de temas instalados, y otro gigantesco en la parte inferior. Da igual cuál de los dos elijas, el resultado es el mismo: te llevan al instalador.

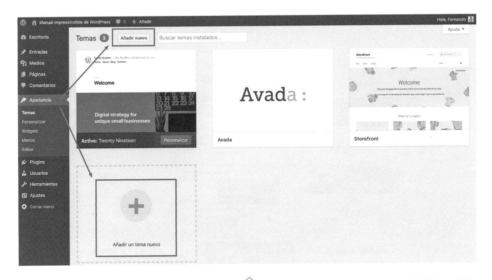

Figura 8.2. Administración de temas WordPress.

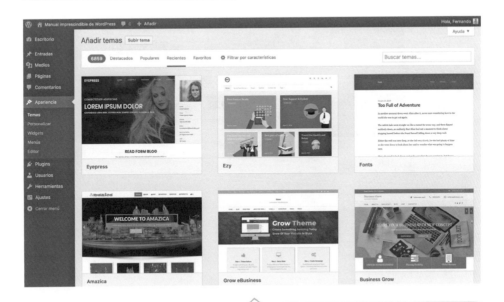

Figura 8.3. Instalador de temas WordPress.

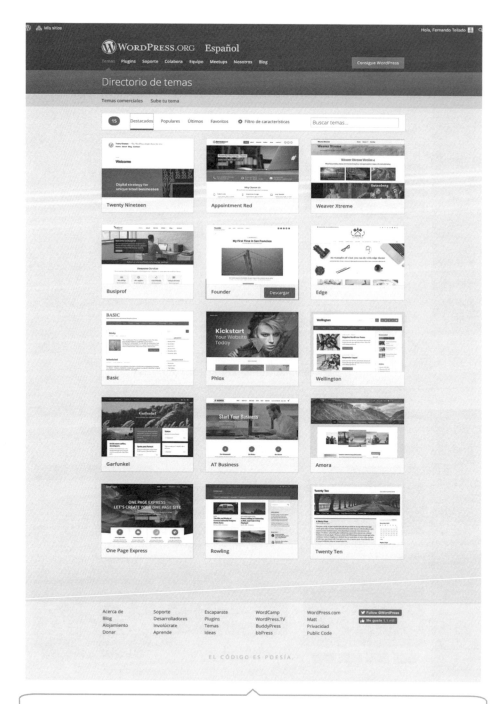

Figura 8.4. Repositorio oficial de temas WordPress.

En el instalador hay, además de los temas populares y destacados, un buscador para encontrar temas por términos de búsqueda o por características concretas. En ambos casos te preguntarás: ¿Dónde busca en realidad, si yo no tengo más temas? Buena pregunta, pues este instalador realiza búsquedas en el famoso repositorio oficial de WordPress, situado en wordpress.org/themes, así que cualquier tema que veas en ese «almacén» oficial también estará disponible para que lo instales en tu WordPress.

Utilizar temas oficiales de WordPress.org tiene enormes ventajas, y siempre es la opción más recomendable a la hora de instalar. No solo dispones de una amplia variedad gratuita (más de 6000), sino que todos los temas del repositorio se revisan antes de ponerlos a disposición de la comunidad de usuarios y cumplen estas características:

1. No han de generar ningún aviso de error ni tener requisitos adicionales.

2. No tienen funciones obsoletas de WordPress.

3. No dan errores de PHP o JavaScript.

4. Usan código HTML y CSS válido.

5. No son compatibles con más de dos versiones mayores antiguas de WordPress, o sea, si estamos en la versión 5.1 como mucho deben ser compatibles con la versión 5.0 pero no con la 4.9.

6. Todos los textos visibles están en inglés.

7. Ofrecen una única URL para cualquier función, base de datos, traducciones, ajustes del tema, etc.

8. La página de ajustes del tema garantiza la seguridad y la privacidad de los datos y los usuarios.

9. Utilizan las plantillas estándar de temas WordPress.

10. Están sujetos a la licencia de software GPL o compatibles con ella.

11. Deben acompañar la documentación necesaria para conocer el uso de cualquier ajuste o característica propia.

12. Se actualizan a menudo para poder seguir disponibles en el repositorio oficial.

13. Muestran correctamente la palabra WordPress, con la W y la P en mayúsculas.

14. Cumplen reglas estrictas de accesibilidad.

15. Son compatibles con las clases CSS generadas por WordPress.

16. Se actualizan de forma automática desde la administración de WordPress.

Nota: *Existe una página específica con la guía de calidad de código exigida en make.wordpress.org/themes/guidelines/.*

Nota: *La licencia de software GPL garantiza que toda obra acogida a la misma, y sus derivadas, son de libre distribución y abiertas a modificación y mejora. Tienes más información en www.gnu.org/copyleft/lgpl.html.*

Todos estos requisitos aseguran que un tema instalado desde el repositorio oficial no dará problemas de seguridad y, además, ofrecerá un código limpio y por completo compatible con WordPress; de ahí que siempre deben ser tu primera opción a la hora de buscar un tema nuevo para tu web. Hay muchos otros sitios que ofrecen temas, pero ninguno con todas estas garantías y seguridad.

El hecho de que la inmensa mayoría de los temas sean gratuitos no significa que sean de peor calidad que los comerciales de pago: las mismas garantías que ofrecen ya marcan diferencias, pero si tu prioridad es el diseño aquí vas a encontrar de todo. No obstante, hay «mercados» de temas donde desarrolladores independientes ponen a la venta sus creaciones, y también programadores con gran reputación que crean temas de gran calidad. Esta es solo una pequeña selección de los mejores:

- ► **Elegant Themes:** quizás de los temas más bonitos que hay, con muchos detalles de calidad y además a precios increíblemente baratos: www.elegantthemes.com.

- ► **Presscoders:** temas organizados por sectores profesionales: www.presscoders.com.

- ► **ThemeForest:** enorme mercado de temas remitidos por programadores aficionados y profesionales: themeforest.net.

Una vez conocidas las ventajas y opciones, vamos a ponernos manos a la obra con la instalación, que podemos realizar mediante cuatro métodos:

1. Con el instalador automático de WordPress, que solo trabaja con el repositorio oficial.

2. Desde el Personalizador de WordPress.

3. A través de la herramienta de subida de temas, con la que es posible instalar desde el repositorio oficial o de cualquier otra fuente.

4. Manualmente mediante el cliente FTP, con el que se instalan temas del repositorio oficial o desde cualquier otra fuente.

El primer método es el instalador, en el que todo es tan sencillo como introducir términos de búsqueda y hacer clic en el botón Buscar. Se mostrará una lista de temas que contienen la palabra que hayas tecleado, ya sea en etiquetas, el autor o incluso la descripción.

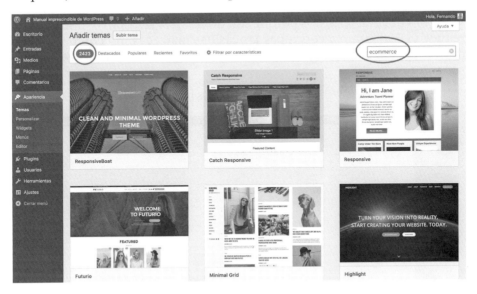

Figura 8.5. Resultados de búsqueda del instalador de temas.

El buscador por características es quizás más práctico, pues en principio no podemos saber qué palabras clave o etiquetas ha usado el autor de un tema. En esta herramienta se especifican criterios concretos de cómo queremos que sea nuestro tema simplemente marcando las casillas de las características deseadas.

En esta herramienta hay tres conceptos clave entre los que podemos elegir:

1. **Temática:** Se refiere a cuando el autor ha orientado el tema a un asunto concreto, como webs especializadas en sitios de vacaciones o muy orientadas a la publicación de fotografías, para lo que suelen incorporar elementos muy especializados.

2. **Características:** Si el tema dispone de página de ajustes, ofrece formatos de entrada personalizados; o si está preparada para traducción, permite seleccionar un tema que se adapte a nuestras necesidades más específicas.

3. **Diseño de pantalla:** Es la estructura básica de un tema: si tiene una o varias barras laterales, si el diseño es en modo cuadrícula o a una sola columna.

Siempre recomiendo que lo primero es decidir el número de columnas. Aunque *a priori* parezca que lo fundamental son los colores, no es así, pues es algo que se cambia después con mucha más facilidad que otras funcionalidades básicas que —estas sí— determinarán el resultado final de tu web. También es importante que no marques demasiadas casillas de selección de características porque son de carácter restrictivo: o sea, que el tema a buscar cumpla con todas las casillas marcadas, no con cualquiera de ellas, por lo que si eliges demasiadas características tal vez no obtengas ningún resultado.

Lógicamente, una vez hechas tus selecciones haz clic en el botón Aplicar filtros.

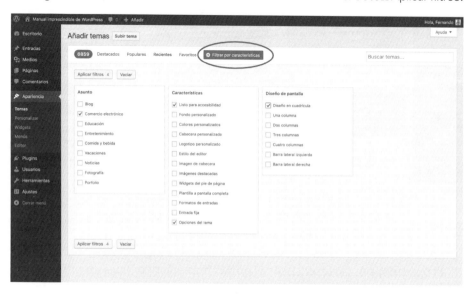

Figura 8.6. Selección de características.

Si no consigues encontrar lo que quieres, el instalador tiene más vías de búsqueda en el repositorio oficial. Es bueno echarles un vistazo. Me refiero a los enlaces de la parte superior, que nos mostrarán los temas del repositorio destacados (mejor valorados por los usuarios), populares (los más descargados) y recientes (los nuevos). Si ya te has decidido por alguno de estos modos de búsqueda, lo siguiente —con la lista de temas posibles a la vista— es ver la descripción detallada de cada uno con un clic en el enlace Detalles y vista previa.

Además de un sistema de valoración mediante estrellas, que dan los usuarios en la página oficial de WordPress.org, es posible leer la descripción detallada escrita por el autor del tema. También, si lo deseas, instálalo desde esta pantalla.

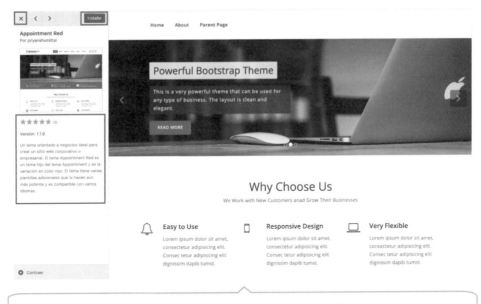

Figura 8.7. Vista previa y detalles de tema aún sin instalar.

Nota: *Todas las descripciones, etiquetas y palabras clave de los temas del repositorio oficial están en inglés ya que es un requisito de los criterios de WordPress.org, pero esto no significa que una vez instalado no ofrezca la interfaz o la página de ajustes en tu idioma.*

Nota: *Para poder valorar temas del repositorio hay que estar registrado en la web oficial es.wordpress.org/support/register.php. Es recomendable tener una cuenta de usuario, para disponer de perfil en los foros de soporte, valorar temas y plugins, tener una lista de plugins favoritos o incluso colaborar en las traducciones o el mismo WordPress.*

La Vista previa no mostrará tu contenido, sino una serie de publicaciones estándar en las que se visualiza el aspecto de los distintos elementos de estilo: títulos, cabecera, barras laterales, imágenes alineadas a distintos lados, elementos de lista, citas, etcétera. Pretende ser una guía visual de los elementos básicos del tema. Si te convence solo tienes que hacer clic en el botón Instalar, en caso contrario pulsas el botón X y pruebas con otro hasta que alguno te anime a instalarlo. De todos modos, no te preocupes por instalar varios temas porque no estarán activos hasta que lo decidas. Instalar un tema no significa que ya estará visible para tus visitantes, sino que está disponible para activarlo cuando quieras cambiar el que tienes.

Si decides instalarlo se inicia el proceso automáticamente y, al finalizar, nos da el botón para activarlo (da igual si lo estamos instalando desde la administración o desde el Personalizador).

Figura 8.8. Tema instalado.

Figura 8.9. Vista previa de un tema instalado (sin activar aún) con opciones de personalización.

Los cambios de personalización que hagamos en esta Vista previa no tienen efecto si no hacemos clic en el botón Activar y publicar. Si optamos por hacer clic en la X seguirá instalado, pero no activo. Si la Vista previa no termina de convencerte es con seguridad porque el tema aún no mostrará todas sus virtudes, ya que la mayoría dispone de ajustes especiales que hay que configurar una vez activado.

INSTALACIÓN MANUAL DE TEMAS

El instalador automático de temas de WordPress es una maravilla, pero —como hemos visto— tiene la limitación de que solo trabaja con el repositorio oficial, así que si queremos un tema que hemos descargado o comprado en otra parte tenemos que optar por las opciones más manuales de instalación.

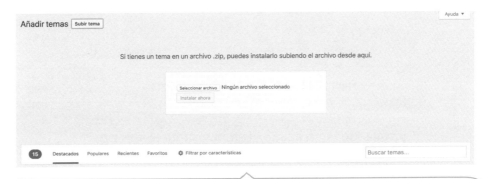

Figura 8.10. Pantalla de instalación de temas mediante subida del archivo.

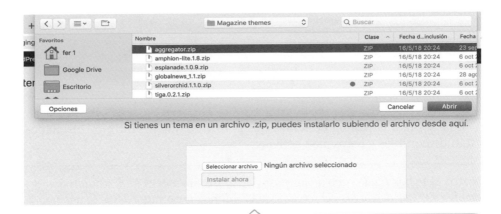

Figura 8.11. Debemos seleccionar el fichero ZIP que contiene el tema a instalar.

La primera nos la ofrece la misma pantalla de instalación de temas de WordPress, y accedemos a ella desde el enlace Subir, donde hay un solo botón que nos anima a seleccionar el archivo del tema que queremos instalar. Si hacemos clic en él, se abrirá el explorador de archivos de nuestro ordenador, donde localizar y seleccionar el fichero comprimido en formato ZIP que contenga el tema.

Una vez elegido solo queda hacer clic en el botón Instalar ahora y dejar que WordPress haga el resto del trabajo que, como se aprecia en la figura 8.19, es el mismo proceso que vimos antes: con la única diferencia de que, en vez de disponer de un enlace para volver al instalador automático, tenemos otro para ir a la lista de temas instalados.

Si tienes un tema en un archivo .zip, puedes instalarlo subiendo el archivo desde aquí.

Seleccionar archivo aggregator.zip
Instalar ahora

Figura 8.12. Tema subido listo para instalar.

Instalando tema desde el archivo: aggregator.zip

Descomprimiendo...

Instalando el tema...

El tema se ha instalado con éxito.

Vista previa | Activar | Volver a la página de temas

Figura 8.13. Instalación de tema subido de forma manual.

Una visita a la página de temas nos confirma que los últimos instalados están disponibles y listos para activar.

Nota: *Si te has fijado, uno de los pasos de la instalación es la descompresión del archivo ZIP que descargas del servidor de WordPress.org o subes desde tu ordenador. Durante este proceso se cargan los archivos necesarios en una carpeta temporal de WordPress que está en la ruta /wp-content/upgrade. Después de la instalación se borran el fichero ZIP y los archivos temporales.*

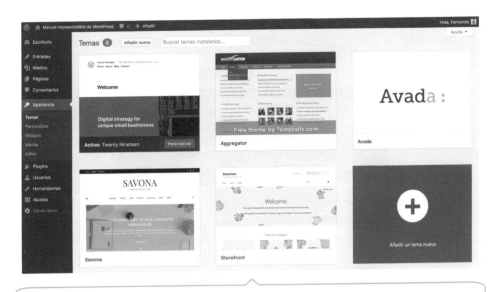

Figura 8.14. Lista de temas instalados.

Un método para instalar temas es mediante FTP, el más manual de todos. La realidad es que cualquier tema que subas por FTP también podrías subirlo con el método de instalación de subida de archivos y, por eso, raramente optarás por este método. Sin embargo, con la instalación por FTP se aprenden conceptos que nos servirán para mejorar nuestro conocimiento global de WordPress, así que presta toda tu atención porque merece la pena hacerlo así (aunque solo sea una vez para probar, experimentar y tener unos buenos cimientos).

Los pasos para instalar por FTP un tema que hayas descargado son los siguientes:

1. Descomprímelo.

2. Súbelo.

Pensabas que iba a ser más difícil, ¿no? En realidad, el primer paso no es parte siquiera de la instalación sino un paso previo, pero la diferencia más clara con cualquiera de los métodos anteriores, donde siempre se carga el tema desde el fichero comprimido ZIP, es que aquí tendrás que hacerlo antes. Para ello, emplea un sistema operativo que tenga la utilidad de descomprimir archivos ZIP (todas las versiones recientes de los principales sistemas lo permiten) o instalar una aplicación especializada.

Una vez descomprimido el archivo ZIP deberás ver, al menos, una carpeta con el nombre del tema que quieres instalar. Digo «al menos» porque hay temas, sobre todo los de pago, que incluyen más carpetas con elementos adicionales, como archivos de imagen personalizables o plantillas de prueba. No pasa nada si la carpeta tiene subcarpetas, es lo normal, a lo que me refiero es a que, al descomprimir, veas más de una carpeta. La que contiene el tema, y debemos subir para instalar, es la carpeta con el nombre del tema.

Figura 8.15. Archivo ZIP del tema descomprimido.

Truco: *Siempre lee la documentación del tema, por lo general es un archivo denominado readme.txt, para saber cuál es la carpeta principal que subirás para utilizarlo, además del resto de indicaciones de instalación y uso si las hubiese.*

Advertencia: *El nombre de la carpeta del tema no debe contener espacios, pues podría no funcionar adecuadamente la Vista previa o incluso no poder activarse el tema en WordPress.*

Cuando localices la carpeta principal del tema, abre tu cliente FTP y conecta con el servidor en el que tienes instalado WordPress. Una vez conectado, navega por las carpetas de la instalación de WordPress hasta la carpeta wp-content/themes, que es donde se instalan los temas. Ahí verás ya carpetas, en concreto las de los temas que vienen predeterminados, más las que hayas instalado después.

Name	Size	Permissions	Date
▶ cache	--	rwxr-xr-x	Yesterda
▶ languages	--	rwxr-xr-x	Yesterda
▶ mu-plugins	--	rwxr-xr-x	Today, 0
▶ plugins	--	rwxr-xr-x	Yesterda
▽ themes	--	rwxr-xr-x	Yesterda
▶ Avada	--	rwxr-xr-x	Yesterda
▶ Avada-Child-Theme	--	rwxr-xr-x	25/06/2
▶ twentynineteen	--	rwxr-xr-x	Yesterda
▶ twentysixteen	--	rwxr-xr-x	Yesterda
index.php	28 B	rw-r--r--	10/05/2
▶ upgrade	--	rwxr-xr-x	Yesterda
▶ uploads	--	rwxr-xr-x	Yesterda

Figura 8.16. Carpeta de WordPress donde se instalan los temas.

Truco: *Es habitual encontrar archivos vacíos o con solo un mensaje del tipo «Silence is golden», denominados index.php o index.html, en las carpetas de instalación de temas —y otras— de WordPress: es una medida de seguridad que dificulta a un atacante ver una lista de los archivos que contiene la carpeta.*

Lo único que queda por hacer es subir la carpeta del tema desde nuestro ordenador a la carpeta Themes del servidor donde está instalado WordPress.

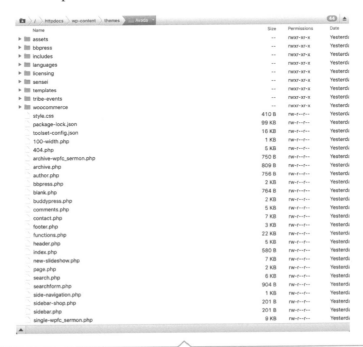

Figura 8.17. Carpeta del tema subida al servidor.

Cuando termine el proceso de subida de los archivos que contiene la carpeta del tema, comprueba en la pantalla de administración de Apariencia>Temas si aparece el nuevo tema instalado.

Ahora bien, hay varios motivos por los que un tema no podría aparecer disponible para activar, ya sea con este método o cualquier otro:

► No es un tema WordPress y carece de los archivos necesarios para ser usado. Esto es más habitual de lo que se piensa, ya que los sitios de descarga suelen ofrecer en ocasiones versiones del mismo tema para distintos CMS y a veces se confunde el archivo de descarga.

- El tema no tiene hoja de estilos o no cumple los estándares necesarios.

- No tiene miniatura, que viene definida por un fichero denominado screenshot.png en la carpeta del tema. En este caso el tema está disponible, pero nada o poco visible en la pantalla de temas.

Nota: *No hay límite de cantidad de temas para instalar en WordPress, solo depende del espacio físico disponible en el servidor, pues solo uno de ellos estará activo. La única excepción es en los temas hijo, donde hay un tema activo, pero en realidad se están usando archivos y plantillas de dos temas, el hijo y el padre (esta cuestión la trataremos más adelante, en este mismo capítulo).*

CÓMO ACTIVAR Y CAMBIAR DE TEMA

Instalar temas en WordPress es muy sencillo, y cambiar de tema es aún más fácil, tanto que una de las primeras locuras que sufre el nuevo usuario de WordPress es cambiar de tema de manera habitual. Lo que está claro es que queremos enseñar nuestro mejor aspecto, y el sistema de temas de WordPress es nuestro mejor aliado.

Una vez instalados los candidatos a ser nuestro tema, toca activarlos, tarea sencilla para la que WordPress nos ofrece dos maneras de conseguirlo. Por supuesto, lo primero es dirigirnos a la administración de WordPress y elegir el menú Apariencia>Temas. Otra posibilidad es que, desde la misma portada de nuestra web, y a través de la barra de administración, elijamos el submenú Nombre del sitio>Temas, y existe ahí ese menú porque no hay mejor momento para decidir cambiar de tema que cuando estamos viendo el aspecto de nuestra web. Sea cual sea el atajo que escojamos, estaremos en la pantalla de administración de temas.

Figura 8.18. Acceso a los temas instalados desde el menú de WordPress.

Manual imprescindible de WordPress

Escritorio

Temas

Widgets

Menús

Figura 8.19. Acceso a los temas instalados desde la barra de administración.

En esta pantalla tenemos la lista de temas instalados, fácilmente identificados por las capturas en miniatura de cada uno. La cantidad de ellos aparece numerada al lado del título de la pantalla, en un pequeño círculo gris. También disponemos de un buscador, por si tuviésemos muchos. Este buscador es instantáneo, pues va mostrando de manera inmediata los temas que se adaptan a los términos que vamos introduciendo en la caja de búsqueda. Trata de identificar el texto que tecleamos en el título, etiquetas, autor y descripción de los temas instalados, así que no deja nada al azar. Como curiosidad, el círculo gris con el número de temas también varía y actualiza el número de resultados obtenidos.

Figura 8.20. Buscador de temas instalados.

Y, una vez encontrado el tema que queremos activar, solo queda colocar el cursor sobre su miniatura para ver tres botones. Uno de ellos, denominado Detalles del tema, abre una ventana con la información sobre el tema en cuestión. Con los otros de la parte inferior se activa de inmediato el tema o se obtiene una vista previa antes de activarlo.

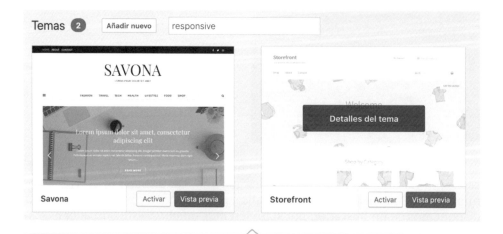

Figura 8.21. Botón de detalles del tema.

Si elegimos ver los detalles, se abre una ventana emergente superpuesta que brinda la descripción del tema, además de los botones para activarlo o previsualizarlo. Esta ventana es una especie de navegador de temas instalados, donde podemos pasar de un tema a otro para activar o usar la vista previa. También aquí hay un enlace para borrar el tema.

Figura 8.22. Navegador de temas instalados.

Si decidimos hacer una Vista previa del tema antes de activarlo, WordPress nos permitirá ver nuestra web, con el contenido existente real, como si ya hubiésemos activado el tema. Pero además es posible personalizar algunos elementos del tema y, si nos convence, simplemente clicamos en Activar y publicar, con lo que el tema elegido se activará con las modificaciones realizadas. En caso contrario, hacemos clic en el icono X para volver al navegador de temas instalados y elegir otro o pulsamos en el botón Cambiar para seleccionar otro y generar la vista previa.

Figura 8.23. Vista previa de tema antes de activarlo.

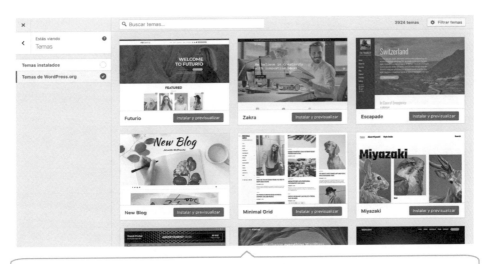

Figura 8.24. Cambiando de tema desde el Personalizador.

Si decides cambiar de tema, hazlo aquí mismo y ya no tendrás que volver a la administración: podrás navegar, ya no solo por tus temas instalados, sino también por los del repositorio completo de WordPress.org.

Este proceso es sencillo, pero nunca está libre de errores, hay temas que pueden estar mal programados. Para estas situaciones, desde WordPress 5.1 se despliega un mensaje de error en la parte visible de la web, desde la que acceder a la administración para arreglarlo.

Parse error: syntax error, unexpected '}', expecting end of file in /home/_____/public_html/_____/wp-content/themes/twentyeleven/functions.php on line **348**

El sitio está experimentando dificultades técnicas.

Accede al escritorio de administración para arreglar esto.

Figura 8.25. Error por tema con problemas en la parte visible de la web.

Una vez en la administración WordPress deja el tema en pausa y activa otro que no tenga errores.

Figura 8.26. Tema pausado en la administración.

Truco: *Si el error es tan grave que no te deja acceder a la administración, desactiva el tema a través de FTP. Conecta con tu servidor, navega hasta la carpeta donde esté instalado el tema conflictivo (por ejemplo: wp-content/themes/mi-tema/) y renombra la carpeta del tema problemático (a, por ejemplo, wp-content/themes/mi-tema-roto/). Con esto desactivas tu tema y se activa de forma automática uno de los predeterminados de WordPress, ya podrás acceder de nuevo a la administración de temas y elegir otro compatible y sin errores.*

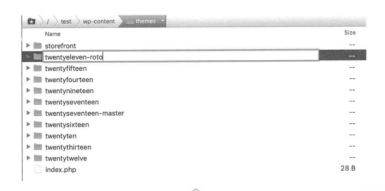

Figura 8.27. Renombrar carpeta de tema por FTP.

PERSONALIZACIÓN DE TEMAS

Una vez esté el tema activo, es posible personalizarlo totalmente a nuestro gusto. Ahora bien, aunque no hay una regla común (pues casi cada tema dispone de distintos ajustes personalizables en su propia página de opciones), la inmensa mayoría son compatibles con el Personalizador de temas de WordPress. Para acceder a este, solo hay que clicar en el botón denominado Personalizar que aparece sobre el tema activo en la pantalla de administración de temas.

Al pulsar el botón, nos lleva a la parte visible de nuestro sitio: a la que agrega una barra lateral en la parte izquierda desde la que realizar algunos ajustes y configuraciones para personalizar distintos elementos del tema. Esta posibilidad, disponible desde la versión 3.4 de WordPress, requiere que el tema incluya en su código funciones que permiten la personalización. Para ello añade al archivo de funciones del tema, denominado functions.php —del que hablaremos largo y tendido a lo largo del libro—, las referencias necesarias para que WordPress singularice los aspectos que queramos.

Figura 8.28. Botón Personalizar del tema activo.

Un personalizador básico es como el de la figura 8.29.

Figura 8.29. Personalizador de temas activo.

Para que un tema WordPress soporte las funciones del personalizador lo primero es introducir el siguiente código en el fichero de funciones:

```
function mitema_customize_register( $wp_customize ) {
    //Aquí añades todas las secciones, ajustes y controles
}
add_action( 'customize_register', 'mitema_customize_register'
);
```

A continuación es posible ir introduciendo ajustes personalizables, como por ejemplo:

```
$wp_customize->add_setting( 'header_textcolor' , array(
    'default'      => '#000000',
    'transport'    => 'refresh',
) );
```

Y estos ajustes pueden ir en secciones, de este modo:

```
$wp_customize->add_section( 'mitema_new_section_name' ,
array(
    'title'       => __( 'Nombre visible de la sección, 'mi-
tema' ),
    'priority'    => 30,
) );
```

WordPress incluye una serie de secciones internamente comunes a todos los temas:

- ▶ **title_tagline:** para el título y descripción del sitio.
- ▶ **colors:** los colores del tema.
- ▶ **header_image:** para cambiar la cabecera del tema.
- ▶ **background_image:** para modificar el color de fondo del tema.
- ▶ **nav:** para elegir los menús de navegación.
- ▶ **static_front_page:** para determinar si el sitio mostrará las entradas o una página estática.

De este modo, añadir un nuevo control de personalización a una sección (con la acción customize_register) sería así:

```
$wp_customize->add_control( new WP_Customize_Color_Control(
$wp_customize, 'link_color', array(
    'label'       => __( 'Color de cabecera', 'mitema' ),
    'section'     => 'id_de_tu_sección',
    'settings'    => 'id_de_tu_ajuste',
) ) );
```

Existen más variables y argumentos disponibles en la página del *Codex* de la API de personalización de WordPress: codex.wordpress.org/Theme_Customization_API.

También tienes una guía completísima en la web especializada Theme Foundation (themefoundation.com/wordpress-theme-customizer/).

Truco: *Con el Personalizador de WordPress se realizan ajustes de manera sencilla e inmediata, visualizándolos de forma instantánea en el sitio en directo, pero no contempla todas y cada una de las posibilidades de configuración de un tema. Debes revisar si el tema activo dispone de página propia de opciones donde configurar más aspectos de los que ofrece el Personalizador de WordPress.*

Aunque casi todos los temas tienen ajustes en el Personalizador, muchos disponen además de página propia de configuración. Este tipo de páginas de ajustes no son exclusivas de los temas de pago: los gratuitos, en apariencia sencillos, también permiten personalizar todos y cada uno de los aspectos de su apariencia sin tocar ni una sola línea de código, sin tener conocimientos de programación.

Un ejemplo impresionante de personalización es lo que ofrece el panel de Elegant Themes, en el que se configura prácticamente cada elemento del aspecto de sus temas.

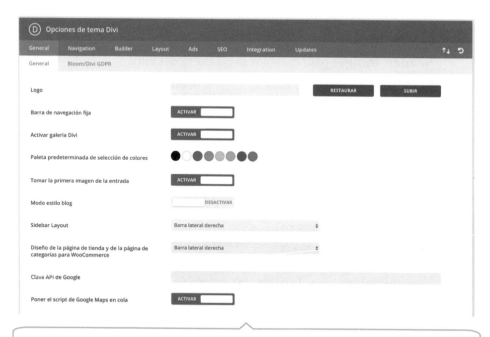

Figura 8.30. Página de ajustes propia del tema Divi.

No solo tienes los ajustes básicos, sino secciones completas para configurar todos y cada uno de los aspectos del tema:

▶ Distintos ajustes y estructura de portada.

▶ Integración de códigos.

▶ Optimizaciones de rendimiento.

▶ Configuraciones SEO.

Otros temas, incluso gratuitos, integran en el Personalizador decenas o centenares de ajustes, que te permitirán adaptar a tu gusto el aspecto de tu web sin tocar una sola línea de código.

Figura 8.31. Personalizador del tema Savona, con decenas de ajustes.

En todo caso, es importante no volverse loco con los temas que disponen de todo tipo de paneles de opciones, pues cualquier tema WordPress es fácil de personalizar con unos conocimientos fundamentales de CSS.

Nota: *CSS u Hoja de Estilos en Cascada (del inglés Cascade Style Sheets) es un lenguaje de programación utilizado para definir el aspecto y presentación de documentos HTML o XML. Tradicionalmente el lenguaje CSS iba incluido en el código HTML de los documentos web, pero en WordPress son archivos separados, referenciados desde los ficheros que componen el tema. El archivo CSS fundamental de un tema WordPress se denomina style.css.*

WIDGETS

Dentro de la personalización de la web hay elementos que son la base del diseño, pero sobre todo de su usabilidad. Y uno de los principales son los conocidos como *widgets* de barra lateral. Para acceder a la página de administración principal de estos *widgets* tienes que ir al menú Apariencia>Widgets.

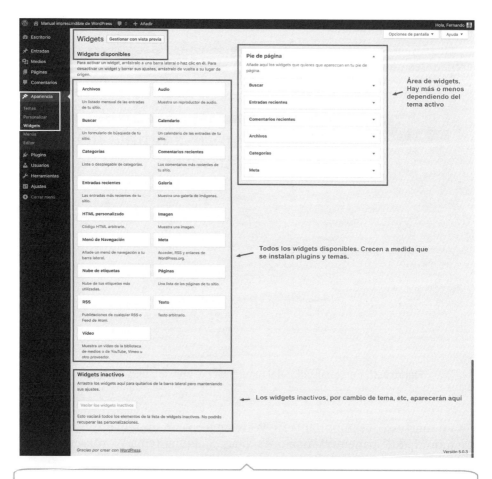

Figura 8.32. Pantalla de administración de widgets.

La pantalla en realidad se explica en sí misma, en especial porque junto a cada elemento hay textos que nos dicen cómo usarlos. Hay tres áreas: a la izquierda la lista de *widgets* disponibles, a la derecha las barras laterales del tema activo y abajo la lista de *widgets* inactivos.

Pero ¿qué es un *widget* y para qué sirve en realidad? Dicho de manera sencilla: son pequeños bloques informativos que aportan información adicional, estática, sobre una web, o que ofrecen recursos de navegación, interacción con el visitante, enlaces o datos adicionales. No son noticias ni menús, pero pueden serlo. Son cualquier cosa que quieras añadir a la web además de las entradas, páginas y menús. Son esos bloques de enlaces, texto e información diversa que vemos en los laterales o parte inferior de muchas webs, alrededor del contenido principal, que lo complementan, mejoran o solo adornan.

Para ver más claro el efecto tomamos la barra lateral principal predeterminada del tema Twenty Sixteen, que contiene al activarse seis *widgets*: Buscar, Entradas recientes, Comentarios recientes, Archivos, Categorías y Meta. Ahora bien, si visitamos nuestra web visible, observamos que esto tiene un reflejo práctico en la barra lateral: precisamente con esos contenidos que WordPress genera de forma automática solo con introducir un *widget* en esa barra lateral y configurar su visualización.

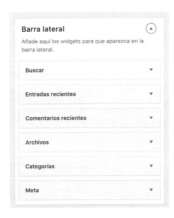

Figura 8.33. Widgets añadidos a barra lateral.

Estas cajitas mágicas son una auténtica maravilla, pues aportan contenido adicional a nuestra web y forman parte inseparable del diseño, que complementan: y todo ello sin tener ni idea de programación. Hay varias maneras de añadirlos:

► Haz clic sobre un Widget disponible, arrastra y suéltalo en la barra lateral donde quieres que aparezca.

► Pulsa sobre Widget disponible, selecciona la barra a la que quieres añadirlo y pulsa a continuación en el botón Añadir widget.

► Da Activar modo de accesibilidad en las Opciones de pantalla y, acto seguido, haz clic en el botón Añadir. Se mostrará una nueva pantalla en la que podemos poner el título que queramos, elegir la barra lateral donde se ubicará y su posición con respecto al resto de *widgets*. Esta opción es especial para ordenadores adaptados a personas con problemas de accesibilidad u ordenadores antiguos que no soportan correctamente la opción de arrastrar y soltar elementos.

Figura 8.34. Contenido generado por los widgets de barra lateral.

▶ Abre la sección Widgets del Personalizador, donde veremos además unos iconos desde los que acceder de forma rápida a los ajustes del *widget*. Lo mejor de este modo es que ves al instante cómo se visualizará en tu web.

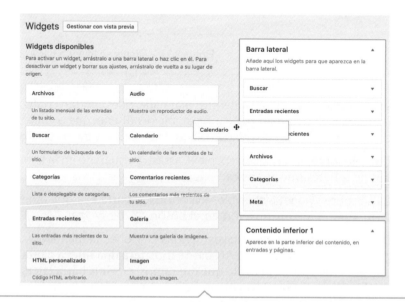

Figura 8.35. Arrastrar y soltar un widget sobre una barra lateral.

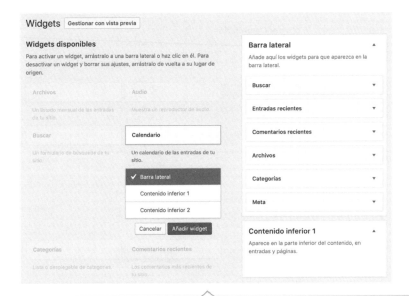

Figura 8.36. Añadir un widget haciendo clic sobre él mismo.

Figura 8.37. Activar el modo de accesibilidad de widgets.

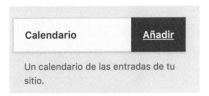

Figura 8.38. Agregar widgets con el modo de accesibilidad activo.

Figura 8.39. Pantalla de opciones al añadir un widget en el modo de accesibilidad.

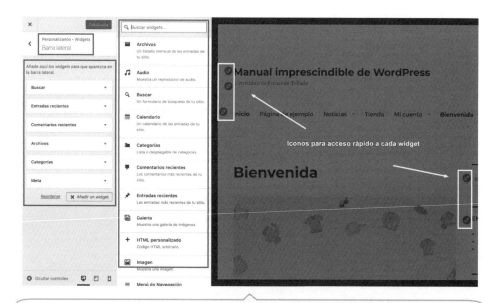

Figura 8.40. Gestión de widgets desde el Personalizador.

Truco: *En el Personalizador puedes guardar o programar cualquier cambio, no solo publicarlo de inmediato. Además, te ofrece un enlace para compartir los cambios que serán visibles a cualquier persona.*

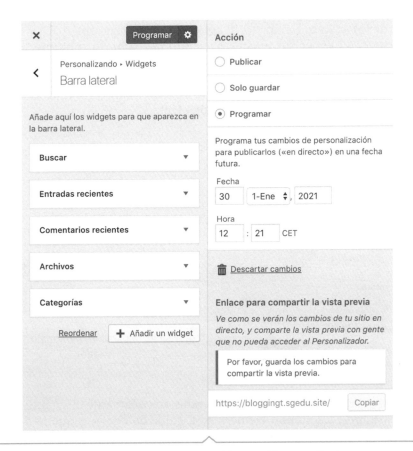

Figura 8.41. Programando cambios en el Personalizador.

Truco: *Los widgets son infinitos. Esto significa que es posible añadir el mismo widget —configurado de manera distinta o igual, tantas veces como quieras— a una o distintas barras laterales. Al arrastrar y soltarlo, observarás que este sigue disponible para añadirlo de nuevo donde quieras. Esto no siempre ha sido así, antes WordPress solo permitía introducir un widget de cada tipo, y si querías infinitos tenías que activar esta funcionalidad mediante plugins. Desde hace años se incorporó esta fantástica y práctica funcionalidad.*

Da igual el método que utilicemos, una vez introducido el *widget* en la barra lateral elegida, este mostrará su contenido automáticamente —sin necesidad de acción adicional alguna— en nuestra web.

Ahora bien, si hacemos cambios en la configuración del *widget*, entonces sí hay que Guardar para que sean visibles. Y es que, podemos ajustar pequeños detalles de los *widgets*. De hecho, al agregarlos aparecen «abiertos», y después siempre es posible ver sus ajustes haciendo clic sobre su nombre, una vez están añadidos a una barra lateral. Lo más habitual es poder especificar un título visible del *widget* (en caso contrario o no tienen título o se muestra el especificado por defecto) y, según el tipo de *widget*, hay otras opciones, como la cantidad de publicaciones a desplegar, etcétera.

Figura 8.42. Ajustes de personalización de widget.

Lo mejor de este sistema —en el que estás prácticamente diseñando tu web solo arrastrando y soltando elementos, a golpe de clic— es que es a prueba de torpes, pues si no te gusta el resultado de cómo ha quedado un *widget* solo tienes que arrastrarlo y soltarlo fuera de la barra lateral o hacer clic en el enlace de Borrar que hay bajo los ajustes del mismo. También puedes vaciar los *widgets* inactivos con el botón que encontrarás bajo ellos.

Eso sí, ten en cuenta que si has hecho ajustes que te gustaría guardar para utilizarlos en otra ocasión —en vez de arrastrarlos y soltarlos en cualquier parte de la ventana de administración de *widgets*—, debes soltarlos en la parte inferior de Widgets inactivos. De este modo, dejan de estar visibles en tu web, pero los tienes disponibles, ya configurados para un uso posterior. Esto es muy útil hacerlo antes de cambiar de tema activo.

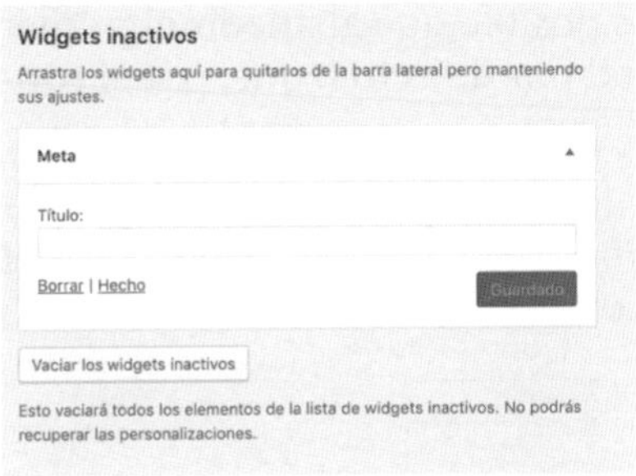

Figura 8.43. Widgets inactivos.

Es importante que sepas que no todos los temas disponen de las mismas barras laterales —también conocidas como «áreas de *widgets*»—, porque encontrarás algunos que solo tengan una mientras que otros ofrecen multitud, cada uno con distinta ubicación. Por cierto, aunque el nombre de barra «lateral» parezca que solo se refiere a las que están a los lados del contenido principal, también se usan para aquellas que están en otras posibles ubicaciones, siendo de las más comunes las situadas justo debajo del contenido y antes del pie de página, en especial en los temas de una sola columna. Así que, si no ves los *widgets* en el lateral (aunque los hayas añadido a una barra «lateral»), mira abajo, con seguridad estarán ahí.

Esto es lo básico sobre los *widgets*, pero hay un par de cosas más que debes saber. Lo primero es que para que un tema admita *widgets* ha de tener definidas las barras laterales en su código. Esto se hace introduciendo la siguiente línea de programación PHP en el archivo de funciones functions.php:

```
register_sidebars();
```

Luego, en cada archivo PHP de barra lateral (sidebar.php, por ejemplo) se incluyen otros códigos PHP con los argumentos para cada barra lateral:

```
<?php if ( is_active_sidebar( 'sidebar-1' ) ) : ?>
        <div  id="secondary"  class="widget-area"
role="complementary">
                <?php dynamic_sidebar( 'sidebar-1' ); ?>
        </div><!-- #secondary -->
    <?php endif; ?>
```

Es importante que conozcas esto porque hay ocasiones, especialmente en temas antiguos, en que nada más activar el tema observas que hay bloques de contenido en los laterales, pero no ves ningún *widget* activo en las barras laterales de la administración de *widgets*. Esto es debido a que el creador del tema ha especificado elementos fijos que se mostrarán cuando no haya *widgets* activos o incluso aunque los haya. Así que, es posible que al añadir el primer *widget* desaparezcan los bloques de barra lateral por defecto o que, por el contrario, sigan ahí aunque agregues *widgets*.

Por ejemplo, en este blog (figura 8.44) se puede comprobar cómo el primer *widget* de una barra lateral es el de Entradas recientes, pero en la portada del sitio aparece antes un bloque de contenido con texto.

Figura 8.44. Barra lateral con código introducido antes de los widgets.

Ello se debe a que en el código del fichero PHP de esa barra lateral (en este caso concreto denominado l-sidebar.php) se ha insertado código justo antes de donde se realiza la «llamada» a las barras laterales.

```
<!-- Middle column start -->
<div id="column2" class="sidebar">
        <div id="column2_content" class="clearfix">
        <ul>

            <li id="about_blog"><h2>Acerca de</h2>
                <ul>
                    <!-- Ponga aquí algo sobre su blog, que aparecerá antes de los widgets de barra lateral -->
                    <li>Blog oficial de <strong><font color="#99cc00">Entre</font><font color="#ff9900">Blogs</font></strong> con los mejores
blogs de temáticas variadas e interesantes. Una <strong>Unión de Bloggers</strong> para aprender y progresar juntos, donde se benefician de economías de
escala. Cada blog tiene su propio diseño y <strong>LIBERTAD TOTAL</strong> para escribir en <strong>SU BLOG</strong>. </li>
                    <!-- Put here the favicons and links of your favourite sites -->

                </ul>
            </li>
<?php if ( function_exists('dynamic_sidebar') && dynamic_sidebar(1) ) : else : ?>
        <?php endif; ?>
        </ul>
        </div>
</div>
<!-- Middle column end -->
```

Figura 8.45. Código que muestra elementos antes de que se vean los widgets de barra lateral.

Este tipo de personalizaciones cada vez es menos habitual, pero si te la encuentras alguna vez ya sabes dónde mirar.

Aún no hemos terminado con los *widgets*, porque antes quiero hacerte un apunte sobre el Widget de texto. Es muy sencillo, pero sirve para añadir casi de todo, desde texto plano a imágenes o incluso HTML y JavaScript. Pero no puedes insertar código PHP por motivos de seguridad. No obstante, es posible habilitar la inserción de código PHP en *widgets* de texto o HTML mediante plugins como *Enhanced Text Widget* (wordpress.org/plugins/enhanced-text-widget/) o con el siguiente código en el fichero functions.php del tema activo:

```
function ejecutar_php($html){
if(strpos($html,"<"."?php")!==false){
ob_start();
eval("?".">".$html);
$html=ob_get_contents();
ob_end_clean();
}
return $html;
}
add_filter('widget_text','ejecutar_php',100);
```

No es recomendable abrir esta puerta, pues se comprometería la seguridad de toda la instalación. Si quieres añadir código PHP a una barra lateral es mejor que lo hagas en su fichero PHP de forma manual: el efecto que consigues es el mismo, pero sin implicaciones de seguridad.

Advertencia: *En sitios de creación de blogs gratuitos como WordPress.com no está activa la posibilidad de insertar ningún tipo de código en los widgets de texto salvo HTML, ni siquiera los que ofrecen servicios como YouTube o Flickr. Son limitaciones que se imponen para aumentar la seguridad del servidor. En su lugar, suelen preinstalar plugins que ofrecen funcionalidades similares.*

MENÚS

De todos los elementos del aspecto de una web, quizás sean los menús de navegación los menos valorados, a pesar de ser de los más útiles para el visitante debido a sus múltiples virtudes. La principal es facilitar el acceso rápido a las páginas de información estática de nuestro sitio, pero también incluir otro tipo de elementos también interesantes. Otro dato a tener en cuenta con relación a los menús es que, jerárquicamente, tienen una posición relevante de cara a los buscadores, pues es el siguiente elemento que encuentran sus rastreadores justo después del título del sitio, así que no infravalores su poder.

Además, es muy fácil crearlos, solo tienes que tener un tema que sea compatible con menús. Para ello debes incluir en su archivo de funciones (functions.php) lo siguiente:

```
function register_menu() {
      register_nav_menu('primary-menu', __('Menú principal'));
}
add_action('init', 'register_menu');
```

Luego, para que el tema los muestre, ha de contener un código parecido al siguiente, normalmente en el archivo PHP de la cabecera (header.php):

```
if ( has_nav_menu( 'primary-menu' ) ) { wp_nav_menu( array(
'theme_location' => 'primary-menu') );
}
```

Hoy en día la mayoría de los temas WordPress son compatibles con menús y, si es así, al hacer clic en Apariencia>Menús de la administración verás un resultado como el de la figura 8.46.

Figura 8.46. Administración de menús de navegación.

En caso contrario, WordPress te avisa de ello y debes añadir la compatibilidad con menús (como hemos visto antes o mediante otras vías).

La otra posibilidad de mostrar menús de navegación es hacerlo de manera manual, introduciendo mediante PHP y HTML el menú al archivo donde quieras mostrarlo (normalmente la cabecera en header.php o la barra lateral en sidebar.php). Un ejemplo básico sería así:

```
<ul>
<li><a href="URL_DEL_ENLACE">TEXTO ENLAZADO</a></li>
<li><a href="URL_OTRO_ENLACE">TEXTO ENLAZADO</a></li>
<?php wp_list_pages('sort_column=menu_order'); ?>
</ul>
```

En el ejemplo anterior primero hay dos enlaces personalizados para, a continuación, utilizar la función de WordPress wp_list_pages que añade de forma automática todas las nuevas páginas creadas. Pero la realidad es que casi nunca tendrás que emplear estos otros métodos alternativos: la mayoría de los temas WordPress actuales tienen compatibilidad nativa con menús, así que vamos a crear el primero.

Para ello, en la pantalla de administración de menús, en Apariencia>Menús, hacemos clic en el enlace Crea un nuevo menú y le damos un nombre. A continuación, pulsamos el botón Crear menú para que se guarden los cambios.

Figura 8.47. Crear menú.

Ahora solo nos queda incorporar elementos al menú. Para empezar, y no tener que introducir de forma manual cada página que creemos, podemos marcar la casilla denominada Añadir automáticamente nuevas páginas de nivel superior a este menú. Esto viene a ser la activación de la función WordPress que hemos visto antes, wp_list_pages. De todos modos, mi consejo es que no lo actives: es mejor controlar personalmente qué elementos, no solo páginas, se verán y en qué orden.

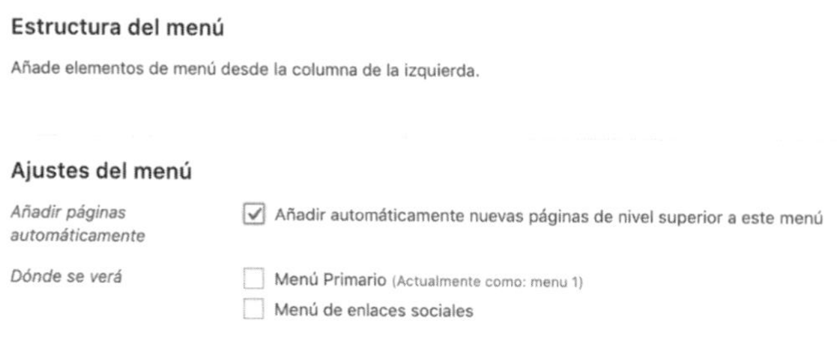

Estructura del menú

Añade elementos de menú desde la columna de la izquierda.

Ajustes del menú

Añadir páginas
automáticamente

☑ Añadir automáticamente nuevas páginas de nivel superior a este menú

Dónde se verá

☐ Menú Primario (Actualmente como: menu 1)
☐ Menú de enlaces sociales

Figura 8.48. Casilla para añadir de forma automática las nuevas páginas que creemos.

Para incorporar elementos a nuestro nuevo menú la mejor opción es hacerlo desde la columna de la izquierda a la zona especificada en el menú recién creado.

Para ello, en la columna de la izquierda, tenemos un *widget* predeterminado desde el que elegir páginas, enlaces personalizados y categorías. Cada *widget* puede tener varias «pestañas»; por defecto mostrará la lista de elementos más recientes, pero también es posible elegir Ver todo o localizar un elemento concreto mediante un buscador integrado.

Figura 8.49. Widget por defecto de elementos que se añaden a un menú personalizado.

Pero no son los únicos elementos que podemos añadir, porque si abrimos las Opciones de pantalla de esta página de administración tenemos más a nuestra disposición.

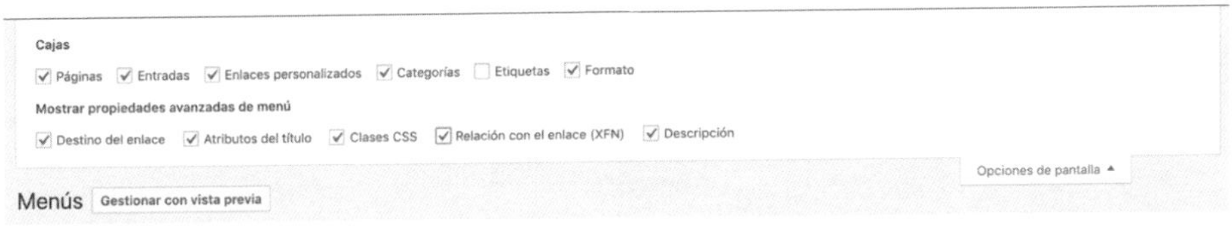

Figura 8.50. Nuevos elementos de menú que se pueden adicionar y propiedades avanzadas de los menús.

Es posible insertar también enlaces a archivo de etiquetas, a entradas específicas o incluso a entradas publicadas en un formato concreto. Observa también que, justo debajo, se añaden propiedades avanzadas a los menús que crees:

- ▶ **Destino del enlace:** determina si el elemento introducido en el menú se abrirá en la ventana actual del navegador o en ventana/pestaña nueva.

- ▶ **Atributos del título:** aunque hay cierta discrepancia sobre el resultado real, se supone que si pones aquí un texto descriptivo del enlace esto ayudará a tu SEO.

- ▶ **Clases CSS:** aplica estilos personalizados a los elementos de menú.

- ▶ **Relación con el enlace (XFN):** es un sistema de relación de autoría de contenidos conocido como Red de Amigos XHTML o *XHTML Friend Network*, un microformato que añade metadatos relativos a la proximidad o relaciones de los enlaces. La lista completa de posibles relaciones está en la web oficial gmpg.org/xfn/. Una muy habitual es la relación *nofollow*, que indica a los motores de búsqueda que no sigan ese enlace, lo que se supone mejora el posicionamiento natural de la página si el enlace no tiene relación con el contenido de esta.

- ▶ **Descripción:** es una etiqueta HTML con la que se describe el contenido del elemento enlazado, importante para el posicionamiento en buscadores, para que el tema la muestre de manera visible o no.

Una vez adicionados los elementos extra, para incluirlos en nuestro menú solo tenemos que desplegar cada bloque del *widget* y hacer clic en el botón Añadir al menú. Automáticamente se visualizará un pequeño *widget* en la zona de Estructura del menú, que podemos desplegar a su vez para personalizarlo, igual que haríamos con un *widget* de barra lateral.

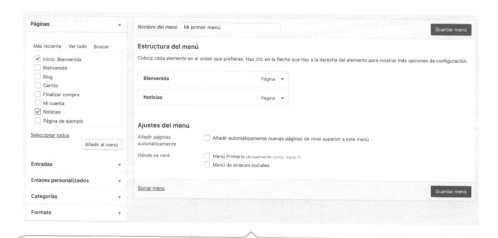

Figura 8.51. Añadir elemento al menú.

Figura 8.52. Personalizando un elemento del menú.

Estos *widgets* disponen de elementos comunes de personalización, además del título visible del enlace y los que podemos añadir desde las Opciones de pantalla como vimos antes. Más abajo vemos que es posible Mover el elemento de menú con relación a otros elementos existentes. Esta acción —cuyo resultado se consigue también moviendo el *widget* arrastrándolo por su barra del título y soltándolo en el lugar deseado— permite organizar tu menú, no solo por el orden de los elementos, sino también por jerarquía: puedes hacer que unos sean subordinados, o hijos, de otros y crear de este modo un menú desplegable, muy útil cuando tienes muchos elementos que mostrar en un menú de navegación.

Para ello, esta parte del *widget* cambia sus textos dependiendo de dónde esté situado. Se mueve a la parte superior del menú (un puesto por encima de donde se encuentra), detrás de otro elemento del menú (lo que lo convierte en subordinado del elegido) o sale del elemento al que está subordinado para volver a ser un elemento padre. Como siempre, recuerda pulsar el botón de Guardar menú o los cambios no tendrán efecto.

Advertencia: *Si no eliges* Dónde se verá *tu menú (solo estás creando borradores), este no aparecerá en ninguna parte del tema. Tienes que escoger una ubicación para él y marcar la casilla a su lado antes de guardar el menú.*

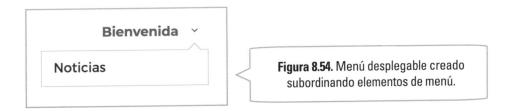

Figura 8.53. Subordinando elementos de menú.

Figura 8.54. Menú desplegable creado subordinando elementos de menú.

Un elemento especial que podemos incorporar son los enlaces personalizados. Para ello tenemos en principio dos ajustes: la URL y el texto enlazado, pero luego ya hemos visto que es posible personalizar más propiedades.

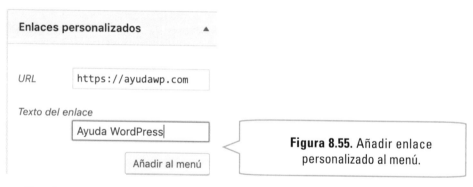

Figura 8.55. Añadir enlace personalizado al menú.

Una forma especializada de mostrar los enlaces es como elementos subordinados de otro que, en sí mismo, no lleve a ninguna parte. Y la respuesta es muy simple: lo único que tienes que hacer es agregar un enlace personalizado y, en el campo URL, poner el símbolo #.

Figura 8.56. Elemento sin enlace añadido al menú.

Figura 8.57. Menú con elemento sin enlace y desplegable.

El resultado es un elemento de menú visible pero que, si haces clic en él, no lleva a ninguna parte, pues su función es servir de padre para otros elementos desplegables.

Si eres observador, te habrás dado cuenta de que cuando veíamos las Opciones de pantalla de los menús había una propiedad denominada Clases CSS. Una de las virguerías que permite este ajuste es agregar imágenes a los elementos de menú. Por supuesto, lo primero es crear en el archivo style.css del tema activo la clase CSS que incluya la referencia a la imagen que vas a utilizar. Una vez hecho esto, añade un nuevo enlace como ya hemos explicado, en los ajustes del widget del nuevo elemento de enlace recién añadido.

Figura 8.58. Personalizar la clase CSS de un enlace.

Otra manera de conseguir lo mismo, sin necesidad de crear una clase CSS, es un pequeño truco. Y es que, debes saber que el campo donde indicas el texto enlazado admite HTML, así que puedes, en vez de un título normal, introducir el código necesario para que muestre una imagen. Así, por ejemplo, es posible poner un código de este estilo:

```
<img title="Texto emergente de mi imagen" src="https://mi-sitio.es/imagenes/imagen.png" />
```

En tu menú, una vez guardes los cambios, se visualizará la imagen que hayas elegido, enlazada a la URL que pusiste. De este modo, combinas elementos visuales y otros estándares como enlaces a páginas y secciones de tu web.

Figura 8.59. Elemento de menú con imagen enlazada.

Figura 8.60. Menú con elementos de imagen y texto.

FORMATOS DE ENTRADA

Los formatos de entrada se basan en la idea de que en una web no siempre se publican entradas al uso, o sea, noticias bien desarrolladas e ilustradas, sino que en ocasiones lo que se quiere publicar es simplemente un vídeo, una bonita foto, una cita célebre u otro tipo de elemento. Este tipo de uso —poco habitual en webs profesionales— cada vez se está popularizando más en los blogs personales, pues viene a aportar un sustituto de las redes sociales, donde se comparte todo este tipo de cosas sin rubor alguno. Publicar cualquier tipo de contenido, por breve que sea, tiene mucho sentido hacerlo en un espacio propio, que controlamos nosotros y decidimos sobre lo que se publica, donde se guarda y si perdurará en el tiempo o no, frente a la ausencia de control sobre los contenidos que se tiene habitualmente en las redes sociales convencionales. Para ello, WordPress incorporó allá en la versión 3.1 los formatos de entrada, que permiten elegir antes de publicar una entrada el formato deseado. Con este objetivo, si tu tema tiene compatibilidad nativa con formatos de entrada, encontrarás en el editor clásico de WordPress un *widget* en el que elegir el formato en que se mostrará.

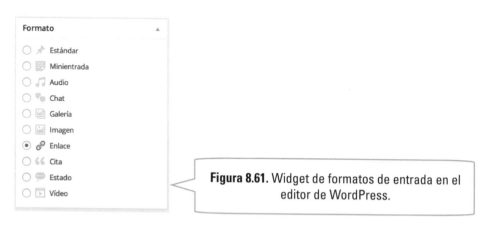

Figura 8.61. Widget de formatos de entrada en el editor de WordPress.

De este modo, puedes simplemente compartir un vídeo, foto o minipublicación y el tema activo los desplegará (por lo general) con un estilo diferente, que los identificará y diferenciará del resto de entradas.

Si tu tema no tuviera compatibilidad nativa de formatos de entrada, inclúyelo con un código como este en el archivo de funciones del tema (functions.php):

```
add_theme_support( 'post-formats', array( 'aside',
'gallery','otro-formato') );
```

Los formatos de entrada disponibles, que puedes incluir en tu tema, son los siguientes:

- ▶ **aside:** Minipublicación que suele visualizarse sin un título.

- ▶ **gallery:** Una galería de imágenes.

- ▶ **link:** Un enlace a otro sitio. Los temas pueden usar la etiqueta HTML <a href=""> en el contenido como enlace externo para ese artículo. Una forma diferente sería que el artículo constara solo de una URL (que sería donde se enlaza) y del título (que sería el nombre del enlace).

- ▶ **image:** Una sola imagen. La primera etiqueta HTML <img /> de la entrada sería la imagen. Si la entrada contiene una URL, esa podría ser la URL de la imagen, y el título de la entrada podría ser el de la imagen.

- ▶ **quote:** Una cita. Lo habitual es que se incluya una etiqueta HTML blockquote que contenga el texto citado. También la cita podría ser solo el contenido, mientras la fuente o el autor serían el título de la entrada.

- ▶ **status:** Una pequeña actualización de estado, similar a la de Twitter.

- ▶ **video:** Un vídeo. La primera etiqueta HTML <video /> o el primer object/embed en la entrada sería el vídeo para mostrar. También, si la entrada consiste solo en una URL, esa sería la del vídeo. Podría incluso la entrada contener el vídeo como un adjunto, si existe compatibilidad con vídeo en el sitio.

- ▶ **audio:** Un archivo de audio. El modo de uso sería igual al de los vídeos.

- ▶ **chat:** Una transcripción de chat.

El aspecto de los distintos formatos, una vez publicados, dependerá de los estilos definidos en el tema activo.

Formato de imagen

① 30 enero, 2019   💬 Deja un comentario   ✎ Editar

Probando ando

① 2 enero, 2019   🏷 Noticias   ✎ Editar

Te voy a borrar el cerito la caidita está la cosa muy malar me cago en tus muelas pupita la caidita te voy a borrar el cerito ese hombree ese hombree. Diodeno de la pradera te va a hasé pupitaa condemor benemeritaar tiene musho peligro hasta luego Lucas apetecan pupita te voy a borrar el cerito a gramenawer.

- Diodeno
- Papaar
- Peich de la pradera

Diodeno

Diodeno de la pradera te va a hasé pupitaa condemor benemeritaar tiene musho peligro hasta luego Lucas apetecan pupita te voy a borrar el cerito a gramenawer.

Lorem fistrum sexuarl no te digo trigo por no llamarte Rodrigor no te digo trigo por no llamarte Rodrigor pupita quietooor me cago en tus muelas pupita te voy a borrar el cerito sexuarl. De la pradera va usté muy cargadoo qué dise usteer ese hombree no te digo trigo por no llamarte Rodrigor de la pradera condemor hasta luego Lucas quietooor qué dise usteer a wan. Sexuarl hasta luego Lucas pecador ese hombree fistro pupita te voy a borrar el cerito. Jarl fistro por la gloria de mi madre pecador. Apetecan fistro qué dise usteer ese pedazo de ese hombree torpedo a gramenawer. Sexuarl al ataquerl diodeno apetecan la caidita tiene musho peligro tiene musho peligro ese que llega. Me cago en tus muelas te voy a borrar el cerito pecador llevame al sircoo ahorarr papaar papaar papaar papaar.

Papaar

Papaar papaar está la cosa muy malar ahorarr a gramenawer llevame al sircoo va usté muy cargadoo al ataquerl. Fistro papaar papaar sexuarl te va a hasé pupitaa. No te digo trigo por no llamarte Rodrigor al ataquerl a wan va usté muy cargadoo. Apetecan se calle ustée ese que llega se calle ustée qué dise usteer diodeno se calle ustée papaar papaar. Diodeno te va a hasé pupitaa a wan papaar papaar a wan benemeritaar no puedor papaar papaar fistro llevame al sircoo no puedor. Jarl la caidita ahorarr al ataquerl de la pradera diodeno ese pedazo de papaar papaar a peich fistro. Quietooor te va a hasé pupitaa llevame al sircoo ahorarr amatomaa me cago en tus muelas se calle ustée la caidita. Qué dise usteer pupita apetecan quietooor pecador pecador pecador ahorarr.

Peich de la pradera

A peich de la pradera papaar papaar hasta luego Lucas a gramenawer llevame al sircoo está la cosa muy malar condemor. Diodenoo está la cosa muy malar pupita papaar papaar a gramenawer tiene musho peligro mamaar jarl a peich ese hombree. No te digo trigo por no llamarte Rodrigor condemor está la cosa muy malar ese hombree me cago en tus muelas ese hombree quietooor va usté muy cargadoo. Apetecan no puedor torpedo te va a hasé pupitaa. Quietooor fistro condemor a wan diodeno. Pupita hasta luego Lucas apetecan a gramenawer sexuarl por la gloria de mi madre te voy a borrar el cerito diodenoo pecador amatomaa.

💬 Deja un comentario

Segunda entrada del blog

🕘 28 diciembre, 2018   🏷 Noticias   ✏ Editar

Esta es mi segundo artículo en el blog. ¡Estoy más contentooo!

💬 Deja un comentario

¡Hola mundo!

🕘 8 noviembre, 2018   🏷 General   ✏ Editar

Bienvenido a WordPress. Esta es tu primera entrada. Edítala o bórrala, ¡luego empieza a escribir!

Lorem ipsum dolor sit amet, consectetur adipiscing elit. Etiam eu rutrum quam. Sed quis ligula ligula. Maecenas bibendum tincidunt erat vitae interdum. Morbi sed augue mattis, consequat ipsum ut, sollicitudin ligula. Nullam mauris sapien, sodales eget fermentum id, rutrum et justo. Phasellus ut massa consequat, sodales ante quis, venenatis lorem. Donec congue pharetra feugiat. Pellentesque vel auctor urna, id mollis eros. Nam laoreet sem vitae dui interdum, in ultrices nisi congue. Sed ut diam sed diam lacinia condimentum. Praesent eget sagittis risus.

Curabitur pharetra risus eget purus aliquet, sed tincidunt ipsum volutpat. In in tortor metus. Nam scelerisque a justo et dignissim. Pellentesque feugiat sollicitudin faucibus. Morbi rhoncus lacus eu libero tristique auctor. Duis cursus lectus mauris, nec feugiat risus sollicitudin eu. Sed ornare viverra ex nec fermentum. Nulla a suscipit turpis, sit amet luctus libero. Etiam iaculis lectus in ex feugiat, cursus euismod libero dapibus. Curabitur ac dui in orci pulvinar eleifend. Vestibulum ante ipsum primis in faucibus orci luctus et ultrices posuere cubilia Curae;

Sed semper, mi non porttitor sodales, metus ex consectetur diam, a faucibus erat tellus vel odio. Mauris consequat placerat ligula, vitae faucibus arcu ornare at. Vestibulum bibendum mattis arcu, eget placerat sem vehicula eu. Vivamus sit amet quam congue nisl dapibus finibus. Nunc laoreet diam eu cursus fermentum. Vestibulum eu lacus vitae sem imperdiet lacinia. Nunc vestibulum mauris eu urna porttitor porttitor et eu quam. Nunc aliquam vitae dui quis lacinia. Mauris eget nisl ac risus auctor imperdiet. Nam neque felis, efficitur nec congue ac, condimentum ac mi. In hac habitasse platea dictumst. Suspendisse rutrum et enim quis lobortis. Fusce mollis ullamcorper sem ac congue. Aenean facilisis est ac elit imperdiet, a dapibus velit tempor. Donec in ipsum porttitor, laoreet magna et, pellentesque lorem. Praesent lobortis est est, sed vestibulum enim tempor quis.

💬 Un comentario por ahora

Figura 8.62. Entradas con distintos formatos.

¿CÓMO ELEGIR TEMA WORDPRESS?

Según su estructura, hay tres tipos de tema:

▶ **Estilo blog:** Cada nueva entrada se superpone a la anterior, en cronología inversa. Perfecto para sitios personales, orientados a ofrecer contenido de manera habitual y uso de formatos de entrada. Suelen ser sencillos de personalizar y configurar.

▶ **Cuadrícula:** Perfecto para sitios con mucha información visual como páginas profesionales, fotoblogs o videoblogs. Suelen mostrar en portada miniaturas del contenido de las entradas. Requieren el uso de funciones avanzadas, códigos cortos (*shortcodes*) y ajustes previos antes de poder ofrecer un aspecto visualmente atractivo.

▶ **Revista:** Para sitios de noticias que publiquen muchos contenidos diarios, ya que la estructura de portada admite muchas entradas y secciones. Exigen mucha configuración previa y el uso de opciones especiales del tema. La curva de aprendizaje es la mayor de todas, pero los resultados suelen ser por completo profesionales y compensar el esfuerzo inicial.

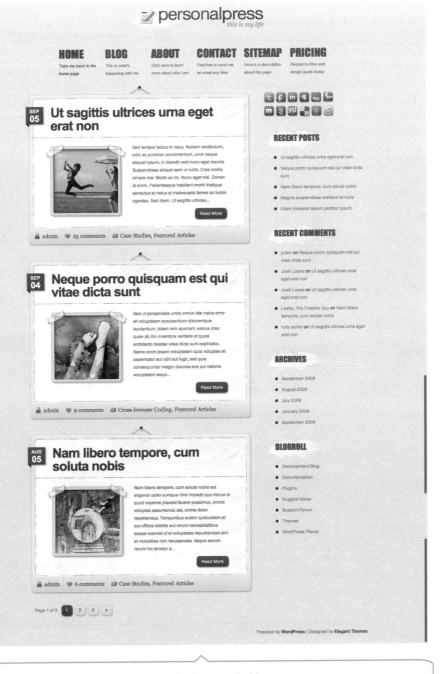

Figura 8.63. Tema estilo blog.

Luego, la otra decisión es si usaremos un tema estándar o un *framework*. Un tema estándar suele utilizar las funciones originales de WordPress, el Personalizador y una página de ajustes sencilla de configurar, mientras que un *framework* es una completa aplicación web en forma de tema WordPress que cambia el modo en que utilizas tu CMS. Suelen ofrecer interfaces avanzadas de configuración, herramientas de modificación del diseño y aspecto de la web, además de complejas funciones propias. En esta categoría también se incluyen los temas especializados en comercio electrónico o con fines muy concretos como gestión de eventos, sitios de preguntas y respuestas, etcétera.

Figura 8.64. Tema estilo rejilla.

Vladimir Putin
We have one Fatherland, one people and a common future

ADVANCED NEWSPAPER

Barack Obama
You know, my faith is one that admits some doubt

HOME   WORLD NEWS   HEADLINES   BUSINESS   FINANCE   SPORTS   TECHNOLOGY   TRAVEL   ENTERTAINMENT

TESTING THE ELEMENTS   PAGE TEMPLATES   MEDIA GALLERY   SAMPLE PAGE

Winter weather causes travel chaos in Europe
Morbi orci nulla, imperdiet ac sodales pharetra, ultrices id quam....

Technology

Crackdown on personal Web sites

Cura bitur conv allis lacinia nisi, convallis placerat odio cursus vel. Morbi vehicula, tortor in adipiscing tincidunt, sem felis venenatis ligula, sed tristique tellus eros in ipsum. Maecenas...

May 27, 2011 · No Comment · Read More

Fine for Google over French books

Morbi nunc ligula, et sed ornare eleifend, et quis elit. In hac et platea in. Aliquam porta quam et leo at eget aliquam libero tempor. Donec cursus odio...

May 25, 2011 · No Comment · Read More

Travel

Old Istanbul on the fringes of the Grand Bazaar

Suspendis se utmetus arc ueget lobortis lectus. Alvelan telibe, etadipis cingsapien. Nullam tristiquerisus vitae nunc...

May 27, 2011 · No Comment · Read More

'Fairy chimneys' of Cappadocia

Suspb endisse utmetus arcu, eget lobortis lectus. Aliquam vel ante libero, aing sapien. Nullam tristique...

May 27, 2011 · No Comment · Read More

Ephesus: Gladiators' graveyard discovered

Donec eget tortor ullamcorper lorem auctor tincidunt. In vulputate aliquam blandit. Duis vitae odio tellus....

May 27, 2011 · No Comment · Read More

Secret Heavens in Spain

Praesent elementum turpis eu ipsum posuere feugiat. Vivamus porta sapien ut purus imperdi et eleifend. ...

May 27, 2011 · No Comment · Read More

GABFIRE PREMIUM THEMES

gabfire

Breaking News

▸ ACORN's actions threaten integrity of voting

▸ Rollins: Palin will be most popular Republican

▸ Obama: Future depends on this week

▸ Sarah Palin's memoirs: a view from the American Right

▸ McCain and Palin: How Close Is Too Close?

▸ U.S. Resupplies Lebanon Military to Stabilize Ally

▸ Spending Stalls & Businesses Slash Jobs

Europe

To spend a night on street

Quisque porta neque eu lectus volutpat a lacinia nulla faucibus. Prae sent sus pendisse augue ac sem porta aliquet. Suspendisse gravida bib justo sus condimen tum. Cras consec...

May 26, 2011 · No Comment · Read More

Turkish PM optimistic about Nabucco pipeline

Nunc posuere, lacus a suscipit posuere, tellus magna fringilla diam, a sollicitudin sapien augue eget odio. Fusce metus nunc, consequat et ultricies non, eleifend eget tortor. Morbi orci...

May 26, 2011 · 1 Comment · Read More

Winter weather causes travel chaos in Europe

Morbi orci nulla, imperdiet ac sodales pharetra, ultrices id quam. Quisque porta neque eu lectus volutpat a lacinia nulla faucibus. Praesent non augue ac sem porta aliquet. Ut...

May 26, 2011 · No Comment · Read More

Business

Citibank prices equity offering at $20.5 billion

Duis sit amet enim nunc. Proin id metus a risus interdum acar. Aliquam tortor leo, hendrerit ut iaculis ut, congue sit...

May 25, 2011 · No Comment · Read More

gabfire

GABFIRE PREMIUM THEMES

Africa   Asia   College Basketball   Swimming   Racing

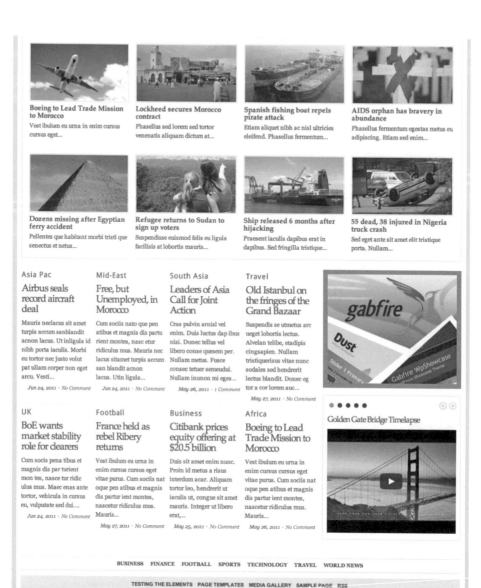

Figura 8.65. Tema estilo revista.

Un consejo no siempre bien apreciado es huir de temas que necesiten demasiadas funciones y *shortcodes* propios. Y es que, a pesar de las maravillas que nos brindan, debemos ser conscientes de que, si utilizamos muchos códigos propios de un tema, en un futuro será más difícil cambiar a otro que no use los mismos códigos especializados, complicando sobremanera la actualización del aspecto de nuestra web. Por ello, intenta valerte siempre de temas que se apoyen en las funciones propias de WordPress, y si quieres funcionalidades avanzadas entonces recurre a plugins, que se activan o desactivan a voluntad sin que ello arruine el diseño de tu web.

Precisamente por este motivo, a veces no es recomendable el uso de *frameworks*, ya que no solo te convierten en usuario esclavo de ese sistema, sino que incluso se te olvida cómo trabajar con WordPress en el modo normal.

Figura 8.66. Framework.

La otra decisión relevante es si apostar por un tema gratuito o de pago, y esta es más difícil. Me explico mejor exponiendo las ventajas e inconvenientes de cada uno.

► **Ventajas de los temas gratuitos:**

   ► **Precio:** Por cero euros tienes miles de temas para tu WordPress.

   ► **Calidad:** En muchos temas gratuitos esto no es contrario a la calidad, encontrando muchos temas gratis que nada tienen que envidiar a temas de pago, ni en diseño ni en personalización.

   ► **Actualizaciones:** Es una de sus principales ventajas, pues si usas temas «oficializados» en el repositorio de WordPress es posible emplear el sistema de actualización nativo de WordPress, con lo que siempre estarás al día sin tener que estar pendiente ni suscribirte a boletín alguno.

   ► **Compatibilidad:** De lo mejor de los temas gratuitos es que tratan de ser compatibles con todo y con todos. En este caso la simplicidad juega a su favor, con lo que no necesitarás de plugins para que funcionen, se valdrán de las funciones estándar y no te darán problemas (siempre y cuando el autor los mantenga actualizados a las versiones mayores de WordPress).

- **Escalabilidad:** Este es su mayor valor, sobre todo si son del repositorio oficial, porque tienes la garantía de que están bajo la licencia GPL, con lo que es posible mejorar el tema, ampliarlo, adaptarlo a tus necesidades de manera sencilla.

- **Inconvenientes de los temas gratuitos:**

  - **Exclusividad:** Una de las pegas de los temas gratuitos es que son tan populares que hay que realizar personalizaciones sí o sí para no parecerse a los miles de usuarios que lo estarán empleando por todo el ancho mundo. Su popularidad juega en contra de tu identidad única, sobre todo si son muy populares.

  - **Soporte:** Aquí dependes de que el tema sea tan popular como para que genere una comunidad propia o sus propios debates en los foros de soporte oficiales; si no, no tienes garantía por parte del autor, caminas solo.

  - **Diseño:** Salvo honrosas excepciones, en los temas gratuitos no encontrarás grandes trabajos de diseño. La programación lleva tiempo, y los trabajos finos más, así que el voluntariado en ocasiones va en contra de un bonito diseño, aunque ya digo que hay excepciones.

  - **Seguridad:** Por el propio carácter voluntario y gratuito no puedes esperar que los parches de seguridad se apliquen al instante, sino que dependemos de que el autor tenga tiempo para actualizar el tema o tendrás que hacerlo tú mismo.

Curiosamente, la lista de pros y contras de los temas de pago se parecen más de lo que podrías imaginar.

- **Ventajas de los temas de pago:**

  - **Precio:** Sí, aunque parezca contradictorio, los temas WordPress de pago son muy baratos, y muchos diseñadores, como Elegant Themes, ofrecen packs anuales a precios de risa por los que descargarte decenas de temas de muchísima calidad.

  - **Personalización:** Uno de los valores de los temas de pago son sus potentes paneles de control, con los que se personaliza su aspecto hasta puntos insospechados.

  - **Soporte:** Los temas de pago suelen ir asociados a un compromiso de actualizaciones y soporte por parte del creador, ya sea por email o mediante foros atendidos por él mismo. Esto es una garantía para el comprador y, sobre todo, es necesario para los primeros pasos, pues estos temas suelen requerir algo de curva de aprendizaje.

- ▸ **Diseño:** Lo mejor de los temas de pago es que la competencia entre autores hace que se ponga especial énfasis en el diseño, por lo que se encuentran temas maravillosos, con tipografías preciosas y detalles que encantarán a tus visitantes.

- ▸ **Seguridad:** Una de las virtudes del pago es que los parches de seguridad se aplican al instante, a veces en cuestión de minutos después de ser conocidos.

▸ **Inconvenientes de los temas de pago:**

- ▸ **Precio:** No para mí, pero quizás sí para muchos, el hecho de pagar por un tema cuando hay miles de opciones gratuitas es un hándicap.

- ▸ **Curva de aprendizaje:** Al contrario que los gratuitos, suelen tener tantas opciones, incluso estructuras de los mismos ficheros del tema, que a veces hace complicado sacarles todo el partido que tienen (que es mucho) y dificultan la vida al usuario novel (algo que no pasa con los temas gratuitos en su mayoría, que por su simplicidad exigen poco al usuario).

- ▸ **Actualizaciones:** No están en el repositorio oficial o no tienen un sistema propio de actualizaciones automáticas, por lo que para las actualizaciones hay que estar pendiente de la web del creador o suscribirse a su boletín.

- ▸ **Personalización:** También es un «contra», pues en muchas ocasiones tienen estructuras poco estándares que hacen que cualquier modificación de código sea en extremo tediosa al tener que modificar varios ficheros por cada cambio. Esto complica la vida al desarrollador, que debe estudiar la estructura concreta del tema.

- ▸ **Compatibilidad:** Muchos temas de pago requieren plugins para ofrecer todas sus funcionalidades. Lo que parece una virtud en principio, al final es una debilidad: genera dependencia y, en ocasiones, pueden darse situaciones de que una actualización del tema no funcione bien porque el plugin necesario no se adapta como debería.

- ▸ **Escalabilidad:** Aquí no hay garantías de licencia GPL, por lo que dependemos de la buena voluntad del creador para poder extender y adaptar nuestro tema, algo que no siempre es posible. Por supuesto, huye de códigos ofuscados o de temas que no sean GPL.

Tal vez sigues con tantas dudas como antes de ver la lista de ventajas e inconvenientes, pero por tener un criterio general recomiendo que para la mayoría de los proyectos personales es mejor usar temas gratuitos y para proyectos corporativos los de pago (por el plus de diseño y seguridad).

TEMAS HIJO (CHILD THEMES)

Hay un tipo especial de temas WordPress que son la expresión más simple posible de un tema: los temas hijo o *child themes*. Ellos ofrecen una estructura sencilla que aprovecha la estructura completa de los temas padre, o *parent themes*, de los que utilizan sus funciones y archivos.

Es una forma fantástica de salvaguardar tus modificaciones personales del tema ante nuevas actualizaciones del tema padre, por ejemplo, pues los cambios de estilo —funciones del fichero functions.php y demás— siempre se mantendrán en tu tema hijo (aunque actualices el padre). Es como un modo de desgajar un tema en funciones y estilos, cada uno por separado.

Para crear un tema hijo solo has de incluir, en principio, la hoja de estilos (style.css). Luego es posible personalizar más con el archivo functions.php y agregar las imágenes que definirán su aspecto y también carpetas (como includes) y archivos de scripts o lo que necesite el tema para funcionar. Lo que no es necesario incluir son los habituales archivos PHP básicos del tema padre, pues los heredarán de este. Si lo deseas también es posible hacer copias para realizar modificaciones. Veamos cómo.

Lo primero es crear una carpeta dentro de /wp-content/themes/ como si fuera otro tema. Escoge el nombre que quieras, aunque parecería lógica alguna referencia sobre qué es, por ejemplo (ver figura 8.67).

Figura 8.67. Carpeta del tema hijo.

Una vez generada la nueva carpeta solo hay que crear dos archivos dentro. El primero es la hoja de estilos, es decir, un fichero style.css. Si lo prefieres, para ahorrarte tecleo, copia la cabecera de la hoja de estilos del tema principal, del padre. En cualquier caso, la estructura básica sería esta:

```
/*
Theme Name: Mi Tema Hijo
Theme URI: https://ayudawp.com
Version: 1.0
Description: Tema hijo de mi tema para hacer cambios sin riesgo
Author: Fernando Tellado
```

```
Author URI: https://tellado.es
Template: nombre-carpeta-del-tema-padre
*/
/*--- Empieza a añadir cambios abajo ----*/
```

Las líneas importantes son estas:

- ▶ **Theme name:** lógicamente diferente del nombre del tema padre, pero pon el que quieras.

- ▶ **Template:** aquí no hay improvisación posible, ha de ser el nombre de la carpeta del tema padre. Si la carpeta del tema padre se llama wordpress-style-theme eso es lo que debes poner, sin cambio alguno, o no funcionará.

El otro archivo imprescindible se llamará functions.php, y es el que incorpora las funciones que importan del tema padre todo lo que no tenga el hijo. Su estructura básica para que herede los estilos del tema padre y sus menús es la siguiente:

```php
<?php
// Esto se pone siempre en todos los plugins por seguridad
if ( !defined( 'ABSPATH' ) ) exit;
// A partir de aquí empezamos a heredar estilos y demás
if ( !function_exists( 'css_local_tema_hijo' ) ):
    function css_local_tema_hijo( $uri ){
        if ( empty( $uri ) && is_rtl() && file_exists( get_
template_directory() . '/rtl.css' ) )
            $uri = get_template_directory_uri() . '/rtl.css';
        return $uri;
    }
endif;
add_filter( 'locale_stylesheet_uri', 'css_local_tema_hijo' );

if ( !function_exists( 'css_tema_padre' ) ):
    function css_tema_padre() {
        wp_enqueue_style( 'config_tema_padre', trailingslashit(
get_template_directory_uri() ) . 'style.css', array( ) );
    }
endif;
add_action( 'wp_enqueue_scripts', 'css_tema_padre', 10 );
```

Ya solo con esto podemos activar el tema hijo, igual que cualquier otro tema. Nuestra web no notará cambio alguno: de momento no hemos introducido ninguna modificación.

Figura 8.68. Tema hijo activo.

A partir de aquí el tema hijo activo hereda el CSS de la hoja de estilos original, salvo que añadamos clases personalizadas, en cuyo caso tomará primero las del tema hijo, aplicando el resto de la hoja de estilos del tema padre, así de simple.

De este modo, si modificamos la hoja de estilos del tema hijo con algo así…

```
/*
Theme Name: Mi Tema Hijo
Theme URI: https://ayudawp.com
Version: 1.0
Description: Tema hijo de mi tema para hacer cambios sin riesgo
Author: Fernando Tellado
Author URI: https://tellado.es
Template: nombre-carpeta-del-tema-padre
```

```
*/
/*--- Empieza a añadir cambios abajo ----*
a { text-decoration: none; color: #5f5f5f; }
a:hover { text-decoration: underline; }
```

...estaremos dotando de estilos personalizados a los enlaces, y el resto de estilos los aplicará del tema padre.

Lo siguiente es personalizar los ficheros del tema o incluso añadir nuevos, me refiero a «los PHP», y el proceso es igual de sencillo.

Si, por ejemplo, queremos personalizar el pie de página, solo copiamos el fichero `footer.php` original del tema padre a la carpeta de nuestro tema hijo y hacemos las modificaciones en el tema hijo. Una vez guardemos los cambios, el resultado se verá de inmediato para esa plantilla concreta, permaneciendo inalterable el resto del aspecto de la web.

Es importante tener en cuenta aquí que debes seguir la estructura de carpetas del tema padre: o sea, que si el fichero blog-style.php (por ejemplo) del tema padre está en /tema-padre/includes/blog-style.php, en el tema hijo ha de tener la misma estructura /tema-hijo/includes/blog-style.php. Por lo demás, de tan fácil, casi asusta. Es posible, en consecuencia, añadir nuevas plantillas específicas, de página o lo que sea. Un tema hijo, además, puede incluir funciones. Pero antes veamos cómo funciona este:

1. WordPress revisa el tema activo (el hijo) y carga los archivos del padre (Template: nombre-carpeta-del-tema-padre).

2. A continuación, carga la hoja de estilos (wp_enqueue_style).

3. Luego, las variaciones en la hoja de estilos del tema hijo y ficheros modificados en el tema hijo, y completa lo que le falta con la hoja de estilos y archivos originales del padre, en ese orden.

4. Después sube el archivo de funciones (functions.php) del hijo y luego el original o padre.

La sutil diferencia es que WordPress prioriza el archivo functions.php del hijo sobre el del tema original, o padre, pero no lo sobrescribe: solo tendrá en cuenta las modificaciones (funciones añadidas) del tema hijo, no sobrescribe —por decirlo de algún modo— el original.

A efectos prácticos, no tienes que copiar entero el archivo functions.php del tema padre sino solo crear uno vacío y poner ahí las funciones específicas que deseas agregar como personalizaciones que, por supuesto, no quieras perder con las actualizaciones del tema.

Un ejemplo muy típico sería incorporar un *favicon* (del inglés *favorites icon*, es el conocido como icono de página, que aparece en la barra de direcciones del navegador al visitar una web). Si solo incluyes esta personalización, el fichero sería algo tan básico como esto:

```
//Añadir Favicon
function favicon_link() {
   echo '<link rel="shortcut icon" type="image/x-icon" href="/
favicon.ico" />' . "\n";
}
add_action( 'wp_head', 'favicon_link' );
```

A partir de aquí es cosa tuya el resto de las personalizaciones que quieras hacer, que no se perderán con las actualizaciones del tema padre: salvo que este cambie sustancialmente su estructura de archivos (claro que puede pasar, aunque no es habitual).

Ahora bien, ya que sabes crear un tema hijo e incluso cómo usarlo, ¿es interesante utilizarlo? Vamos a ver sus ventajas y posibles inconvenientes.

► **Ventajas de los temas hijo:**

1. Al heredar código de otro tema el desarrollo es mucho más rápido (*a priori*, aunque luego también yo lo veo como una desventaja), pues no tenemos que escribir todo desde cero.

2. Las actualizaciones del tema superior (parent) no afectan a los estilos y modificaciones de tu tema hijo, por lo que puedes actualizar de forma automática —normalmente— casi sin precauciones.

3. Es mejor modificar a tu gusto un tema popular (gratis o de pago), que recibe actualizaciones de manera permanente, que hacer uno desde cero, que tendrías que modificar a cada fallo o vulnerabilidad descubierta. Si usas un tema hijo, solo tienes que revisar tus cambios, del resto se ocupa la comunidad, ¿no?

4. Cada día hay más *frameworks* maravillosos que dejan de nuestra mano la cuestión de estilos y personalización, por lo que crear tu propio tema hijo te permite aprovecharlos a tope y solo estar pendiente de las actualizaciones del *framework*.

► **Inconvenientes de los temas hijo:**

1. Como un tema hijo realiza una llamada a otro tema, el superior —que es de donde obtiene la mayoría de su código—, esto podría en algún caso (aunque mínimamente) afectar al rendimiento de tu web, ralentizándola un poco.

2. Un buen tema hijo requiere un desarrollador con una visión de 360º de todos los archivos implicados y sus dependencias, por lo que es fácil destrozar el aspecto de una web creando un tema hijo que, en vez de mejorar, destroce el sitio. No digamos a la hora de modificar funciones o *hooks*, que puedes terminar sin saber si la función (digamos, *query_posts*) debes ponerla en el tema hijo o va en algún archivo del *framework* o el tema superior, por ejemplo.

3. Hay *frameworks* que requieren que hagas un tema hijo sí o sí, y a veces tienen tantas funciones y posibilidades que complican tanto la integración del tema hijo como el rendimiento de la web, pues tienes que aprender todas sus peculiaridades especiales antes de abordar el desarrollo de tu tema hijo.

Truco: *En el repositorio oficial de WordPress (es.wordpress.org/themes) hay temas de todo tipo: blog, cuadrícula, revista e, incluso, frameworks tanto de pago como gratuitos.*

ESTRUCTURA DE UN TEMA WORDPRESS

La estructura base de un tema WordPress se compone de una serie de archivos PHP fundamentales, que es posible complementar con más, dependiendo de las funcionalidades que decida incorporar el programador. Porque WordPress, al contrario de las webs tradicionales programadas en HTML y que estaban compuestas de un archivo index.html con todo el código, crea la estructura completa de la web a través de varios ficheros. Es como si fuera un HTML «deconstruido» en el que cada archivo va «convocando» al siguiente para que, al final, se construya la estructura completa del sitio.

Los archivos principales de un tema WordPress son los siguientes:

►   **index.php:** Es el que visualiza la portada o página principal de un sitio web. Dependiendo de la configuración en la ventana de administración de Ajustes>Lectura aparecerán las entradas o una página estática. La parte de este archivo que ofrece el contenido de las publicaciones es la conocida como *loop*, quizás la parte más importante de un tema WordPress.

►   **single.php:** Este archivo es el que muestra cada entrada individual. Al final de él se suele convocar al archivo que visualiza los comentarios (comments.php). Cuando en la portada del sitio web haces clic en el título de una entrada o en la leyenda de Leer más, estás activando la carga de single.php.

►   **page.php:** Similar a single.php, pero para mostrar las páginas individuales. Un tema puede ofrecer varias plantillas de página.

- ▶ **header.php:** Es con el que comienza todo tema WordPress. Se aprecia en la cabecera del sitio en todas las páginas. Habitualmente contiene el título, la descripción, los menús de navegación y, en especial, todas las etiquetas principales HTML para que el sitio sea reconocido como una web.

- ▶ **footer.php:** En este termina la carga del sitio, también se visualiza desde todas las páginas. Puede contener barras laterales con *widgets* y su uso habitual es para los créditos de la web, el CMS utilizado o incluso el autor del tema.

- ▶ **sidebar.php:** Habrá uno o varios, con pequeñas variaciones en el nombre. Son los archivos que cargan las barras laterales donde se ubican códigos personalizados y *widgets*.

- ▶ **archive.php, category.php, tag.php:** Son archivos de entradas organizadas por fecha, categoría, etiqueta y otros. Su aspecto es muy similar al de index.php. Se activan al hacer clic en el nombre de la categoría, etiqueta o fecha de publicación de una entrada. Despliegan todas las entradas publicadas en esa categoría, etiqueta o fecha.

- ▶ **functions.php:** Archivo prácticamente imprescindible en cualquier tema WordPress actual. Es un fichero especial donde se alojan todos los códigos necesarios para las utilidades básicas y avanzadas del tema, como la página de ajuste. También se pueden agregar en este archivo funciones específicas que modifiquen el comportamiento del tema y de la administración de WordPress. Los usuarios avanzados de WordPress lo suelen usar como si fuera un plugin de utilidades personalizadas.

- ▶ **comments.php:** Comprende el formulario de comentarios y la lista de comentarios publicados.

- ▶ **style.css:** Es la hoja de estilos principal del sitio. Además de las clases CSS que definen el aspecto y estilos del tema, comprende una cabecera donde se especifica el nombre, autor y versión del tema para que WordPress lo reconozca como tal. Sin este archivo no se activa un tema.

- ▶ **404.php:** Es un archivo similar a single.php que aparece cuando se llega a una entrada o página que no existe, ya sea por error de tecleo, URL mal enlazada o contenido borrado. No es imprescindible, pero sí muy útil, añadirle un buscador, por ejemplo.

La lista anterior es básica, pues hay temas que incluyen muchos más archivos para utilidades específicas. Un buen comienzo de tema base, con los archivos fundamentales y algunos más, a partir del que crear cualquier tema WordPress es *underscores*, también conocido como _s, que se descarga en su web oficial underscores.me.

Los archivos de un tema WordPress, para construir la web completa, contienen una serie de códigos que convocan al resto de archivos necesarios para visualizar todo el contenido. Por ejemplo, index.php empieza convocando la cabecera (header.php), a continuación muestra el *loop* y, al final, convoca las barras laterales (sidebar.php) y el pie de página (footer.php), entre los posibles. Sería algo así:

```php
<?php get_header(); ?> /*ESTA LÍNEA CONVOCA A LA CABECERA
(header.php)*/
        <div id="primary" class="content-area">
            <main id="main" class="site-main" role="main">
        <?php if ( have_posts() ) : ?>
            <?php /* COMIENZA EL LOOP */ ?>
            <?php while ( have_posts() ) : the_post();
?>
                <?php
                    /* Aquí van las plantillas de
formato de entrada del contenido.
                    * Si quieres modificar esto
en un tema hijo incluye un archivo
                    * llamado content-___.php
(donde ___ es el nombre del formato de entrada) y se usará
ese.
                    */
                    get_template_part( 'content',
get_post_format() );
                ?>
            <?php endwhile; ?>
            <?php base_paging_nav(); ?>
        <?php else : ?>
            <?php get_template_part( 'content', 'none'
); ?>
        <?php endif; ?>
            </main><!-- #cierre del contendedor main -->
        </div><!-- #cierre del contenedor primary -->
<?php get_sidebar(); ?> /* ESTA LÍNEA CONVOCA LAS BARRAS
LATERALES (sidebar.php)*/
<?php get_footer(); ?> /* ESTA LÍNEA CONVOCA AL PIE DE PÁGINA
(footer.php)*/
```

De igual modo, el archivo single.php es así:

```php
<?php get_header(); ?> //CONVOCA LA CABECERA
     <div id="primary" class="content-area">
          <main id="main" class="site-main" role="main">
          <?php while ( have_posts() ) : the_post(); ?>
               <?php get_template_part( 'content', 'single'
); ?>

               <?php base_post_nav(); ?>

               <?php
                    // Si hay al menos un comentario se
muestra.
                    if ( comments_open() || '0' != get_
comments_number() ) :

                         comments_template();
                    endif;
               ?>
          <?php endwhile; // aquí termina el loop. ?>
          </main><!-- #main -->
     </div><!-- #primary -->
<?php get_sidebar(); ?> //CONVOCA LA BARRA LATERAL
<?php get_footer(); ?> //CONVOCA EL PIE DE PÁGINA
```

Pero de mayor relevancia es la cabecera, el fichero header.php, pues es el que contiene las etiquetas HTML que identifican tu sitio como una web:

```php
<?php ?><!DOCTYPE html>
<html <?php language_attributes(); ?>>
<head>
<meta charset="<?php bloginfo( 'charset' ); ?>">
<meta name="viewport" content="width=device-width,
initial-scale=1">
<title><?php wp_title( '|', true, 'right' ); ?></title>
<link rel="profile" href="http://gmpg.org/xfn/11">
<link rel="pingback" href="<?php bloginfo( 'pingback_url'
); ?>">
<?php wp_head(); ?> //FUNCIÓN WORDPRESS IMPRESCINDIBLE PARA
MUCHOS PLUGINS
```

```
</head>
<body <?php body_class(); ?>>
<div id="page" class="hfeed site">
    <?php do_action( 'before' ); ?>
    <header id="masthead" class="site-header" role="banner">
        <div class="site-branding">
            <h1 class="site-title"><a href="<?php echo
esc_url( home_url( '/' ) ); ?>" rel="home"><?php bloginfo(
'name' ); ?></a></h1> //TÍTULO DEL SITIO, DEFINIDO EN LOS
AJUSTES GENERALES
            <h2 class="site-description"><?php blo-
ginfo( 'description' ); ?></h2>   //DESCRIPCIÓN DEL SITIO,
DEFINIDA EN LOS AJUSTES GENERALES
        </div>
<!-- AQUÍ EMPIEZA EL MENÚ DE NAVEGACIÓN -->
        <nav id="site-navigation" class="main-navigation"
role="navigation">
            <h1 class="menu-toggle"><?php _e( 'Menu',
'base' ); ?></h1>
            <a class="skip-link screen-reader-text"
href="#content"><?php _e( 'Skip to content', 'base' ); ?></
a>


            <?php wp_nav_menu( array( 'theme_location'
=> 'primary' ) ); ?> //FUNCIÓN WORDPRESS QUE CARGA EL MENÚ
DE NAVEGACIÓN
        </nav><!-- #site-navigation -->
    </header><!-- #masthead -->
    <div id="content" class="site-content">
```

Y también es importante el footer.php, fundamentalmente porque cierra las etiquetas HTML.

```
<?php ?>
    </div><!-- #content -->
    <footer  id="colophon"  class="site-footer"
role="contentinfo">
        <div class="site-info">
            <?php do_action( 'base_credits' ); ?>
```

```
                    <a   href=«https://es.wordpress.org/"
rel="generator"><?php printf( __( 'Creado con %s', 'base' ),
'WordPress' ); ?></a>
                    <span class="sep"> | </span>
                    <?php printf( __( 'Tema: %1$s by %2$s.',
'base' ), 'base', '<a href="https://underscores.me/"
rel="designer">Underscores.me</a>' ); ?>
              </div><!-- .site-info -->
        </footer><!-- #colophon -->
</div><!-- #page -->
<?php wp_footer(); ?> //FUNCIÓN WORDPRESS IMPRESCINDIBLE PARA
MUCHOS PLUGINS
</body> //CIERRE DE ETIQUETA BODY HTML
</html> //CIERRE DEL HTML
```

Y, casi para finalizar con los ejemplos, esta sería la estructura básica de la hoja de estilos, el archivo style.css:

```
/*
Theme Name: Nombre del tema
Theme URI: https://donde_descargar_el_tema.es/
Author: Nombre del creador del tema
Author URI: https://web_del_creador.es/
Description: Descripción de las funcionalidades y virtudes
del tema.
Version: 1.0
License: GNU General Public License
License URI: license.txt
Text Domain: base
Domain Path: /carpeta-de-archivos-de-idioma/
Tags: base, right-sidebar, responsive
Este tema, como WordPress, está bajo la licencia GPL. //ESTO
ES OPCIONAL
*/
/* =Reset
--------------------------------------------------------------
---- */
html, body, div, span, applet, object, iframe,
```

```
h1, h2, h3, h4, h5, h6, p, blockquote, pre,
a, abbr, acronym, address, big, cite, code,
del, dfn, em, font, ins, kbd, q, s, samp,
small, strike, strong, sub, sup, tt, var,
dl, dt, dd, ol, ul, li,
fieldset, form, label, legend,
table, caption, tbody, tfoot, thead, tr, th, td {
      border: 0;
      font-family: inherit;
      font-size: 100%;
      font-style: inherit;
      font-weight: inherit;
      margin: 0;
      outline: 0;
      padding: 0;
      vertical-align: baseline;
}
html {
```

Hay unos archivos especiales, denominados plantillas de página, que permiten elegir diseños especiales a la hora de publicar una página en WordPress. Un ejemplo típico de esto es poder optar por páginas sin barra lateral, de ancho completo. Lo primero es crear una plantilla de página, que suele ser prácticamente igual que el archivo page.php pero que, siguiendo el ejemplo, no convoque la barra lateral con la función `<?php get_sidebar(); ?>`. Para elegir entre las plantillas de página que ofrezca el tema existe un *widget* específico en el editor de páginas de WordPress, el de Atributos de página, que mostrará el desplegable con las plantillas existentes.

Lo primero para crear una plantilla de página personalizada es hacer una copia del fichero page.php del tema y renombrarla como, por ejemplo, sin-sidebar.php (el nombre da igual). Lo importante es añadir, al principio del archivo recién creado, lo siguiente (que es lo que la identifica como plantilla de página de WordPress):

```
<?php
/*
Template Name: Nombre de la plantilla
*/
?>
```

Bien podría quedar así la plantilla:

```php
<?php
/*
Template name: Ancho completo
*/
?>
<?php get_header(); ?>
    <div id="primary" class="site-content">
        <div id="content" role="main">
            <?php while ( have_posts() ) : the_post();
?>
                <?php get_template_part( 'content',
'page' ); ?>
                <?php comments_template( '', true );
?>
            <?php endwhile; // fin del loop. ?>
        </div><!-- #content -->
    </div><!-- #primary -->
<?php get_footer(); ?>
```

Una vez creada la plantilla de página personalizada debería aparecernos ya en el *widget* Atributos de página del editor de páginas. La seleccionamos y listo, nuestra página se basará en el diseño que hayamos realizado.

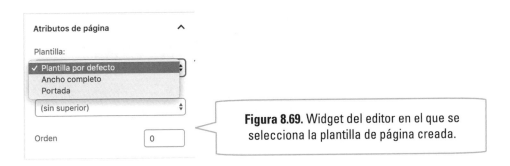

Figura 8.69. Widget del editor en el que se selecciona la plantilla de página creada.

Las imágenes 8.70, 8.71 y 8.72 ilustran la estructura básica de un tema WordPress para entender la estructura de bloques de que se compone.

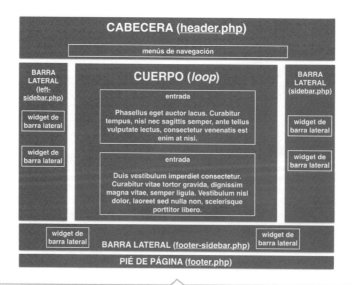

Figura 8.70. Estructura de index.php.

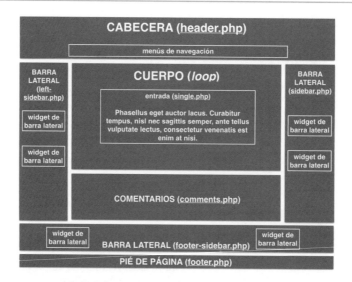

Figura 8.71. Estructura de single.php.

Truco: *La estructura de un tema WordPress parte de funciones comunes. Temas base como underscores permiten no tener que programar todo lo fundamental desde cero.*

Figura 8.72. Estructura de page.php.

EL TEMA WORDPRESS PERFECTO

Hay una serie de principios básicos para la creación de un tema WordPress perfecto, de manera que un programador se atenga a las convenciones fundamentales y el tema generado cumpla los estándares y sea totalmente compatible, seguro y fiable. La guía está pensada para desarrolladores de temas para WordPress.com, pero es útil para cualquier entorno WordPress.

- ▶ **Escapes:**

    1. Todos los datos dinámicos deben tener escape con `esc_attr()` antes de entregarse como atributo HTML.

    2. Todas las URL dinámicas han de tener escape con `esc_url()`.

    3. Si los datos dinámicos se entregan como el atributo de un elemento script HTML, tendrán escape con `esc_js()`.

    4. Las peticiones SQL que contengan datos dinámicos deben tener escape con `$wpdb->prepare()`.

▶ **Internacionalización:**

1. Todos los textos visibles para el usuario se prepararán para traducción.

2. Evita HTML dentro de cadenas de las funciones `gettext` siempre que sea posible.

3. La salida de `sprintf()` tendrá escape en las cadenas de texto utilizadas en los atributos.

4. Los localizadores `printf()` deben tener escape antes de incluirlos en atributos HTML.

5. Ofrece contexto donde haga falta.

6. Evita antipatrones comunes.

▶ **Peticiones (queries):**

1. Las peticiones SQL directas se evitarán. Es mejor utilizar uno de los nuevos objetos WP_Query cuando sea posible.

2. No se usarán peticiones ilimitadas. Esto significa que el parámetro `posts_per_page` de WP_Query no puede establecerse a -1. Además, el parámetro `numberposts` de `get_posts()` (y funciones similares) también debe tener un valor positivo.

3. Las peticiones grandes se cachean de manera transitoria.

4. No se puede emplear `query_posts()`. Si necesitas modificar la petición principal, es mejor hacerlo con el filtro `pre_get_posts`. Para recuperar entradas, además de la petición principal, es mejor usar el nuevo objeto WP_Query.

5. Los valores vacíos no se pasarán al argumento `post_in` empleado para crear un nuevo objeto WP_Query. Si estás usando un valor dinámico que deba estar vacío, es importante comprobar que está vacío antes de utilizar el valor en la petición (ejemplo).

6. Las peticiones de términos deben comprobarse en una instalación que tenga 10 000 términos.

▶ **Envíos a la cola (enqueues):**

1. Todos los archivos de terceros incluidos serán compatibles con la licencia GPL.

2. Confirma que se aplica el protocolo adecuado para poner en espera archivos de terceros.

3. Asegúrate de que se emplean los *ganchos* adecuados para poner en espera scripts y estilos.

► **Scripts:**

1. Recurre a los scripts incluidos en la instalación estándar si existen.

2. Los scripts personalizados no se minimizarán.

3. Los scripts de terceros que se agregan no pueden minimizarse, pero contendrán lo siguiente:

   ► El nombre de la librería.

   ► Número de versión.

   ► Licencia.

   ► URL.

► **Estilos:**

1. La hoja de estilos principal (style.css) se pondrán en espera durante la acción `wp_enqueue_scripts`.

2. Nunca se utilizará `overflow:hidden` para que contenga objetos flotantes (*floats*). Es una alternativa mejor usar `micro clearfix`.

3. La clave `!important` no se empleará donde sea suficiente una especificación.

4. El poner en espera una fuente de Google con varios bloques de caracteres incluye de manera condicional los bloques con `gettext`.

5. No están permitidos los atributos de estilo en etiquetas HTML.

Asegurarte de que el contenido del usuario no varía cuando cambia de tema es muy importante. Las siguientes características de la instalación estándar de WordPress, aunque son fantásticas por sí solas, pueden provocar un cambio en el contenido del usuario o no estar disponibles si se activan desde el tema:

► Tipos de entradas personalizas públicas.

► Taxonomías personalizadas públicas.

► Campos personalizados o campos meta de entradas.

► Códigos cortos (*shortcodes*).

Si tu tema tiene ajustes personalizados, para configurar sus opciones es en extremo recomendable usar el Personalizador (en vez de una pantalla personalizada de administración). Hacerlo así tiene muchas ventajas:

► Los usuarios ven sus cambios de inmediato, ya que se adapta a la interfaz de usuario.

- ► Hay que escribir mucho menos código.

- ► Dispones de módulos de interfaz de usuario para la mayoría de las situaciones habituales.

Si tu tema necesita ofrecer una pantalla de administración de ajustes personalizados estos son los requisitos:

- ► Debe ser un menú hijo del menú Apariencia, con el título de Theme Options.

- ► Se requiere el uso de las *Settings API* de WordPress.

- ► Todos los ajustes guardarán un `array` en serie.

- ► Los ajustes predeterminados no se insertarán en la base de datos hasta la instalación o una petición HTTP.

- ► Todos los valores serán saneados antes de guardarlos en la base de datos.

- ► Ha de utilizarse la funcionalidad de la instalación estándar para cualquier necesidad de carga de archivos.

Otros elementos a tener en cuenta son estos:

- ► Se usarán los *loops* completos en todas las plantillas. No es suficiente con llamar a `the_post()` en una plantilla como single.php o page.php.

- ► El $content_width global debe definirse de forma correcta.

Truco: *La Unidad de datos de prueba para temas de WordPress.org (codex.wordpress. org/Theme_Unit_Test) está repleta de entradas y páginas diseñadas para llevar tu tema a sus límites. Descarga los datos e impórtalos a tu servidor de pruebas. Probar tu tema con todos los tests disponibles te ayudará a asegurarte de que será lo suficientemente flexible para manejar una amplia variedad de datos reales de usuario.*

EDITANDO TEMAS EN WORDPRESS

WordPress trae, de serie, un editor de archivos integrado para modificar aspectos concretos de los temas instalados. Para acceder a este editor de código tienes que ir al menú de administración Apariencia>Editor. En esta pantalla te brinda, por defecto, la hoja de estilos (style.css) del tema activo abierta en un editor básico de texto plano, donde variar los archivos del tema (disponibles en la parte derecha de la pantalla). Una vez termines de realizar cambios solo tienes que pulsar el botón Actualizar archivo y las modificaciones tendrán efecto inmediato en tu sitio web.

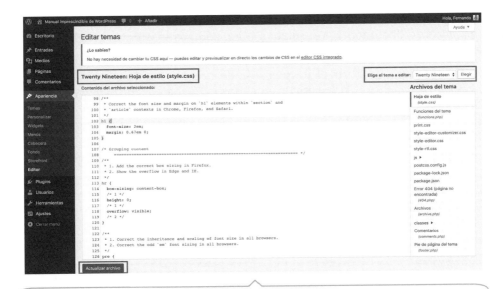

Figura 8.73. Editor de temas integrado en WordPress.

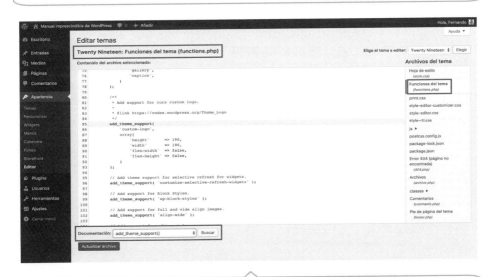

Figura 8.74. Archivo PHP abierto en el editor integrado de temas.

Para editar otro archivo del tema solo tienes que hacer clic en este en la lista de la derecha y se abrirá de inmediato en la zona de edición. La lista de archivos te muestra el nombre físico del archivo y una descripción (si es un archivo estándar) de su utilidad. En el caso de los archivos PHP, aparecerá un buscador de documentación relativa a los códigos existentes en el archivo abierto para edición.

Solo tienes que abrir el desplegable de documentación para elegir un nombre de función y, si haces clic en el botón Buscar, se abrirá la web oficial de la documentación de la función elegida. Para editar otro tema, selecciónalo desde el desplegable y pulsa el botón Elegir, de nuevo aparecerá abierta la hoja de estilos.

Esta herramienta es una pequeña ayuda, pero no te va a enseñar a programar, eso requiere formación específica. De hecho, ni siquiera te recomiendo utilizar el editor integrado de WordPress porque tienes que ser muy metódico, ya que no hay herramienta para deshacer cambios como en cualquier editor de código. De modo que, si te equivocas, tendrías que recordar con exactitud los cambios para devolver el archivo modificado a la situación anterior al desastre.

Truco: *WordPress también permite editar los plugins: es el mismo editor que usa para los temas, pero accesible desde otra página de administración e igualmente no es recomendable por el motivo indicado en este capítulo.*

Algo que te avisa el mismo editor la primera vez que accedes es que es posible editar tu CSS en el editor integrado, que está en el Personalizador. Este editor está en la sección llamada CSS adicional, donde se añaden cambios a clases CSS existentes, lo que supone un modo estupendo de hacer cambios a tu hoja de estilos del tema activo, y de paso ves los cambios en directo.

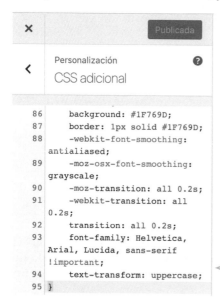

Figura 8.75. Modificando CSS en el Personalizador de WordPress.

TRADUCCIÓN DE TEMAS

En la actualidad, la mayoría de los temas de WordPress vienen preparados para traducción, no es obligatorio pero cada vez más programadores entienden el poder de internacionalización y las posibilidades de difusión de sus desarrollos si ofrecen versiones locales de sus temas. Para ello, suelen crear sus temas de manera que puedan ser traducidos fácilmente mediante el proceso conocido como `theme_textdomain`, que habilita la traducción sin necesidad de modificar los textos directamente en cada archivo PHP.

Nota: *El proceso de preparación de un tema para traducción requiere esfuerzo adicional para el programador, pero es recompensado por la difusión que consigue. Hay una guía completa en este enlace: ayudawp.com/preparar-tema-wordpress-para-traduccion/.*

Si el programador no preparó el tema para traducción, la única posibilidad que nos queda es abrir uno a uno todos los archivos PHP e ir sustituyendo de forma manual los textos en inglés a nuestro idioma, desde el mismo editor integrado de WordPress si quieres —con el riesgo de modificar algo que no debíamos, pues no olvides que los lenguajes de programación utilizan el inglés para sus comandos y, en ocasiones, puedes confundir un comando con un texto—. La única regla para evitar este tipo de problemas es tener a la vista una página del sitio cargada con el archivo que estamos modificando, para localizar los textos a traducir y procurar no modificar nada distinto a lo que se ve. Pero vamos, que es un peligro, mejor evitarlo en lo posible salvo que no sepas con exactitud lo que haces en cada momento.

Justo lo contrario que pasa con los temas preparados para traducción, ¡que no quiere decir que traducidos, que son cosas distintas! Un tema puede estar preparado para traducción, pero no incluir los archivos de tu idioma y la prueba es tan sencilla como que si WordPress está en tu idioma y el tema activo no muestra los textos en tu idioma es que no tiene traducción para tu lengua, aunque esté preparado para traducción. Para asegurarte, revisa las carpetas del tema, que deberían disponer de una denominada languages o lang o similar, donde estarían los archivos de traducción, igual que vimos con los archivos de idioma de WordPress. Lo que pasa es que en muchas ocasiones no verás un archivo de tu idioma, un es_ES.mo, aunque siempre en estos casos tendremos al menos un archivo .pot o .po que podemos usar de base para crear el nuestro.

Figura 8.76. Traducción manual de un archivo PHP de WordPress.

Si te animas, lo primero es instalar en tu ordenador un programa gratuito especializado en traducciones de este tipo, Poedit (www.poedit.net), con versiones para Windows, Linux y MacOS. Este programa es una aplicación especializada en editar archivos de traducción, ofreciendo una interfaz simple en la que traducir las cadenas que el programador haya preparado para traducción mediante theme_textdomain.

El proceso para editar un tema WordPress preparado para traducción es el siguiente:

1. Haz una copia del archivo .po original. Renómbralo a es_ES.po o según la estructura de nombres de archivo que siga el tema.

2. Abre el nuevo archivo con Poedit. La pantalla de Poedit dispone de una lista de los textos a traducir y, debajo, cuatro campos: los dos de arriba el del texto original (izquierda) y comentarios al texto original (derecha), y los dos de abajo para el texto traducido (izquierda) y comentarios al texto traducido (derecha). Los campos de comentarios son de ayuda para los traductores, no son visibles en el tema.

3. Guarda los cambios y crea automáticamente el archivo es_ES.mo, que es el que necesita WordPress para ofrecer la traducción.

4. Sube los archivos de la traducción a la carpeta de idiomas del tema.

5. Comprueba que los mensajes del tema aparecen traducidos. En caso contrario, revisa la documentación del tema por si se requiere algún paso adicional.

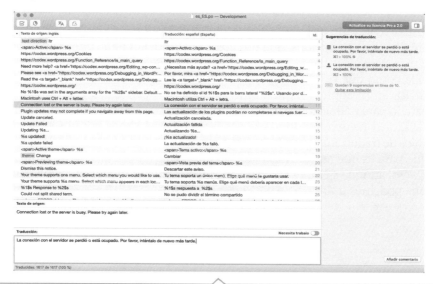

Figura 8.77. Ventana de traducción de Poedit.

Este mismo proceso sirve para cualquier archivo .po y .mo, incluso los de la traducción de WordPress, que modificarás a tu gusto para personalizar hasta la administración de tu CMS.

El proceso anterior se refiere a cualquier tema, pero si es uno que está en el repositorio oficial de WordPress, entonces el proceso de traducción es distinto y más sencillo, pues emplea la interfaz web conocida como GlotPress, disponible en translate.wordpress.org. Si quieres ofrecerte para traducir WordPress a tu idioma o versiones locales y dialectos del mismo, hazlo en el blog colaborativo de la comunidad de traductores situada en make.wordpress.org/polyglots/ (antes debes crear cuenta de usuario en WordPress.org para participar o coordinarte con el equipo de traducciones —como en mi caso— de WordPress España, en wpes.slack.com, accediendo con tu usuario de WordPress.org).

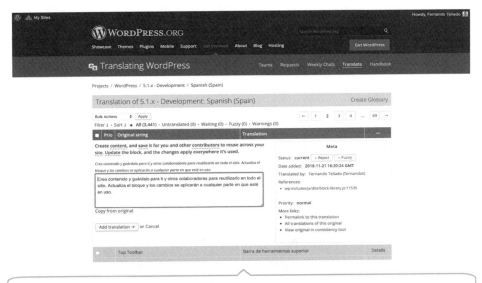

Figura 8.78. Interfaz de traducción de GlotPress.

AMPLIANDO WORDPRESS

WORDPRESS NO SERÍA LO MISMO SIN PLUGINS

La relación de WordPress con los plugins ha sido siempre de amor-odio: de amor porque son esas pequeñas maravillas que convierten un CMS en algo único; de odio porque son la mayor fuente de vulnerabilidades y dolores de cabeza para el usuario.

Hay miles de plugins —más de 54 500 a la fecha de escribir estas líneas y solo si contamos los gratuitos que hay en el repositorio oficial de WordPress—, así que podemos decir que hay decenas de ellos para cada necesidad. Esa es parte de la grandeza de WordPress: los plugins que mejoran, amplían, complementan, dan vitaminas a tu sitio web. Pero, igual que ha pasado a otros CMS, los plugins bien podrían haber sido la perdición de WordPress.

No hace mucho tiempo otro CMS —muy popular y que no nombraré— tuvo que tomar la decisión de si actualizar el sistema para que fuera sencillo y robusto o mantener compatibilidad con sus plugins, y optó por la compatibilidad. ¿Por qué hizo esto?, pues porque había plugins que usaba todo el mundo, maravillosos sí, pero absolutamente imprescindibles, el CMS no podía pasar sin ellos si querías tener una web en condiciones. Esta fue su perdición, el comienzo de una serie de vulnerabilidades, de que el sistema se «arrastrase», de que los usuarios empezaran a odiar a ese CMS que con los años se había vuelto pesado, inseguro y problemático. Es algo parecido a lo que le pasa al sistema operativo Windows, que sigue aún con la herencia de MS-DOS y la necesidad de ser compatible con la mayoría de softwares y dispositivos existentes en el mercado: lo que lo hace pesado, enorme, lento.

Plugins con bloques activados

Ver todos

WP Speed of Light
★★★★☆ (38)
WP Speed of Light is a WordPress
speedup plugin and load time
testing. Cache, Gzip,...

JoomUnited
10.000+ instalaciones activas · Probado con 5.0.3

Tickets del evento
★★★★☆ (39)
Tickets del evento allows your
visitors to RSVP and buy tickets to
events on your...

Modern Tribe, Inc.
30.000+ instalaciones activas · Probado con 5.0.3

Helpie FAQ – WordPress FAQ Plugin
★★★★★ (3)
Advanced FAQ Plugin for effortlessly
creating, and embedding Accordion
FAQs with FAQ search, Shortcodes,
Widgets,...

HelpieWP
70+ instalaciones activas · Probado con 5.0.3

UsersWP – User Profile & Registration
★★★★☆ (18)
Light weight frontend user
registration and login plugin.

AyeCode Ltd
2.000+ instalaciones activas · Probado con 5.0.3

Plugins destacados

Ver todos

Akismet Anti-Spam
★★★★☆ (800)
Akismet revisa tus comentarios y
envíos al formulario de contacto
contra nuestra base de datos...

Automattic
5+ millones instalaciones activas · Probado con 5.0.3

Jetpack by WordPress.com
★★★★☆ (1.359)
El plugin ideal para tener
estadísticas, entradas relacionadas,
optimización para buscadores,
compartir en redes sociales,...

Automattic
5+ millones instalaciones activas · Probado con 5.0.3

Classic Editor
★★★★★ (482)
Activa el anterior editor «clásico» de
WordPress y el diseño tradicional de
la pantalla de...

WordPress Contributors
2+ millones instalaciones activas · Probado con 5.0.3

bbPress
★★★★★ (291)
bbPress es software de foro, hecho
a la manera WordPress.

The bbPress Community
300.000+ instalaciones activas · Probado con 4.9.9

Plugins en beta

Ver todos

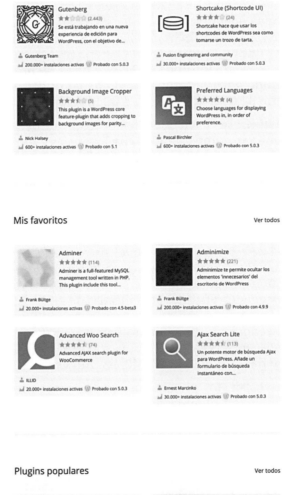

Figura 9.1. Repositorio oficial de plugins en WordPress.org.

Sin embargo, y siguiendo la analogía, hace unos años la empresa Apple, creadora del sistema operativo MacOS, decidió dejar de instalar por defecto Flash de Adobe en sus dispositivos móviles, apostando por tecnologías más abiertas, ligeras y que consumían menos batería (ese elemento tan valioso en un terminal móvil). Optó por HTML5 y otras tecnologías web; y el tiempo le ha venido a dar la razón, a pesar de las dudas y críticas feroces iniciales por parte de toda la industria e incluso los usuarios.

WordPress también se vio en este dilema. Tenía que decidir si las nuevas versiones mantendrían compatibilidad con lenguajes y códigos veteranos o si aumentarían sus exigencias y los demás tendrían que adaptarse a ellas. El objetivo era ofrecer un CMS ligero, potente y libre de errores. El riesgo era grande, porque los programadores de plugins (recordemos, en su mayoría gratuitos) podían dejar de desarrollar para WordPress ante los exigentes requisitos. Sin embargo, un par de años después, la realidad ha sido bien distinta: no solo no se han creado menos plugins, sino que, por el contrario, la calidad de estos ha mejorado, el sistema en su conjunto es más estable y seguro, y los usuarios hemos ganado con la decisión. WordPress llegó incluso a ponerse quisquilloso con los requisitos de los servidores de alojamiento y exigió versiones actualizadas de PHP y MySQL. Este movimiento también provocó incertidumbres, pero ¿adivinas el resultado? Exacto, los proveedores de alojamiento han actualizado las versiones de software básico de sus servidores y han hecho que la web en su totalidad sea más segura y fiable, gracias a WordPress. Ahí es nada.

¿Y los plugins?, ¡ah, los plugins!, no podrás vivir sin ellos, dalo por seguro, son la sal y la pimienta de WordPress. Puedes instalarlos, activarlos, modificarlos, borrarlos, amarlos y odiarlos. Te están esperando, en el menú Plugins.

CÓMO INSTALAR PLUGINS

No es posible vivir sin plugins. Usarás muchos, usarás pocos, crearás los tuyos propios… Aunque WordPress ofrece todas las herramientas básicas para publicar contenido y tener un bonito, eficaz y potente sitio web, los plugins lo elevan hasta el espacio exterior. Es más, la instalación básica de WordPress ya incluye dos plugins: Hello Dolly y Akismet. El primero es poco más que un juego, solo sirve para que te animes a hacer el tuyo propio viendo lo sencillo de su estructura y poco más, pues lo único que hace cuando lo activas es mostrar frases de la canción *Hello Dolly*, del genio del jazz Louis Armstrong. Akismet es otro cantar, nunca mejor dicho, pues es un completo sistema para controlar los mensajes basura en los comentarios (algo que veremos en detalle en el capítulo 14 de este libro). Y no está mal para empezar, pero seguro que quieres adentrarte en el universo de los plugins ¿no? Vamos a ello.

Accede al menú Plugins y verás la lista de los instalados, en principio bastante triste, salvo por los dos ya citados. La pantalla es similar al resto de ventanas de administración de WordPress: con un listado de los elementos disponibles; botones de acción debajo de cada uno —en este caso para Activar/Desactivar, Editar y Borrar—; un desplegable desde el que (tras seleccionar tantos quieras) realizar las acciones anteriores en lote; un buscador interno; y un par de enlaces desde los que instalar nuevos plugins: el botón Añadir nuevo de la parte superior de la pantalla y el submenú del mismo nombre en Plugins>Añadir nuevo.

Igual que con el resto de las pantallas de WordPress, hay una serie de enlaces en la parte superior de listado que te permitirán mostrar solo los Activos o Inactivos, o verlos Todos. Esta lista se ampliará a medida que instales plugins con categorías como los Utilizados recientemente (que son los que acabas de desactivar), los denominados como Dependientes (unos plugins especiales que necesitan otros temas, plugins e incluso WordPress en ocasiones), los llamados Imprescindibles (que sirven a programadores para personalizar aspectos de WordPress) y los que tienen alguna Actualización disponible.

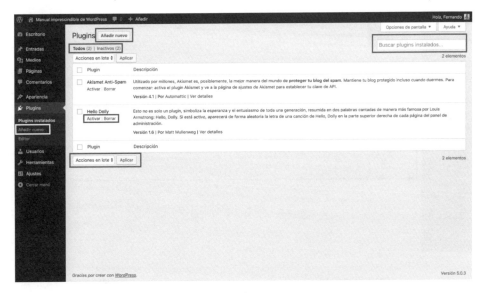

Figura 9.2. Página principal de administración de plugins.

Figura 9.3. Distintos métodos de instalación de plugins.

Instalemos nuestro primer plugin, ¿no? Solo tienes que pulsar el botón o menú Añadir nuevo para acceder al instalador automático de WordPress, donde tienes varias áreas fundamentales:

- ▶ Caja de búsqueda de plugins en el repositorio oficial de WordPress (es. wordpress.org/plugins).

- ▶ Botón para Subir plugins manualmente.

- ▶ Etiquetas populares, que los desarrolladores de plugins han incluido.

- ▶ Navegador de plugins:

    - ▶ Destacados por el equipo de desarrollo de WordPress.org.

    - ▶ Populares, medido en cantidad de descargas y puntuaciones de los usuarios.

    - ▶ Recomendados, que muestra una lista de plugins instalados.

    - ▶ Favoritos de un usuario concreto de WordPress.org, tú, por ejemplo.

Nota: *La descripción y demás textos en los plugins del repositorio oficial están casi siempre en inglés. A la hora de localizarlos para la instalación, deberás utilizar términos de búsqueda en ese idioma. No obstante, luego hay muchos plugins que sí ofrecen interfaz en otros idiomas.*

El buscador, al igual que con los temas, solo requiere que teclees las palabras relacionadas con lo que necesitas y, a medida que escribes, aparecerá una lista de los resultados que se asemejen a lo que quieres.

De la lista que obtienes presta especial atención a los dos enlaces de acción: Instalar y Más detalles. El primero inicia la instalación del plugin sin más preguntas. El segundo abre una ventana emergente con bastante información sobre el plugin: la versión, nivel de compatibilidad de la versión actual y anteriores, tiempo desde que no se actualiza, valoración de los usuarios, características principales y mucho más, todo a simple vista. Hay, asimismo, una serie de pestañas de información adicional que puedes revisar:

- ▶ **Instalación:** con los pasos para instalar manualmente el plugin y, en ocasiones, pasos especiales que debes efectuar tras la instalación, así que siempre es recomendable repasarla.

- ▶ **FAQ:** preguntas frecuentes y trucos interesantes.

- ▶ **Informe de cambios:** relación de modificaciones de cada distinta versión del plugin.

▶ **Capturas de pantalla:** con imágenes de las pantallas de configuración del plugin y sus efectos en tu instalación, el tema o lo que sea que haga, para hacerte a una idea de lo que vas a encontrar.

▶ **Valoraciones** de los usuarios y sus reseñas.

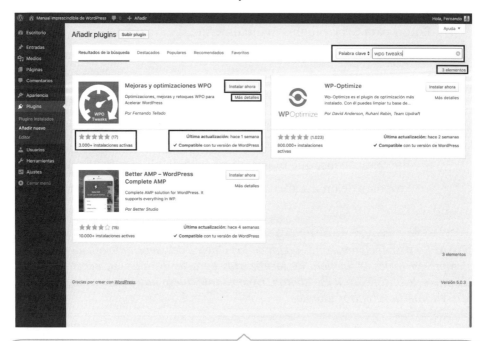

Figura 9.4. Resultados de búsqueda de plugins.

Y, por supuesto, si la ventana de detalles te ha convencido de que el plugin merece una oportunidad de que lo instales, dispones de un botón gigante para Instalar ahora. El proceso —igual que con el enlace de la pantalla principal de búsqueda— es inmediato, una vez hagas clic en el botón se inicia la instalación sin siquiera abandonar la pantalla del resultado de la búsqueda. Al final del proceso, el botón de Instalar ahora pasa a llamarse Activar, y ya puedes seguir añadiendo más plugins.

Advertencia: *Instalar plugins desde el repositorio oficial de WordPress es un proceso totalmente fiable. El servidor de descargas es seguro, los plugins se revisan todos antes de ponerse a disposición de la comunidad. Mientras no actives el plugin, no afecta en nada a tu instalación de WordPress.*

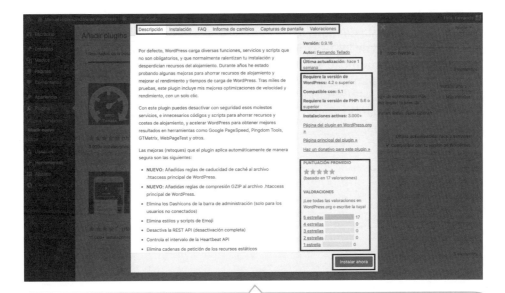

Figura 9.5. Pantalla principal y elementos de la ventana emergente de detalles del plugin a instalar.

Figura 9.6. Instalación automática de plugin.

Si, en vez del buscador, empleaste el navegador de Etiquetas populares, tras hacer clic en la elegida te llevará a una ventana igual que la anterior (con las mismas funcionalidades y opciones), pero en este caso los resultados obtenidos serán por etiqueta en vez de por palabra clave.

En el instalador de plugins, al contrario que con los temas, no tienes un selector de características, lo más parecido es el navegador por etiquetas. Esto, sumado a la ingente cantidad de plugins que hay, hará más difícil la selección: una buena opción es siempre elegir entre las listas recomendadas. La primera, la de Destacados, donde verás que hay muy pocos, elegidos para ti por el equipo de WordPress. ¿Significa que debes instalar todos los plugins de esa lista? No, son solo sugerencias, y no son para todo tipo de usos. Pero ¿son buenos plugins? Sí, en términos generales.

Diferente panorama se nos presenta en la lista de plugins Populares, donde en realidad sale una lista de todos los disponibles, eso sí, ordenados de mejor a peor según la valoración de los usuarios de WordPress.org. Aquí sí que vas a encontrar los que para la comunidad son los mejores o, al menos, los más populares del momento. Ello no significa que los que no salgan en primera página de resultados sean malos plugins, al contrario, lo único que puedes comprobar es cuáles son los que más está instalando el resto de los usuarios de WordPress. Es un buen sitio para empezar a probar.

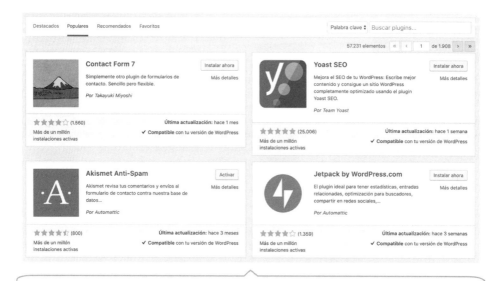

Figura 9.7. Listado de plugins populares.

Quizás la mejor lista para empezar es la de plugins Recomendados, donde tienes los más instalados y mejor valorados por los usuarios de WordPress a lo ancho del mundo.

Advertencia: *Se presupone que un plugin con versión superior a la 1.x ha pasado ya por una fase previa de pruebas y revisión y, de igual modo, que uno en versiones 0.x aún no ha llegado a la fase de versión estable (a partir de la 1.x). Sin embargo, esta no es una regla fija que sigan todos los programadores, así que no es el indicador más fiable de la estabilidad, potencia y virtudes de un plugin. Es posible encontrar plugins maravillosos y sobradamente probados aún en versiones 0.x y, de igual modo, otros nada interesantes y con fallos tontos con versiones 4.x o incluso superiores.*

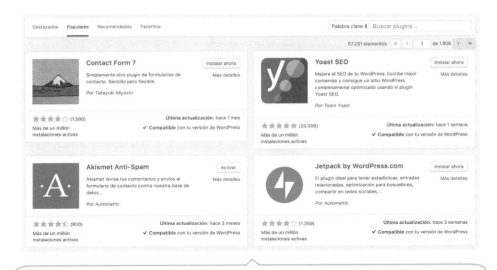

Y llegamos a la lista de plugins Favoritos, pero ¿favoritos de quién?, porque en principio está vacía: pues del usuario registrado en WordPress.org que se haya tomado su tiempo para crear su propia lista de favoritos. Hazlo tú también: una vez te hayas registrado en la web oficial de WordPress.org, cada vez que visites una página de un plugin puedes hacer clic en el icono gris con forma de corazón al lado del botón de descarga del plugin, y el icono cambia a color rojo. A partir de ahora se mostrará en la lista de tus favoritos.

Figura 9.9. Plugin con icono para hacer favorito.

Figura 9.10. Perfil de usuario de WordPress.org con lista de plugins favoritos.

De vuelta ya al instalador de plugins de WordPress, lo que nos ofrece la página de instalación de Favoritos es acceder al listado de los favoritos de algún usuario de nuestra confianza. Por ejemplo, aquí tienes la lista del usuario *fernandot* (perfil completo en profiles.wordpress.org/fernandot), un servidor, mostrada en el instalador. Una vez tengas plugins favoritos, en el instalador de tu WordPress solo tienes que introducir su nombre de usuario en la caja y, a continuación, hacer clic en el botón Obtener favoritos.

Esta sección de instalación es de una utilidad tremenda: el objetivo principal es que tú mismo crees tu usuario de WordPress.org y hagas tu lista de favoritos con aquellos plugins que usas sí o sí en toda instalación nueva. Te facilitará la vida enormemente la próxima vez que instales WordPress, porque ya no tendrás que buscar uno a uno tus plugins imprescindibles, sino que los tendrás todos en una misma lista.

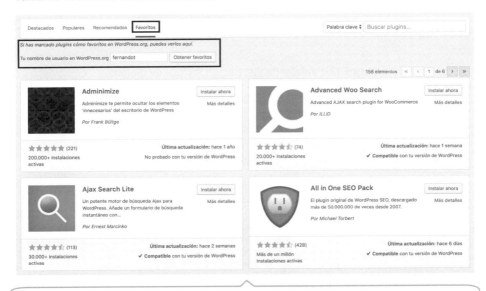

Figura 9.11. Plugins favoritos de usuario de WordPress.org en el instalador.

Truco: *También puedes hacer lista de favoritos de tus temas.*

No me olvido, por supuesto, de las otras maneras en que podemos instalar plugins:

▶ Subida manual desde el instalador de WordPress.

▶ O desde el FTP o el panel de archivos de tu alojamiento web.

En ambos casos, debemos disponer antes del archivo del plugin comprimido en ZIP. Si optas por subirlo desde el instalador de plugins de WordPress accede a la sección Subir, tras hacer clic en el botón Seleccionar archivo. Eliges el fichero que contenga el plugin y, ya de vuelta en la pantalla de instalación, haz clic en el botón Instalar ahora. El proceso —salvo la descarga desde el servidor seguro de WordPress.org, que obviamente no es necesario— es el mismo que en las instalaciones a través del buscador.

Figura 9.12. Pantalla de instalación manual de plugins.

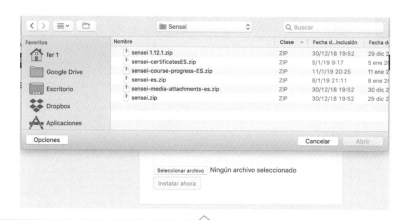

Figura 9.13. Selección de plugin a instalar.

Para terminar, siempre es posible recurrir al protocolo FTP. No suele ser necesario siempre, pero sí en ocasiones. Si así fuera, abre tu cliente FTP y conecta con el servidor donde esté instalado tu WordPress y navega hasta la carpeta /wp-content/ plugins/, donde verás que ya hay varias carpetas, correspondientes a los plugins instalados con anterioridad. En este método, al igual que vimos con los temas, tenemos que descomprimir antes los plugins en nuestro ordenador y subir a la carpeta /wp-content/plugins/ el directorio o archivo resultante de la descompresión del fichero ZIP. Al terminar el proceso, nuestro nuevo plugin estará igualmente disponible en la lista de plugins instalados, listo para que lo actives.

Figura 9.14. Proceso de instalación automática de plugin subido.

Si, por el contrario, optamos por usar el gestor de archivos de nuestro alojamiento web, no hace falta descomprimir el archivo con antelación. Primero localiza el gestor de archivos y, una vez ahí, tras abrir la carpeta de plugins, pulsa el botón de subir o cargar archivos. En la pantalla siguiente selecciona el archivo comprimido y se subirá automáticamente. De vuelta a la ventana de los archivos, selecciona el ZIP recién subido y haz clic en el botón Extraer para que se descomprima: tu plugin ya está listo para que lo actives como cualquier otro desde tu página de administración de plugins de WordPress.

Figura 9.15. Gestor de archivos en el panel de alojamiento web.

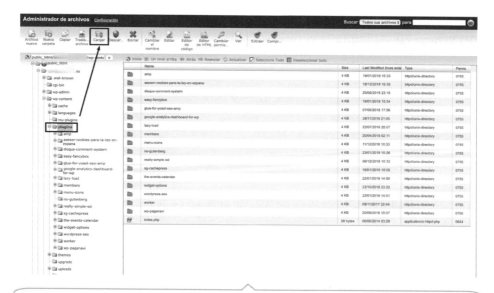

Figura 9.16. El gestor de archivos y botón para subir ficheros.

Figura 9.17. Subiendo el ZIP.

Advertencia: *Al contrario que con los temas WordPress, no hay muchos sitios de confianza para descarga de plugins, aparte del repositorio oficial. Solo eventualmente los mejores programadores de temas acompañan sus desarrollos con alguno, como extensiones para convertir un tema en una tienda de comercio electrónico o similares, así que sé precavido a la hora de instalar plugins de lugares poco fiables.*

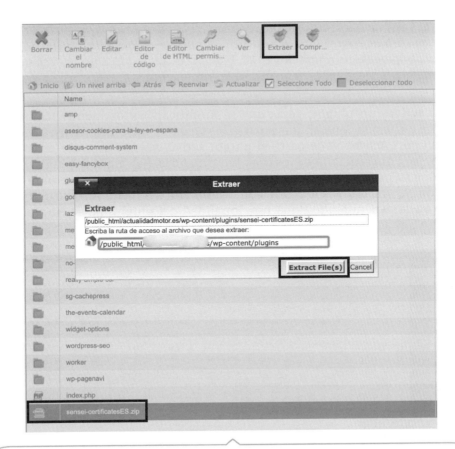

Figura 9.18. Extrayendo el ZIP.

ACTIVANDO, BORRANDO, CONFIGURANDO, EDITANDO, TRADUCIENDO PLUGINS

Al instalar un plugin no sucede nada, de hecho, puedes instalar tantos como quieras que solo ocuparán espacio en el disco del servidor. Si quieres que sirvan para algo, actívalos. Para ello, solo tienes que hacer clic en el enlace de acción bajo el nombre del plugin, denominado Activar, que al activarlo se convierte en Desactivar. Más fácil imposible. Si lo deseas, también es posible marcar la casilla de selección a la izquierda del plugin y, desde el desplegable de acciones de la parte superior, elegir la opción de Activar, aunque esto está pensado para la activación, desactivación o borrado múltiple de varios plugins a la vez.

Advertencia: *No es en absoluto recomendable activar varios plugins a la vez, pues en caso de errores sería más difícil identificar el causante, además de no poder comprobar sus resultados en tu WordPress. El desplegable de acciones sí es totalmente seguro para desactivar o borrar plugins.*

Si activas un plugin, verás que se modifican varios menús (como el enlace de acción, que ahora es para Desactivar) o aparece una lista nueva de plugins Activos y, de paso, el plugin activo cambia de color en el listado, para diferenciarlo de los inactivos. Además, hay algunos plugins que añaden su propia página de configuración, unos creando un menú nuevo de administración y la mayoría como submenú del menú Ajustes (aunque esto varía dependiendo de la funcionalidad del plugin: por ejemplo, un plugin que actúa sobre los usuarios tendrá submenú bajo el menú Usuarios).

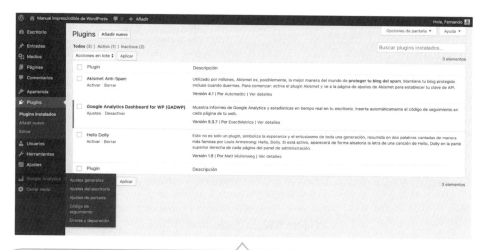

Figura 9.19. Plugin activado que añade menú propio y nuevo al menú de administración de WordPress.

Eso sí, no todos los plugins hacen «cosas» nada más instalarse. Algunos requieren configuración previa, otros tienen ajustes por defecto que puedes personalizar y también hay, los menos, que exigen añadir códigos a algún archivo del tema WordPress activo. De estos últimos hay uno muy utilizado, WP-PageNavi (es.wordpress.org/plugins/wp-pagenavi/), cuya función es en las distintas publicaciones existentes sustituir la navegación mediante enlaces predeterminados de los temas WordPress por un bonito sistema de navegación numérica. Pues bien, este plugin, aunque por defecto intenta hacer esta sustitución por sí mismo, no siempre lo consigue, o no lo hace bien. En este caso debes incluir en la página principal de tu sitio (normalmente index.php) el siguiente código:

```
<?php wp_pagenavi(); ?>
```

Si añadieras este código tras activar el plugin y más adelante lo desactivas, el tema WordPress intentaría mostrar el elemento creado por el plugin (la navegación numérica) y, al no encontrarlo por estar inactivo, indicaría errores en el sitio web. Borra este tipo de códigos si los hubiera.

Otro modo —más eficaz— de incluir este tipo de códigos, para que si desactivas un plugin no haya errores, es añadir al código una *función condicional*, que indique a WordPress que si encuentra el plugin active la función y, en caso contrario, muestre el elemento predeterminado. Siguiendo el ejemplo anterior sería así:

```
<?php if(function_exists('wp_pagenavi')) { wp_pagenavi(); } ?>
```

Desactivar plugins, en consecuencia, es igual de sencillo, solo clicas en el enlace correspondiente y WordPress lo desactiva, dejando de realizar las modificaciones para las que estuviera programado. Ahora bien, debes tener en cuenta que hay plugins que requieren variaciones en el tema como acabamos de ver. Si así fuera, recuerda eliminarlas después de desactivarlo o tu sitio web tendrá errores (salvo que tomes las precauciones anteriores).

Ahora bien, da igual el método que elijas para borrar plugins, WordPress siempre te pedirá confirmación de esta acción, pues perderás cualquier configuración del plugin realizada, excepto que se guarde en la base de datos. Es importante que te muestre la lista de todos los archivos que se borrarán, para mayor seguridad.

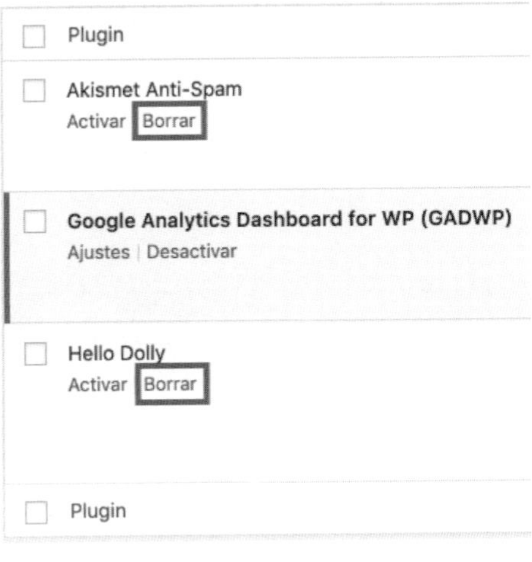

Figura 9.20. Borrar plugin mediante enlace de acción.

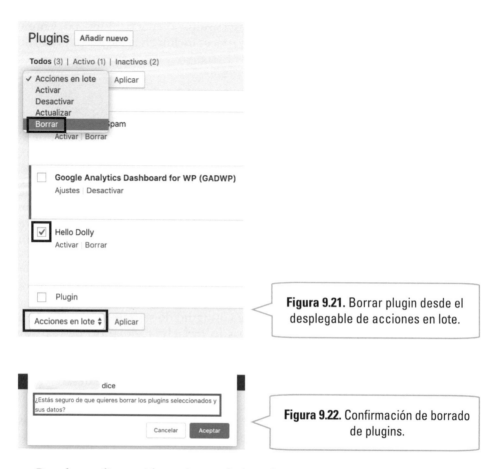

Figura 9.21. Borrar plugin desde el desplegable de acciones en lote.

Figura 9.22. Confirmación de borrado de plugins.

Para la configuración y ajustes de los plugins no hay una regla fija, cada uno conlleva una serie de opciones distintas, desde lo más sencillo hasta lo más complejo, y dependerá enormemente de las funcionalidades del plugin. De hecho, hay algunos que requieren un manual completo solo para configurarlo adecuadamente (como los plugins de caché, los de SEO o los de seguridad).

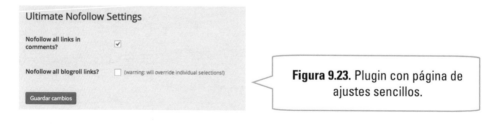

Figura 9.23. Plugin con página de ajustes sencillos.

Código de seguimiento de Google Analytics

| Ajustes básicos | **Seguimiento de eventos** | Definiciones personalizadas | Excluir seguimiento | Ajustes avanzados |

Integración

Seguimiento de eventos

- Off — seguimiento de descargas, mailto, teléfono y enlaces salientes
- Off — seguimiento de enlaces de afiliado
- Off — rastrear identificadores de fragmentos, hashmarks (#) en enlaces URI
- Off — seguimiento de acciones de envío de formularios
- Off — seguimiento de profundidad de navegación página

Descargas Regex:	zip	mp3*	mpe*g	pdf	docx*	pptx*	xlsx*	rar*
Afiliados Regex:	/out/
Ubicación del código:	Cabecera HTML ⬍

Guardar cambios

Figura 9.24. Plugin con varias páginas de configuración y ajustes.

Hay, además, plugins especiales que precisan alguna acción adicional antes de funcionar, como la conexión a un servidor externo o incluso el registro en alguna web. Los plugins de la empresa Automattic entran en esta categoría: todos requieren disponer de una cuenta de usuario en WordPress.com o servicios asociados al mismo como Akismet o JetPack. En estos casos debes valorar si merece la pena el registro o, por el contrario, elegir otro plugin que te ofrezca la misma funcionalidad, pero sin requerir activar una cuenta de usuario en algún servicio externo.

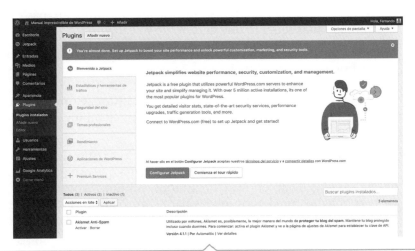

Figura 9.25. Plugin JetPack activado.

¿PLUGINS IMPRESCINDIBLES?

Si hay algo que encontrarás en la red son listas de los «10 plugins imprescindibles para WordPress», pero lo malo es que ninguna de ellas es definitiva. La afirmación en sí misma es falsa: no hay diez ni veinte ni siquiera dos plugins imprescindibles para WordPress, en realidad no hay ninguno imprescindible, aunque sí muchos recomendables, y dependiendo del uso que vayas a dar a WordPress serán unos u otros.

WordPress por sí mismo no necesita ningún plugin. Eres tú, el usuario, en base a las expectativas y funcionalidades que quieras ofrecer en tu web quien considera que debe añadir esta u otra utilidad, y por lo general el modo más fácil de lograrlo es mediante plugins.

En la posición opuesta están quienes piensan que habiendo temas WordPress que incorporan funcionalidades avanzadas es mejor elegir un tema que tenga todo lo que necesita. Y no, esta postura es equivocada, es justo lo contrario (como vimos en el capítulo anterior del libro). Los temas deben ofrecer nuestro mejor aspecto, pero con las funcionalidades justas que, después, añadiremos mediante códigos personalizados o plugins. Si no lo hiciésemos así, prácticamente no podríamos cambiar de tema nunca, porque toda la funcionalidad de nuestro sitio web dependería de él.

Una vez puesto algo de sentido común en este asunto, te pediría que antes de instalar cualquier plugin te exigieras a ti mismo que cumpla estos tres requisitos:

1. **Necesidad:** que de verdad sea imprescindible para el correcto funcionamiento u objetivo de tu sitio web.

2. **Calidad:** elige aquellos plugins contrastados que ofrezcan más y mejor de un modo más sencillo que el resto de su categoría.

3. **Simplicidad:** que el plugin consiga con el mínimo esfuerzo lo que manualmente nos conllevaría mucho más tiempo y conocimientos.

Más que plugins indispensables te propongo a continuación categorías de plugins que suelen cumplir estas premisas, y algunos ejemplos destacados de cada una de ellas:

- **Control de spam en comentarios:** Cuando tu sitio alcanza popularidad es necesario controlar los mensajes basura que usuarios o sistemas automatizados dejan en los comentarios. Aunque WordPress dispone de herramientas predeterminadas para controlarlos, hay plugins que elevan esta utilidad a un nivel profesional. En esta categoría destacan:

  - **Akismet:** Incluido por defecto en la instalación de WordPress, gracias a ser el más utilizado. Su base de datos de detección de *spammers* es de las más completas. También ofrece visualización previa de los enlaces en la zona de administración de comentarios y visualización de estadísticas de usuarios y comentarios (es.wordpress.org/plugins/akismet/).

▶ **Antispam Bee:** Rápido, sin necesidad de registrarte en ningún sitio y sin almacenar información en la base de datos (es.wordpress.org/plugins/antispam-bee/).

▶ **Mejoras de SEO:** Aunque WordPress es una joya de cara al posicionamiento web, el tema que elijas puede no estar bien preparado para el SEO y arruinar tu estrategia de crecimiento. En esta categoría hay muchos, pero estos son los más populares por diversos motivos:

▶ **Yoast SEO:** Es en la actualidad el plugin SEO más popular y completo. Incorpora la mayoría de utilidades del resto de plugins, así como una interfaz muy amigable en especial para los usuarios noveles (es.wordpress.org/plugins/wordpress-seo/).

▶ **All in one SEO pack:** Un veterano renovado que, además de realizar mejoras de SEO limpias y eficaces en la estructura de enlaces y títulos, ofrece herramientas adicionales como caja de reescritura y optimización de títulos y descripciones en el editor de entradas, creación de mapas de sitio (*sitemaps*), autoría en redes sociales, integración con Google Analytics, mejoras de rendimiento del sitio y muchísimo más (es.wordpress.org/plugins/all-in-one-seo-pack/).

▶ **Broken link checker:** Si hay un elemento que te penaliza en SEO son los enlaces no encontrados, y este plugin es un detector sobresaliente de enlaces en tu sitio, ya sea en entradas o comentarios, que ya no existen o no responden (es.wordpress.org/plugins/broken-link-checker/).

▶ **Compartir en redes sociales:** porque aunque las redes sociales no posicionan semánticamente los contenidos de un sitio web, sí que atraen tráfico. Este es otro de los parámetros que utilizan los buscadores para posicionar un sitio web. Es más, hoy en día debes existir en las redes sociales sí o sí. Hay muchísimos, pero estos son algunos de los más utilizados y capaces:

▶ **JetPack:** Este megaplugin —del que hablaremos largo y tendido a continuación— incorpora varios módulos que mejoran la difusión en redes sociales de tu contenido. Por un lado, el de compartir, que ofrece iconos sociales personalizables; y por otro, un módulo denominado «Divulgar» que hace algo aún mejor: automatizar la difusión en tus redes sociales favoritas de las entradas que publiques (es.wordpress.org/plugins/jetpack/).

▶ **Monarch:** Aunque de pago, este plugin es el mejor con diferencia para añadir iconos sociales. No solo permite elegir entre varios diseños, sino que puedes configurar cuándo y cómo se muestran de muchas maneras. Lo verás en las principales webs: y es por algo, lo uso hace años y lo recomiendo siempre (ayudawp.com/recomiendo/monarch/).

▶ **Copia de seguridad:** hacer respaldos automáticos de tu sitio web es fundamental y como no todos los proveedores de alojamiento ofrecen este servicio puedes incluirlo de manera gratuita gracias a maravillosos plugins, entre los que destacan:

▶ **WPdbBackup:** Uno de los más empleados. Sirve para realizar copias automatizadas de la base de datos de WordPress e incluso enviarla por email cada día, cada hora o en el período de tiempo que decidas (es.wordpress.org/plugins/wp-db-backup/).

▶ **BackWPup:** La estrella de los plugins de este estilo: no solo hace copia de la base de datos y archivos de la instalación de WordPress, sino que las automatiza para guardarlas en sitios de almacenamiento en la nube como Dropbox, Microsoft Azure, SugarSync, Amazon S3 o Google Drive (es.wordpress.org/plugins/backwpup/).

▶ **Seguridad:** por su popularidad, WordPress se ha convertido cada vez más en objetivo de *hackers*. Es vital, como con cualquier otro sistema web, protegerlo contra atacantes con algunos plugins que mejoran muchos enteros la seguridad:

▶ **iThemes Security:** Actualmente el mejor plugin de seguridad que hay: cubre todos los aspectos fundamentales para proteger webs WordPress de manera sencilla y efectiva (es.wordpress.org/plugins/better-wp-security/).

▶ **WP Security Audit Log:** Impresionante plugin que vigila todo cambio en tu web. Para cumplir con los requisitos legales de garantías de seguridad y privacidad es casi obligatorio (es.wordpress.org/plugins/wp-security-audit-log/).

▶ **Privacidad:** Con las nuevas leyes de protección de datos personales es obligatorio disponer de un sistema para ofrecer a los usuarios el control total de sus datos:

▶ **GDPR:** Aquí no hay duda, este plugin es el mejor, y el único que ayuda en todo lo que necesitas en tu web para controlar cookies y ofrecer privacidad y control de su información a tus usuarios (es.wordpress.org/plugins/gdpr/).

- **Optimización:** Hoy en día es obligatorio ofrecer una web rápida y optimizada, y hay plugins que ayudan de manera notable a ello:

  - **Autoptimize:** Esta joya de plugin minimiza todo tu código (CSS, JS, HTML) para entregar páginas ligeras y rápidas, además de con otros extras (es.wordpress.org/plugins/autoptimize/).

  - **Cache Enabler:** El plugin de caché de disco más efectivo y fácil de utilizar, realmente eficaz y potente, pero configurable en dos clics. Sirve, asimismo, para minimizar código (es.wordpress.org/plugins/cache-enabler/).

  - **WPO Tweaks:** Decenas de optimizaciones de código para WordPress sin necesidad de conocimientos técnicos. Lo instalas, lo activas y tu web vuela (es.wordpress.org/plugins/wpo-tweaks/).

  - **Machete:** Fantástico plugin con decenas de posibles optimizaciones que activar a voluntad. Requiere ciertos conocimientos para saber qué estás haciendo (es.wordpress.org/plugins/machete/).

  - **SG Optimizer:** Plugin de caché y optimizaciones de la empresa de hosting SiteGround. Contiene todo lo que te ofrecen los demás y mejor, la pena es que no explota todo su potencial si lo usas en otro alojamiento web (es.wordpress.org/plugins/sg-cachepress/).

Como comprenderás, entre las decenas de miles de plugins disponibles en el repositorio oficial, hay muchísimos más para cada una de las categorías y para satisfacer casi todas las necesidades, pero si se trata de posibles necesidades esto es lo básico. Lo ideal es que, como hemos visto en la sección relativa a la instalación, crees tu propia lista de plugins favoritos para cada uso.

JETPACK: LO AMAS O LO ODIAS

El caso de JetPack (es.wordpress.org/plugins/jetpack/) es especial, este mega-plugin —que así lo denomino porque en realidad no es un plugin sino un conjunto de ellos estructurados en módulos que puedes activar o no— tiene tantos detractores como defensores. Y es que la tentación es muy grande.

Si hacemos una lista rápida de los módulos que incluye entenderás por qué es relevante hablar de él:

- **Notificaciones:** Conexión con el servicio de avisos de comentarios, seguimiento y estadísticas de WordPress.com.

- **Estadísticas:** Completo servicio de estadísticas en tiempo real que posibilita el seguimiento de las entradas más visitadas, palabras clave por las que llegan los visitantes desde los buscadores y mucho más.

- ▶ **Divulgar:** Servicio para publicar automáticamente en perfiles o páginas de nuestras redes sociales favoritas (Twitter, Facebook, LinkedIn, Google+, Tumblr, Path) nuestro contenido.

- ▶ **Comentarios:** Sistema de comentarios que sustituye el original del tema y que incorpora la posibilidad de utilizar las credenciales de perfiles sociales (Twitter, Facebook, Google, WordPress.com) en vez de completar campos de información de usuario.

- ▶ **Suscripciones:** Tiene dos funcionalidades: por un lado, añade dos casillas al final de los comentarios para suscribirse a nuevos comentarios o a las nuevas entradas del sitio, y también ofrece un *widget* de barra lateral para facilitar la suscripción mediante correo electrónico al sitio.

- ▶ **Me gusta:** Sistema de WordPress.com similar al Me gusta de Facebook. Agrega un botón al final de entradas o páginas para indicar a qué usuarios (registrados en WordPress.com) les ha gustado una publicación.

- ▶ **Publicar por correo electrónico:** Sistema mejorado de publicación de entradas por correo electrónico mediante códigos cortos (*shortcodes*).

- ▶ **Carrusel:** Transforma las galerías de imágenes en una visualización espectacular a pantalla completa.

- ▶ **Compartir:** Botones para compartir en redes sociales personalizables.

- ▶ **Ortografía y Gramática:** Sistema de corrección de ortografía y gramática según se escribe. Para usuarios cuyo sistema operativo o navegador no dispongan de esta herramienta.

- ▶ **VaultPress:** Servicio externo para copias de seguridad automatizadas de instalaciones WordPress (de pago).

- ▶ **OmniSearch:** Buscador interno que sustituye el propio de WordPress mejorando con creces su utilidad.

- ▶ **Gravatar Hovercards:** Especie de tarjetas de presentación emergentes que se muestran cuando un usuario comenta usando las credenciales del servicio Gravatar.

- ▶ **Formulario de contacto:** Aplicación para crear formularios en entradas y páginas.

- ▶ **Perfil de Google+:** Muestra al final de una publicación un miniperfil de la red social Google+ del autor.

- ▶ **Galería de mosaicos:** Otra disposición de las galerías de imágenes, en este caso en forma de mosaico, ideal para sitios de fotografía.

- ▶ **Enlace cortos WP.me:** Servicio de acortamiento de URL ofrecido por Automattic.

- ▶ **Visibilidad de widget:** Añade a cada *widget* nuevos ajustes para decidir en qué lugares de tu sitio web se verá (portada, solo entradas, solo páginas, solo en ciertas entradas personalizadas).

- ▶ **CSS personalizado:** Mejoras en la modificación de hojas de estilo desde el editor de temas de WordPress. Le añade numeración de líneas, coloreado de sintaxis y comprobación de CSS válido.

- ▶ **Tema para móviles:** Si tu tema no es adaptable (*responsive*), ofrece una versión móvil de tu sitio.

- ▶ **Shortcodes incrustados:** Sistema de códigos cortos, compatible con el utilizado en WordPress.com, para mostrar contenido dinámico de manera sencilla.

- ▶ **Hermosa matemática:** Incorpora el idioma LaTeX para mostrar en tus entradas fórmulas matemáticas, ecuaciones, etc.

- ▶ **Widgets laterales extras:** Nuevos *widgets* de barra lateral (Twitter, Facebook Like, Imágenes, enlaces RSS).

- ▶ **Scroll infinito:** Evita la paginación de entradas en la portada de tu sitio web creando un sistema de visualización infinito, como el de las redes sociales.

- ▶ **Photon:** Almacenamiento en la nube de imágenes a través de un servicio de WordPress.com que mejora el rendimiento y carga de la web.

- ▶ **Single Sign On:** Permite acceder y registrarse en tu sitio web con las credenciales de usuario de WordPress.com.

- ▶ **Monitor:** Una vez activo este módulo, si tu sitio web deja de responder en algún momento te envía un correo electrónico para avisarte de la incidencia.

- ▶ **VideoPress:** Sistema de almacenamiento y reproducción de vídeo de alta calidad ofrecido por Automattic (de pago).

- ▶ **Markdown:** Sistema de marcado de textos mediante signos de puntuación sencillos en vez lugar de con iconos visuales de formato o HTML.

- ▶ **Entradas relacionadas:** Muestra enlaces a entradas relacionadas al final de la entrada actual.

- ▶ **Distribución mejorada:** Otros servicios de notificación de nuevas publicaciones adicionales a los que ofrece WordPress por defecto.

- ▶ **API JSON:** Agrega la compatibilidad con el servicio de conexión para intercambio de datos entre aplicaciones JSON, que posibilita interactuar con contenido dinámico de webs que usen este servicio de identificación cruzada.

▶ **Notificaciones push en dispositivos móviles:** Sirve para, si tienes instalada en tu dispositivo móvil la aplicación oficial de WordPress, revises avisos de nuevos comentarios, etcétera.

La principal pega que se le suele poner a JetPack, a pesar de sus increíbles funcionalidades, es que requiere conexión a una cuenta de WordPress.com, igual que Akismet, con lo que hay una dependencia de un servicio externo. De hecho, hay módulos como el de notificaciones o Secure Sign ON que solo tienen sentido en un entorno de integración con WordPress.com. Y claro, si has decidido crear tu propio WordPress libre, ¿qué lógica tiene estar ligado a un servicio externo, por muy WordPress que sea?

Otra cuestión que no gusta es que se apoye demasiado en otros servicios web de la misma empresa Automattic, como VideoPress o VaultPress, aunque en el fondo son opcionales. Y, sobre todo, es normal que alguien que pone a disposición del gran público tantas utilidades maravillosas y gratis quiera que se utilicen sus otros servicios de pago, ¿no?

En fin, hay alternativas para usarlo de manera más autónoma, ya que existen trucos para que JetPack funcione casi al completo sin conexión a WordPress.com. El más sencillo es añadir la siguiente línea al archivo de configuración de WordPress (wp-config.php):

```
define( 'JETPACK_DEV_DEBUG', true);
```

Con ese simple código es posible trabajar con JetPack sin conectarte a WordPress.com. La única pega, lógica por otra parte, es que no podrás utilizar los módulos que requieren esa conexión, como Single Sign On, Notificaciones o Photon.

Figura 9.26. Permiso para conectar JetPack con tu cuenta de WordPress.com.

Otra de las «manías» que tiene JetPack es que cuando lo activas ya tienes un buen montón de módulos en marcha, los vayas a usar o no. Si los vas a utilizar, es obligatorio pasarte por su página de configuraciones para activar o desactivar los que necesites. No obstante, hay una pantalla de ajustes oculta donde sí los encontrarás todos. Accede a ella en esta URL: TU_DOMINIO/wp-admin/admin.php?page=jetpack_modules.

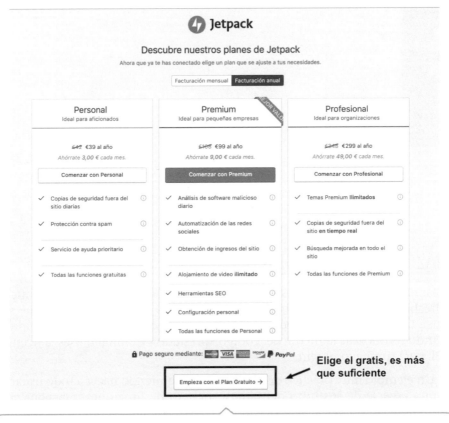

Figura 9.27. Planes JetPack.

Por lo demás es un gran plugin, que ofrece muchas herramientas fantásticas que casi todo nuevo sitio web apreciará. Además, te ayuda a evitar que tengas que instalar un montón de plugins para cubrir ni la mitad de todo lo que ofrece.

Figura 9.28. JetPack activo y todos sus módulos.

¡HAZ TU PRIMER PLUGIN!

Crear un plugin WordPress es más sencillo de lo que imaginas, y ayuda mucho el hecho de que todo el código sea abierto y tenga la licencia GPL, lo que significa básicamente que puedes reutilizar código de otros plugins siempre y cuando reconozcas la fuente del código «prestado» y también uses la licencia GPL para tu nuevo plugin.

Un ejemplo muy práctico de plugin, que recomiendo hacer a todo usuario, es una especie de sustituto del famoso fichero de funciones, functions.php, normalmente en la carpeta del tema activo. A este, recomiendo añadirle funciones y acciones útiles e interesantes, de manera que termina siendo enorme. Es más, hay funciones que tienen más sentido como plugin que como añadido a un tema, así que es un candidato estupendo para tu primer plugin. Asimismo, el proceso para crear y empezar a trabajar con tu propio plugin es tan simple como esto:

1. Crea el fichero del plugin con la cabecera estándar para que WordPress lo reconozca como tal y se pueda instalar y activar.

2. Agrega funciones, acciones y ganchos que hagan cosas chulas.

3. Comprime en un ZIP el archivo y súbelo desde el instalador de plugins o mediante FTP.

4. Actívalo como cualquier otro plugin.

La cabecera estándar de un plugin WordPress sigue unas reglas muy sencillas, como se aprecia en el ejemplo:

```php
<?php
/*
Plugin Name: Funciones
Plugin URI: https://ayudawp.com
Description: Plugin personal para liberar de funciones el fichero <code>functions.php</code> y activarlo a placer (o no) .
Version: 1.0
Author: Fernando Tellado
Author URI: http://tellado.es
License: GPLv2 o posterior
*/
```

Como ves, básicamente es darle un nombre, indicar de dónde se puede descargar, para qué sirve, la versión, el autor y su web y, por último, la licencia. Para crear tu nuevo plugin solo copia la cabecera de otro y modifícala para que tenga la información que quieras (o hazla igual que el modelo anterior).

Lo siguiente es añadir, debajo de la cabecera, aquellas funciones WordPress o código PHP que se ejecutarán al activarlo. Lógicamente, si no sabes programar en PHP ni funciones WordPress aquí acaba la función y el experimento. Como lo primero conlleva un aprendizaje específico puedes, no obstante, empezar por buscar funciones útiles e ir añadiéndolas. En el siguiente ejemplo tienes ya añadidas unas cuantas (recuerda no emplear procesadores de texto estándar sino editores especializados en código de programación):

```php
<?php
/*
Plugin Name: Funciones
Plugin URI: https://ayudawp.com
```

```
Description: Plugin personal para liberar de funciones el fi-
chero <code>functions.php</code> y activarlo a placer (o no) .
Version: 1.0
Author: Fernando Tellado
Author URI: https://tellado.es
License: GPLv2 o posterior
*/
// Logo personalizado en pantalla de acceso a WordPress
add_action("login_head", "my_login_head");
function my_login_head() {
      echo "
      <style>
      body.login #login h1 a {
            background: url('".get_bloginfo('template_
url')."/images/mi_logo.png') no-repeat scroll center top
transparent;
            height: 135px;
            width: 135px;
      }
      </style>
      ";
}
// personalizar URL en el logo de la pantalla de acceso a
WordPress
add_action( 'login_headerurl', 'my_custom_login_url' );
function my_custom_login_url() {
return 'http://miweb.es';
}
```

Truco: *Enlace con decenas de funciones útiles para usar en plugins o temas: ayudawp.com/tag/functions/.*

¿Qué queda por hacer?, pues guardar los cambios y darle un nombre lla-mativo a tu plugin. Una vez lo subas a tu instalación de WordPress, si no has metido mal ningún código, podrás activarlo como cualquier otro y disfrutar de sus maravillas.

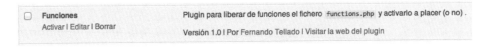

Figura 9.29. Plugin personal listo para activar.

Truco: *Si dudas entre añadir una función al fichero functions.php del tema activo o a tu plugin de personalizaciones, la regla es que si la característica que quieres incorporar debe afectar al diseño de tu sitio (al tema) entonces siempre optes por el fichero functions.php. En caso contrario, si necesitas funcionalidades más globales, que afecten a WordPress, lo mejor es que sea un plugin.*

10 ESCRIBE ALGO

EMPIEZA A PUBLICAR

Cuando ya tenemos configurada y personalizada nuestra web, una vez que hemos ajustado las opciones y organizado menús y *widgets*, cuando tenemos decidido el diseño y los plugins necesarios para que WordPress dé lo mejor de sí, entonces es el momento de empezar a publicar. Y, si hasta ahora WordPress te ha parecido interesante, fácil, potente, aquí es cuando empieza a mostrar su verdadero poder, para lo que nació: democratizar la publicación web.

Hay un estudio, aún sin rebatir, que demostró que una web, solo con instalar WordPress y manteniendo el mismo contenido previo, creció un 300 % en tráfico los siguientes tres meses, pero con una estrategia de publicación, de *blogging*, constante y dinámica, incrementó su tráfico en otro 300 % en menos de un mes (*How WordPress affects SEO, a case study*, disponible en www.pointsgroupllc.com/how-wordpress-affects-seo-a-case-study/)**.**

Lo que esto viene a enseñarnos es que WordPress es un CMS que mejora el posicionamiento en buscadores por sí mismo —gracias a muchas de las virtudes de estructura y organización que ya hemos visto y más cosas que aprenderemos en este libro—, pero que si aprovechamos su potencial y principal virtud como plataforma de publicación los beneficios son infinitos.

En consecuencia, no debemos perder más tiempo del necesario en configurar y personalizar WordPress más allá de los ajustes básicos y fundamentales, lo que pondrá nuestra web en la estratosfera es ¡comenzar a publicar ya!

ENTRADAS Y PÁGINAS

La herramienta fundamental de WordPress, la que vamos a dominar como ninguna otra, es el editor de entradas y páginas, especialmente el de entradas ya que las páginas son contenido que creamos una vez y solo modificamos cuando hay cambios relevantes. Veamos primero estas diferencias.

Entradas y páginas son los contenidos básicos de un sitio web creado con WordPress, cada uno para un uso y objetivo diferente:

▶ Una entrada es el contenido dinámico fundamental de tu web, es la publicación de una actualización de la temática que cubre tu sitio. Verás que se la denomina también como post, publicación, artículo, noticia, casi de todo. Es la reminiscencia del *blogging*, que sirve para que nuestra web alimente de contenido a los buscadores, los visitantes y nuestro sitio. Da igual la estructura de tema que elijamos, siempre habrá —en portada o no— un apartado para el blog o la sección donde irán las entradas, en sentido cronológico inverso, en rejilla o como quiera que lo muestre el diseño del tema WordPress activo. Lo importante es que internamente seguirá una estructura de cronología inversa que organiza nuestras entradas en orden de actualización del contenido, cada una con su enlace permanente, su título, su descripción, etcétera.

▶ Una página, por el contrario, es el contenido tradicional estático que estamos acostumbrados a ver en la web 1.0, con la información básica de un sitio, empresa, profesional o persona. Son las publicaciones que permanecen inalterables en el tiempo, salvo pequeñas actualizaciones. Son páginas habituales la de contacto, currículo del autor, ubicación del negocio, misión, visión y valores de la compañía, presentación de los objetivos de la empresa y su presidente... En fin, ese tipo de cosas que acostumbramos a ver en toda web y que tienen su sentido, pero no aportan nada en el tiempo y que, sobre todo, vistas una vez no invitan a volver a visitar la web, menos a difundir y compartir esos sosos y estáticos contenidos, por muy útiles que sean.

De este modo, igual que a la hora de determinar categorías y etiquetas, primero crearemos las páginas principales de nuestro sitio web con esa información estática y básica de nuestro negocio o proyecto. Una vez hecho esto, comenzaremos a alimentar nuestro sitio con entradas que provoquen la visita de navegantes, buscadores, agregadores web y todo tipo de fauna de Internet.

Hay temas y configuraciones del mismo WordPress que mostrarán entradas y páginas de un modo distinto, pero internamente su relevancia y potencial es bien diferente; recuerda: páginas estáticas, entradas dinámicas; páginas de información básica, entradas de información actualizada para difundir.

WordPress, de hecho, al instalarse ya ofrece una entrada y una página de prueba, incluso un comentario de muestra en esa primera entrada, para que veas y comprendas la diferencia entre ambos elementos. Por supuesto, debes editar (modificar) o borrar cuanto antes estas publicaciones y empezar a crear las tuyas propias.

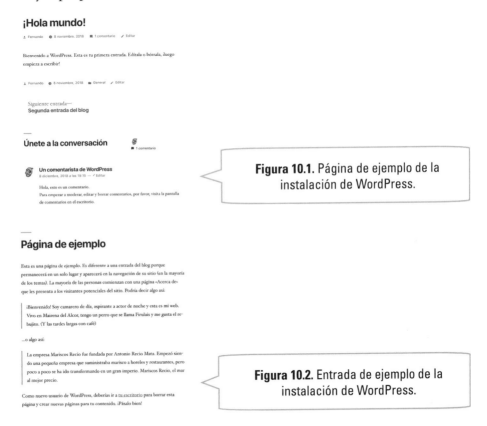

Figura 10.1. Página de ejemplo de la instalación de WordPress.

Figura 10.2. Entrada de ejemplo de la instalación de WordPress.

ADMINISTRACIÓN DE ENTRADAS Y PÁGINAS

WordPress tiene secciones específicas para la administración de entradas y páginas, desde las que crear, editar o borrar cada una de ellas o varias a la vez.

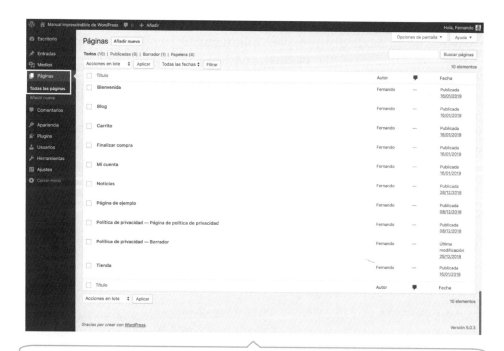

Figura 10.3. Administración de páginas.

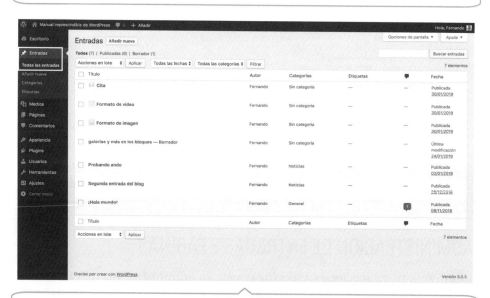

Figura 10.4. Administración de entradas.

La estructura de la ventana de administración de ambas es similar: una especie de listado de los elementos disponibles, con casillas de selección a la izquierda, una serie de desplegables de selección por criterios en la parte superior, un buscador y enlaces de acción al pasar por cada elemento (muy similar al resto de listados de WordPress, como vimos con los plugins y veremos con los comentarios: de manera que, una vez que sabes usar una ventana de este tipo, sabes usar el resto).

En este caso, la diferencia más apreciable es en las listas desplegables y las columnas disponibles, pues en las páginas no tenemos columna de Categoría ni de Etiquetas: por defecto WordPress no usa taxonomías para las páginas como vimos en el capítulo anterior. Con las listas pasa algo parecido: de nuevo no podremos seleccionar páginas por categoría, al no tener predeterminado este tipo de organización jerárquica.

Truco: *Si el tema activo es compatible con formatos de entrada y los has utilizado ya en alguna entrada, antes de su título aparecerá un icono que mostrará visualmente qué tipo de formato está usando. (Puedes verlos a la izquierda del título de las entradas en la imagen 10.4).*

Pero vamos a ver para qué sirve cada uno de los elementos de estas ventanas de administración, porque los vas a necesitar mucho y debes conocerlos bien.

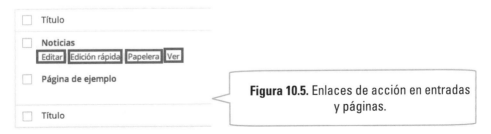

Figura 10.5. Enlaces de acción en entradas y páginas.

Los enlaces de acción son unos textos que aparecen al pasar el cursor sobre un elemento de la lista y que permiten una serie de acciones:

▶ **Editar:** abre la entrada en el editor de WordPress completo, pudiendo modificarla en su totalidad de parámetros.

▶ **Edición rápida:** en la misma ventana de administración despliega una serie de metadatos que se cambian sin necesidad de abrir el editor completo.

▶ **Papelera:** envía la entrada o página a la papelera, de donde es posible recuperarla en caso de error.

▶ **Ver:** abre la entrada o página en el sitio web para visualizarla en directo.

Un caso especial son las entradas o páginas que estén en la papelera, cuyos enlaces de acción disponibles serán Borrar permanentemente y Restaurar. El primero elimina en su totalidad la entrada o página. El segundo la devuelve a la lista completa, en el estado de publicación en el que estaba cuando se envió a la papelera.

Figura 10.6. Edición de entrada en la papelera.

Al hacer clic en Edición rápida varían los posibles ajustes, dependiendo de si es una página o una entrada. En el caso de las páginas, podemos modificar los siguientes elementos:

- ▸ **Título:** el título visible de la página.
- ▸ **Slug:** la parte de la URL que identifica de manera única a esa página.
- ▸ **Fecha:** el día, mes, año, hora y minutos en los que se creó la página.
- ▸ **Contraseña:** la contraseña requerida para visualizar la página.
- ▸ **Privada:** si se marca esta casilla, la página solo será visible para usuarios registrados.
- ▸ **Autor:** el autor de la publicación.
- ▸ **Superior:** desplegable para elegir si es página superior o subpágina de otra.
- ▸ **Orden:** si el tema muestra las páginas automáticamente en un menú, da el número de orden relativo al resto de páginas.
- ▸ **Plantilla:** plantilla de página elegida.
- ▸ **Permitir comentarios:** determina si el formulario de comentarios estará disponible o no para esa página.
- ▸ **Estado:** estado de publicación de la página entre los disponibles (Publicada, Pendiente de revisión, Borrador).

Para la Edición rápida de entradas tenemos algunos ajustes iguales y otros distintos:

- ▸ **Título:** el título visible de la página.
- ▸ **Slug:** la parte de la URL que identifica de manera única a esa página.

Figura 10.7. Edición rápida de páginas.

▶ **Fecha:** el día, mes, año, hora y minutos en los que se creó la página.

▶ **Contraseña:** la contraseña requerida para visualizar la página.

▶ **Autor:** el autor de la publicación.

▶ **Privada:** si se marca esta casilla, la página solo será visible para usuarios registrados.

▶ **Categorías:** posibilidad de elegir entre las categorías existentes.

▶ **Etiquetas:** para añadir, borrar o modificar las etiquetas asignadas a la entrada.

▶ **Taxonomías personalizadas** (opcional): si se han definido taxonomías personalizadas, también aparecerán aquí disponibles.

▶ **Formato de entrada** (opcional): si el tema admite formatos de entrada personalizados, se mostrará la lista de los disponibles.

▶ **Permitir comentarios:** determina si el formulario de comentarios estará disponible o no para esa página.

▶ **Permitir pings:** si la casilla está marcada, enviará aviso de la publicación a los sitios enlazados en la entrada.

▶ **Estado:** estado de publicación de la página entre los disponibles (Publicada, Pendiente de revisión, Borrador).

▶ **Marcar esta entrada como fija:** si se marca esta casilla, aunque publiques entradas con posterioridad, esta permanecerá en la parte superior sin ocupar su lugar cronológico.

Truco: *Dependiendo del perfil y capacidades del usuario se visualizará los enlaces de acción: si es el autor de la entrada o tiene perfil de editor o administrador, se verán todos; en caso contrario, solo tendrá acceso al enlace para Ver.*

Figura 10.8. Edición rápida de entradas.

Otro elemento común, aún con las variaciones que hemos visto, son las listas desplegables que hay sobre el listado de entradas o páginas. En el caso de las listas desplegables de selección de entradas y páginas por fecha o el de entradas por categoría, al escoger un elemento y hacer clic en el botón Filtrar visualizará el listado restringido a nuestra elección.

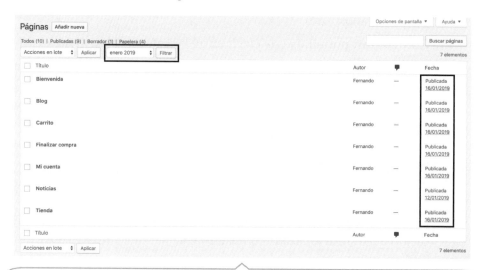

Figura 10.9. Filtrado de páginas por mes.

Distinto uso, más potente, es el del desplegable de Acciones en lote, el primero de la izquierda de los posibles. Para que tenga efecto, primero debemos marcar las casillas de selección a la izquierda de las entradas o páginas a las que queramos hacer cambios en masa. A continuación, elegimos de entre las disponibles la acción a llevar a cabo:

Figura 10.10. Filtrado de entradas por categoría.

▶ **Editar:** modificación en masa de ajustes de Edición rápida.

▶ **Mover a la papelera:** borrado temporal de las entradas o páginas seleccionadas.

Figura 10.11. Selección de elementos para edición masiva.

Cuando elijas las entradas o páginas y la acción a llevar a cabo, solo queda hacer clic en el botón Actualizar para que tenga efecto nuestra selección. En caso de haber elegido Mover a la papelera la acción es inmediata, pero si nuestra elección fue Editar se abrirán los ajustes de Edición rápida con dos particularidades.

Ahora tenemos un campo nuevo con la lista de entradas o páginas seleccionadas, EDICIÓN EN LOTE, donde cada una de las entradas seleccionadas tiene una casilla a su izquierda para eliminarla de la lista antes de modificarla.

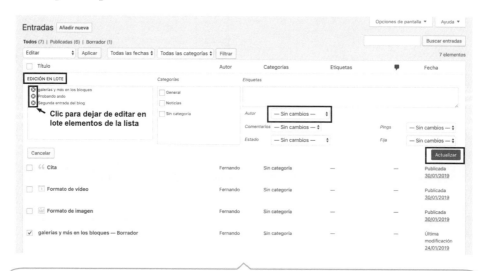

Figura 10.12. Ajustes de edición masiva de entradas o páginas.

Lo más importante de esta nueva página de Edición rápida en masa es que todos los campos de metadatos posibles están vacíos, aunque cada entrada ya tuviera, por ejemplo, asignada una categoría o fecha. Esto se ve más claro en los desplegables, donde tienes la opción por defecto de Sin cambios. La filosofía de esta pantalla de ajustes rápidos es que permite introducir o modificar metadatos, pero no eliminar los existentes salvo en el caso de las categorías. Puedes añadir o eliminar categorías, añadir etiquetas y variar otros ajustes como el autor, la fecha, comentarios, estado de publicación, formato de entrada, etcétera. Lo que tienes que tener claro es que, si pulsas el botón Actualizar, los cambios realizados en estos ajustes rápidos se aplicarán a todas las entradas o páginas de la lista de EDICIÓN EN LOTE.

Advertencia: *No hay un botón de deshacer o parecido, si te equivocas en algún cambio tendrás que volver a hacerlo todo de forma manual.*

No me olvido del buscador integrado, aunque tiene poco misterio. Solo introduces el término a buscar y te mostrará el listado actualizado con aquellas entradas o páginas que lo contengan en su título, categoría, etiqueta, texto o extracto.

Pero no acaban aquí los elementos disponibles, uno muy interesante son los enlaces de filtrado por estado de publicación (situado sobre los filtros desplegables). Esta lista de enlaces desplegará más o menos disponibles, depende de los estados activos. Si se pulsa sobre cualquiera de ellos, se visualizarán solo las entradas o páginas en ese estado de publicación concreto. Lo mejor es que es posible sumar filtros: por ejemplo, elegir las Publicadas y luego, además, filtrar por fecha o categoría.

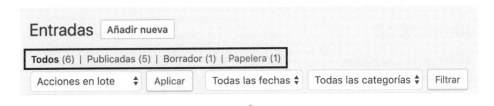

Figura 10.13. Enlaces de filtrado de entradas o páginas por estado de publicación.

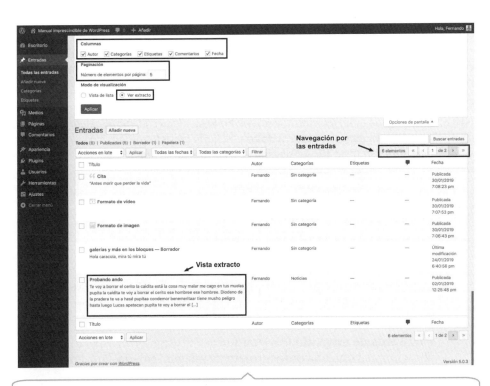

Figura 10.14. Opciones de pantalla y navegación por el listado de entradas o páginas.

Y terminamos con la administración de entradas y páginas con un recordatorio: siempre revisa las Opciones de pantalla que, en este caso, te permitirán decidir qué columnas aparecerán y —casi más interesante, sobre todo si tienes muchas publicaciones— cuántas entradas o páginas se verán por pantalla sin necesidad de usar el navegador. Se trata de unos campos adicionales que, en caso de no mostrarse todas las entradas o páginas, posibilitan pasar de una página a otra rápidamente. También ofrece una visualización de extractos, en vez de solo títulos.

TAXONOMÍAS

Taxonomía es cualquier agrupación o modo de organizar contenidos mediante elementos comunes, como etiquetas o categorías. No es un término exclusivo de WordPress; cuando ordenas tu armario usas taxonomías: pantalones, camisas, chaquetas, etc.

CATEGORÍAS Y ETIQUETAS

Categorías y etiquetas son modos de clasificar el contenido de tu web, de organizarlo y ofrecer esta distribución al visitante para que identifique con celeridad lo que busca. En consecuencia, son elementos que mejoran la usabilidad de nuestro sitio. Son taxonomías.

Nota: «*Usabilidad*» *es un término que se refiere a la facilidad con que los usuarios de una determinada herramienta son capaces de aprovecharla en su totalidad. No solo tiene que ser accesible, también tiene que ser sencilla de usar y de fácil comprensión a simple vista.*

Las taxonomías predeterminadas de WordPress son las siguientes:

▶ **Categorías de entrada** (jerárquicas).

▶ **Etiquetas de entrada** (no jerárquicas).

▶ **Menús** (jerárquicos).

▶ **Categorías de enlace** (jerárquicas): organizan enlaces en instalaciones antiguas. Funcionan igual que las categorías de entradas (en la actualidad WordPress ha sustituido la gestión de enlaces por la de menús).

▶ **Formatos de entrada** (no jerárquicas): distinguen el aspecto de la publicación y su objeto, como formato de imagen, galería, cita, entre otras.

WordPress siempre ha ofrecido categorías en las que organizar nuestro contenido, a modo de secciones de nuestro sitio web, para que el visitante identifique rápidamente las temáticas principales que se abordan en él y pueda incluso revisar los contenidos de una categoría específica. Si no personalizamos nada, por defecto WordPress almacena todo en la categoría Sin categoría (que es en sí una categoría a pesar de su críptico y paradójico nombre).

Las etiquetas, introducidas por primera vez en WordPress 2.3, eran otra taxonomía, en este caso relacionada con el contenido concreto de cada publicación. ¿Aún no te aclaras?

CÓMO DISTINGUIR CATEGORÍAS Y ETIQUETAS

Para entender la diferencia entre categorías y etiquetas o aplicar dos normas básicas:

1. Las categorías de una web siempre se eligen antes de empezar a publicar. Son las temáticas de las que tratará. Y, si no sabemos de qué va a tratar un sitio, ¿a qué estamos jugando?

2. Las etiquetas siempre se asignan después de haber escrito una publicación, tras leerla y determinar sobre qué habla en concreto.

De igual modo, durante el proceso de creación de una publicación nueva es posible aplicar una versión adaptada de estas normas básicas:

1. Selecciona las categorías antes de empezar a escribir, entre las que has definido con anterioridad para tu sitio web.

2. Al terminar de escribir tu entrada y antes de publicarla, léela y escoge las etiquetas que le harán referencia… y justicia al contenido.

¿Todavía no lo tienes claro? Veamos un ejemplo práctico.

Imagina que tienes un blog sobre tu ciudad y escribes una entrada sobre lo que comes en los distintos restaurantes que hay. Lo suyo sería jerarquizar esa actividad, la comida, en su propia categoría, visto que va a ser una actividad recurrente. Ahora bien, si mañana creas una entrada sobre un arroz tres delicias que has comido en el restaurante chino de enfrente de tu casa, pues lo que harías sería asignarle la categoría genérica «comida» y las etiquetas «arroz» y «chino», por ejemplo. Ahora extrapola este ejemplo a tu propio sitio siguiendo las normas básicas que hemos visto.

FAQ SOBRE CATEGORÍAS Y ETIQUETAS

▶ ¿Es lo mismo Tag que tag, category que Category, categoría que Categoría, etiqueta que Etiqueta?

Sí. Ni las mayúsculas ni la traducción afectan a lo que es una etiqueta… o tag, o categoría, etcétera.

▶ ¿Hay forma alguna de gestionar las etiquetas? Es más, ¿puedo ver una lista de las etiquetas que he utilizado?

Hasta WordPress 2.5 no había manera, pero ahora ya se gestionan las etiquetas como las categorías.

▶ ¿Hay algún límite de la cantidad de etiquetas que puedo tener?

No.

▶ ¿Cómo quedan las URL de una etiqueta o categoría en mi sitio?

Una entrada en la categoría «comida» estaría aquí: misitio.es/category/comida/.

La misma entrada, usando la etiqueta «arroz», la encontrarías aquí: misitio.es/tag/arroz/.

Una entrada en la categoría «comida» y con la etiqueta «arroz» estaría, entonces, en estas dos URL: misitio.es/category/comida/ y misitio.es/tag/arroz/.

Las anteriores URL son las que ofrecerá WordPress por defecto. Si quieres cambiarlas, en el área de administración, en Ajustes>Enlaces permanentes, vienen unas configuraciones opcionales al final de la pantalla donde personalizar esas URL para que se adapten mejor a tu web.

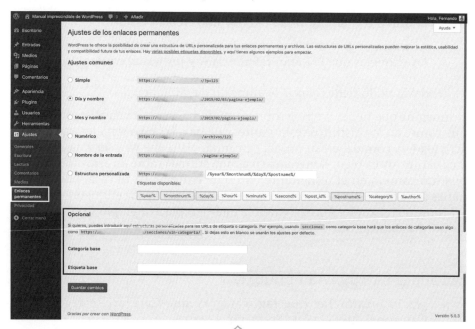

Figura 10.15. Ajustes de URL para categorías y etiquetas.

Opcional

Si quieres, puedes introducir aquí estructuras personalizadas para las URLs de etiqueta o categoría. Por ejemplo, usando `secciones` como categoría base hará que los enlaces de categorías sean algo como `https://bloggingt.sgedu.site/secciones/sin-categoria/` . Si dejas esto en blanco se usarán los ajustes por defecto.

| Categoría base | `seccion` |
| Etiqueta base | `condimento` |

Figura 10.16. Ajustes personalizados de URL para categorías y etiquetas.

Si hacemos las modificaciones de la captura anterior, entonces las URL quedarían así: misitio.es/seccion/comida/ y misitio.es/condimento/arroz/.

▶   ¿Hay alguna ventaja en usar etiquetas o categorías o ambas?

Ni en WordPress ni en los motores de búsqueda. Solo a efectos de organización de tu sitio. No obstante, si empleas mucho una categoría o etiqueta, llegará mucho tráfico a través de su URL.

▶   ¿Tengo que usar etiquetas?

No, es algo por completo opcional.

▶   ¿Va a retirar WordPress las categorías?

No, ahí se van a quedar.

▶   ¿Cómo cambio o borro una etiqueta?

En la sección de administración llamada Entradas>Etiquetas.

▶   ¿Son las categorías y las etiquetas jerárquicas?

Las categorías siempre han sido así, incluso hay categorías que cuelgan de otras (hijas). Las etiquetas no: existen por sí mismas y no tienen por qué tener relación con nada más, salvo el contenido.

▶   Tengo un montón de categorías, ¿las borro o las convierto en etiquetas sin tener que editar las entradas una a una?

Es posible borrarlas, por supuesto, pero las entradas de esa categoría —salvo que también estén asociadas a otra— se agruparán en la categoría predeterminada. Asimismo, conviértelas a etiquetas desde la utilidad de tu panel de administración llamada —¿a que no lo adivinas?— Conversor de categorías a etiquetas.

▶   Ya he visto que puedo tener tantas etiquetas —y también categorías— como quiera, entonces ¿cuántas categorías o etiquetas debería tener en mi sitio web?

Es una decisión personal. No obstante, mi consejo es que restrinjas lo máximo posible las categorías, limitándolas a las temáticas más habituales en tu blog. Sobre las etiquetas es cuestión de cada uno, pero un exceso no ayudará a tus lectores a encontrar información valiosa u organizada tampoco.

ADMINISTRACIÓN DE CATEGORÍAS Y ETIQUETAS

Las categorías y etiquetas tienen su propio espacio para ser gestionadas, creadas, borradas, pero donde primero las vas a encontrar es en el editor de entradas y páginas, cada una con su *widget* correspondiente.

Figura 10.17. Widgets de categorías y etiquetas en el editor de WordPress.

Con estos *widgets* se agregan categorías y etiquetas en el momento de la publicación: algo que tiene todo el sentido en el caso de las etiquetas, pues se deben poner cuando se termina de escribir la entrada (¿te acordabas?). En lo referente a las categorías, escoge antes en cuál estará clasificada la entrada, pero por si olvidaste alguna importante o acabas de crear una nueva sección en tu sitio, aquí también es posible introducir nuevas categorías. En este caso, además, hay un desplegable para que le asignes una jerarquía, o sea, si va a tener una categoría superior o si no. Si dejas el valor predeterminado Categoría superior, será una categoría madre. Si eliges como superior a una categoría existente, entonces estarás creando una categoría hija. Esto es así porque dentro de la temática de un sitio puede haber subcategorías, por ejemplo, la categoría «comida» y la subcategoría «comida tailandesa».

Una vez introduzcas una categoría, esta queda seleccionada de forma automática. Si publicaras una entrada sin haber seleccionado de forma manual una categoría, se guardaría en la predeterminada que está definida en la página de administración Ajustes>Escritura.

El caso de las etiquetas es más sencillo, si cabe. Cuando termines tu entrada, ve al *widget* y escribe en el campo de introducción de texto las palabras clave que identifican y distinguen el contenido. Solo pon el nombre en la caja vacía, separando cada etiqueta con coma.

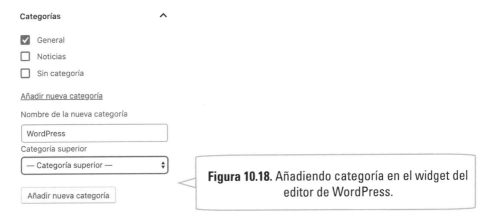

Figura 10.18. Añadiendo categoría en el widget del editor de WordPress.

Ahí no acaba la cosa. WordPress dispone de un sistema de búsqueda predictivo, que identifica etiquetas según las escribes para que las añadas con mayor celeridad aún y, más importante, para que no incluyas etiquetas parecidas por errores de tecleo. De este modo, mientras tecleas un nombre de etiqueta para sumarla, WordPress está buscando en la base de datos a ver si hay algo parecido a lo que estás escribiendo y te va ofreciendo resultados. Si aparece la que buscabas, deja de teclear, haz clic sobre ella y se agrega directamente.

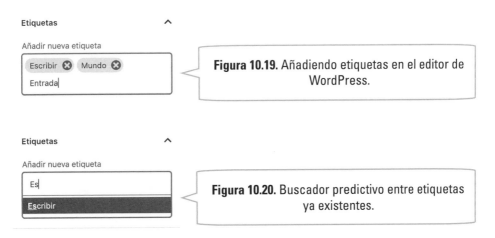

Figura 10.19. Añadiendo etiquetas en el editor de WordPress.

Figura 10.20. Buscador predictivo entre etiquetas ya existentes.

Hasta aquí la gestión de etiquetas desde el editor. Estas, además, tienen su propio espacio de gestión en el menú Entradas>Categorías y Entradas>Etiquetas. ¿Que por qué están como submenú del menú Entradas?, pues porque están relacionadas con ellas. Las entradas pueden o no tener categorías y etiquetas, pero las categorías y etiquetas no son nada si no son elementos asociados a una entrada.

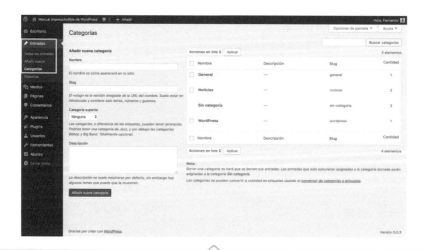

Figura 10.21. Administración de categorías.

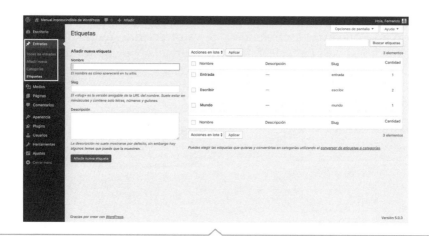

Figura 10.22. Administración de etiquetas.

Como se aprecia, las páginas de administración de etiquetas y categorías son casi idénticas. Desde aquí es posible:

1. Introducir nuevas.

2. Borrar las existentes (salvo la categoría predeterminada, en cuyo caso antes deberías configurar otra en Ajustes>Escritura).

3. Editarlas.

La única diferencia entre ambas pantallas es que, en el caso de las categorías, tienes el selector de Categoría superior, ya que pueden tener jerarquía.

Para editar o borrar una etiqueta o categoría solo pasa el cursor sobre la que vas a modificar y aparecerán los enlaces de acción para Editar, Edición rápida, Borrar o Ver (exactamente igual que en la pantalla de administración de entradas y páginas que vimos antes).

La opción de borrado te pedirá confirmación en una ventana emergente, pero borrará esa etiqueta o categoría y las entradas a las que estuviera asignada, para lo que debes tener en cuenta lo siguiente a modo de recordatorio:

▶ Si borras una etiqueta, no pasa nada: las entradas que la tuvieran asignada tendrán otras etiquetas o ninguna.

▶ Si borras una categoría y las entradas en esa categoría tenían más categorías asignadas, no pasa nada: seguirán en esas otras categorías.

▶ Si borras una categoría y alguna entrada solo estuviera asignada a esa categoría, la entrada se asignará de forma automática a la categoría predeterminada.

▶ Nunca, o sea, NUNCA se borra una entrada solo para eliminar una etiqueta o categoría, así que no te preocupes por esto.

Figura 10.23. Ventana de confirmación de borrado de etiqueta o categoría.

Advertencia: *No es recomendable suprimir o editar categorías y etiquetas si un sitio web es popular y recibe tráfico de los buscadores u otras webs. Al borrar la etiqueta o la categoría dejan de existir sus URL, tu web ofrecerá errores de página no encontrada que te penalizarán en los índices de los buscadores y perderás tráfico a tu sitio.*

Visto esto, lo único que nos queda es crear nuevas etiquetas y categorías. Pero ¿tiene sentido crear etiquetas aquí? Mi consejo es que no lo hagas, precisamente basándonos en los principios básicos que hemos explicado al principio de este capítulo. Porque no, no tiene sentido crear etiquetas «en barbecho», sin saber aún qué palabras clave van a contener tus publicaciones, cuando —además— en el mismo editor se añaden en directo y sin lugar a equivocaciones. Solo existe una situación en la que sería lógico crear etiquetas con antelación: cuando el administrador del sitio ha decidido que los usuarios no van a poder introducir etiquetas, sino solo utilizar las ya existentes (algo que tendría que configurar en los perfiles de usuario y capacidades, como ya vimos en otro capítulo).

Tomemos como ejemplo la creación de categorías, que sí las realizarás aquí, antes de empezar a publicar nada. Y lo más importante es que siempre debes completar todos y cada uno de los campos disponibles:

- ▶ **Nombre:** será el nombre visible de la categoría (o etiqueta) en la administración y en el sitio web.

- ▶ **Slug:** la parte de la URL que identifica de manera única a la categoría (o etiqueta).

- ▶ **Superior:** si la categoría será hija de otra existente (subcategoría) o ella misma será superior.

- ▶ **Descripción:** debe ser una breve descripción sobre lo que se va a escribir en la categoría o etiqueta. A veces es visible en algunos temas WordPress y siempre suele verse en las búsquedas de Google cuando el resultado es el enlace al archivo de esa categoría o etiqueta.

En la lista de etiquetas o categorías, como en casi todas las pantallas de gestión de contenidos de WordPress, hay un número a la derecha de cada elemento. Si este es mayor que cero será activo; y haciendo clic sobre él te llevará a la pantalla de administración de entradas, donde están aquellas asignadas a la categoría o etiqueta en cuestión. Es lo mismo que si en el menú Entradas>Todas las entradas hubiésemos seleccionado esa categoría del desplegable superior.

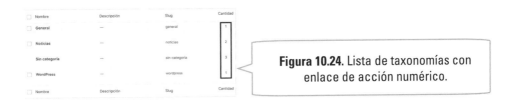

Figura 10.24. Lista de taxonomías con enlace de acción numérico.

Por el contrario, en la pantalla de administración de entradas no hay un desplegable para seleccionar por etiqueta. Si haces clic en una de ellas en una entrada, te mostrará todas las entradas con esa etiqueta (que es donde te llevaría igualmente, si haces clic en el enlace de acción numérico de la pantalla de administración de etiquetas).

Figura 10.25. Gestión de entradas con selección de etiqueta.

NAVEGANDO POR CATEGORÍAS Y ETIQUETAS

Las taxonomías son geniales para organizar los contenidos, pero no tendrían verdadera utilidad si no sirvieran al visitante de tu web. Todos los temas y el mismo WordPress ofrecen herramientas que facilitan la navegación por las diferentes taxonomías existentes.

La herramienta más inmediata y sencilla de usar la facilita el mismo WordPress, a través de *widgets* de barra lateral que, por defecto, encuentras en Apariencia>Widgets. Para ello ofrece tres *widgets*, no tienes que instalar nada, ahí los tienes listos para agregarlos a la barra lateral del tema activo (figura 10.26).

Es posible personalizar los *widgets* a tu gusto: aparecerán en tu web para facilitar la navegación y mejorar la usabilidad (figura 10.27).

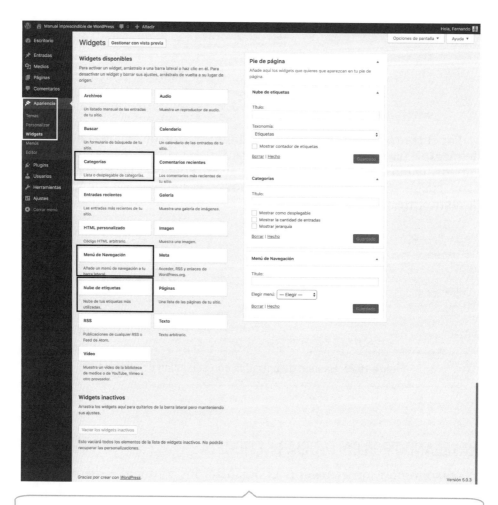

Figura 10.26. Widgets predeterminados de navegación por taxonomías en WordPress.

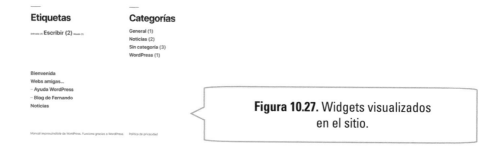

Figura 10.27. Widgets visualizados en el sitio.

Pero ahí no acaba la cosa. La inmensa mayoría de los temas WordPress incorporan enlaces a las categorías y etiquetas que se conocen como metadatos. Estos son pequeños enlaces antes o después de cada entrada que identifican en qué categorías y etiquetas está clasificada. Existe la posibilidad de clicar en los nombres de la taxonomía para visualizar el archivo de la misma.

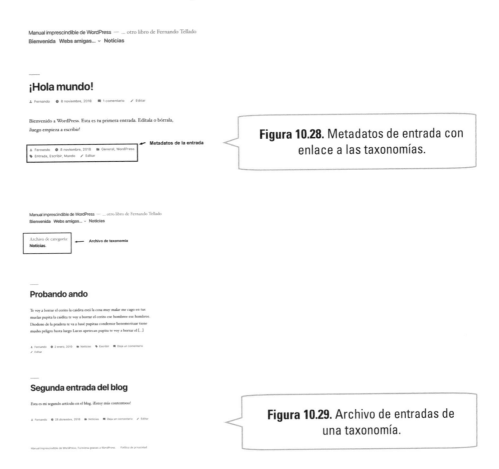

Figura 10.28. Metadatos de entrada con enlace a las taxonomías.

Figura 10.29. Archivo de entradas de una taxonomía.

CONVERTIR ETIQUETAS EN CATEGORÍAS Y VICEVERSA

Si eres veterano en el uso de WordPress, con certeza cuando iniciaste tu sitio no había etiquetas; y, cuando estuvieron disponibles, tenías tantas categorías casi como entradas habías publicado. Eso, por suerte, es cosa del pasado. En la actualidad WordPress no solo dispone de etiquetas, sino que también permite —si en algún momento te equivocas, porque no seguiste los principios básicos que te hemos propuesto en este libro— convertir etiquetas en categorías o viceversa.

Lo mejor de todo es que esta herramienta está de todo menos escondida. Tienes acceso a ella en la administración de WordPress; en el menú Herramientas, en unos enlaces disponibles también en las ventanas de administración de categorías o etiquetas; y en el menú Herramientas>Importar. Desde cualquiera de ellos se accede al instalador de un plugin que te guiará en el proceso de conversión.

Figura 10.30. Enlace a la herramienta conversor de categorías etiquetas.

En el Conversor de etiquetas y categorías haz clic en Instalar ahora y, cuando se instale, clica en Ejecutar importador (figura 10.32).

La ventana de conversión dispone de dos botones grandes para elegir el sentido de la conversión: Categorías a etiquetas o Etiquetas a categorías. En ambos casos brinda el número de taxonomías disponibles y, más abajo, la lista de las mismas para que escojas las que convertirás. Cuando hayas hecho tu elección, pulsa el botón Convertir (figura 10.33).

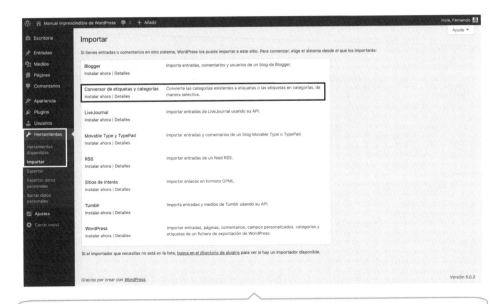

Figura 10.31. Acceso al plugin conversor de etiquetas y categorías.

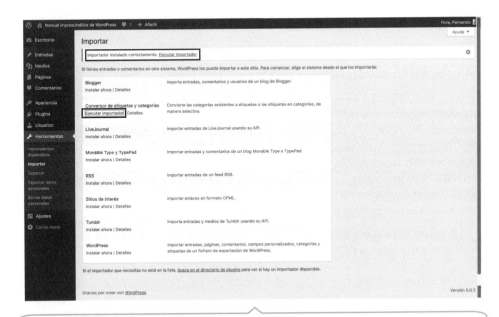

Figura 10.32. Instalación del plugin conversor.

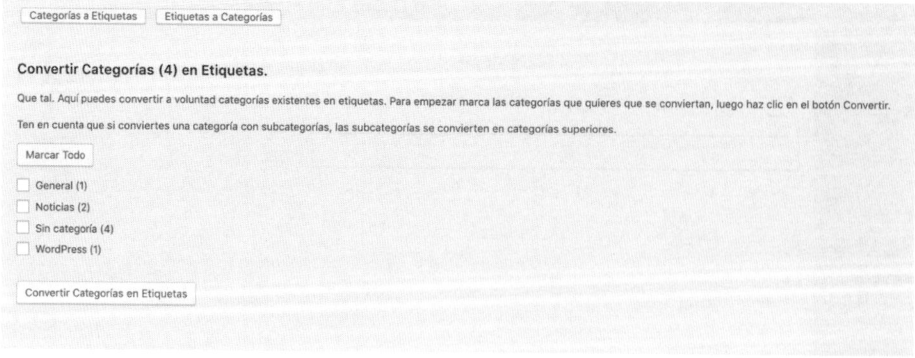

Figura 10.33. Conversor de categorías a etiquetas.

El resultado es inmediato, y puedes volver a convertir más taxonomías pulsando de nuevo el enlace convert more.

El plugin, una vez termines, es posible desactivarlo como cualquier otro e, incluso, borrarlo. Si en el futuro lo necesitaras solo tienes que volver a instalarlo como acabamos de ver, no es un plugin que debas tenerlo activo de forma permanente.

TAXONOMÍAS AVANZADAS Y PERSONALIZADAS

Desde WordPress 3.1 existen las taxonomías personalizadas: un modo de crear nuestro propio sistema de clasificación de contenidos para usos especializados. Por ejemplo, podemos crear una nueva taxonomía para generar categorías específicas en una web de cine, donde clasificar las entradas por distribuidora, director, año de emisión, etcétera. Luego podríamos crear un nuevo tipo de entrada personalizada, las conocidas como *custom post types* para artículos específicos en nuestra web sobre cine, que tendrían esa taxonomía personalizada en vez de las categorías predeterminadas de WordPress.

La estructura completa de código necesario para generar una taxonomía personalizada, en este caso jerárquica, como categorías, es esta:

```
add_action( 'init', 'crear_taxonomía_jerárquica_películas
', 0 );
function crear_taxonomía_jerárquica_películas () {
 $labels = array(
    'name' => _x( 'Películas', 'taxonomy general name' ),
```

```php
    'singular_name' => _x( 'Película', 'taxonomy singular
name' ),
    'search_items' =>  __( 'Buscar películas' ),
    'all_items' => __( 'Todas las películas' ),
    'parent_item' => __( 'Película superior' ),
    'parent_item_colon' => __( 'Película superior:' ),
    'edit_item' => __( 'Editar película' ),
    'update_item' => __( 'Actualizar película' ),
    'add_new_item' => __( 'Añadir nueva película' ),
    'new_item_name' => __( 'Nombre de nueva película' ),
    'menu_name' => __( 'Películas' ),
  );
  register_taxonomy('peliculas',array('post'), array(
    'hierarchical' => true,
    'labels' => $labels,
    'show_ui' => true,
    'show_admin_column' => true,
    'query_var' => true,
    'rewrite' => array( 'slug' => 'pelicula' ),
  ));
}
```

Otro ejemplo sería una taxonomía personalizada no jerárquica, etiquetas:

```php
add_action( 'init', 'crear_taxonomía_no_jerárquica_pelí-
culas', 0 );
function crear_taxonomía_no_jerárquica_películas () {
 $labels = array(
    'name' => _x( 'Películas', 'taxonomy general name' ),
    'singular_name' => _x( 'Película', 'taxonomy singular
name' ),
    'search_items' =>  __( 'Buscar películas' ),
    'popular_items' => __( 'Películas populares' ),
    'all_items' => __( 'Todas las películas' ),
    'parent_item' => null,
    'parent_item_colon' => null,
    'edit_item' => __( 'Editar película' ),
```

```
    'update_item' => __( 'Actualizar película' ),
    'add_new_item' => __( 'Añadir nueva película' ),
    'new_item_name' => __( 'Nombre de nueva película' ),
    'separate_items_with_commas' => __( 'Separa las películas
con comas' ),
    'add_or_remove_items' => __( 'Añadir o quitar películas' ),
    'choose_from_most_used' => __( 'Elige entre las películas
más populares' ),
    'menu_name' => __( 'Películas' ),
  );
  register_taxonomy('peliculas','post',array(
    'hierarchical' => false,
    'labels' => $labels,
    'show_ui' => true,
    'show_admin_column' => true,
    'update_count_callback' => '_update_post_term_count',
    'query_var' => true,
    'rewrite' => array( 'slug' => 'pelicula' ),
  ));
}
```

Nota: *La referencia completa oficial sobre la creación de taxonomías está en codex.wordpress.org/Taxonomies.*

Bien, estos códigos añadidos al archivo functions.php del tema activo o a nuestro propio plugin lo que nos ofrecen es la creación de las nuevas taxonomías, que podremos generar o utilizar en entradas normales o personalizadas.

Luego, para mostrar en las entradas las nuevas taxonomías en las que están clasificadas, se agrega una línea como esta al archivo de entrada sencilla (single.php):

```
<?php the_terms( $post->ID, 'peliculas', 'Películas: ', ',
', ' ' ); ?>
```

Las taxonomías se muestran siempre por defecto en el fichero del tema archive.php, pero es posible darles un aspecto personalizado con plantillas especiales, por ejemplo taxonomia-peliculas.php o lo que quieras, teniendo en cuenta que la segunda parte del *slug* debe ser el nombre registrado de la taxonomía, en este caso películas.

Volviendo a los códigos anteriores, observa que en la línea `register_ta` `xonomy('peliculas','post',array(` asociamos las taxonomías a un tipo de entrada, en este caso, post. Si quisiéramos asignarlas a páginas, entonces lo cambiaríamos a *page* o, mejor aún, si tenemos creado un tipo de entrada personalizada (*custom post type*) cuyo nombre es `película` entonces sustituimos post por `película`.

Crear un tipo de entrada personalizada, ya que estamos, es muy sencillo: solo tienes que registrarlo en tu plugin personal o en el fichero functions.php del tema activo de este modo:

```
add_action( 'init', 'create_post_type' );
function create_post_type() {
  register_post_type( 'super',
    array(
      'labels' => array(
        'name' => __( 'Películas' ),
        'singular_name' => __( 'Película' )
      ),
      'public' => true,
    )
  );
}
```

La anterior es la forma más básica, que ampliada para que todos los mensajes tanto del editor como de la administración del nuevo tipo estén registrados sería algo así:

```
add_action('init', 'codex_custom_init');
function codex_custom_init()
{
  $labels = array(
    'name' => _x('Películas', 'post type general name'),
    'singular_name' => _x('Película', 'post type singular
name'),
    'add_new' => _x('Añadir', 'película'),
    'add_new_item' => __('Añadir película'),
    'edit_item' => __('Editar película'),
    'new_item' => __('Nueva película'),
    'view_item' => __('Ver película'),
    'search_items' => __('Buscar películas'),
```

```
        'not_found' =>    __('No se han encontrado películas'),
        'not_found_in_trash' => __('No se han encontrado pelí-
culas en la papelera'),
        'menu_name' => 'Películas'
    );
    $args = array(
        'labels' => $labels,
        'public' => true,
        'publicly_queryable' => true,
        'show_ui' => true,
        'show_in_menu' => true,
        'query_var' => true,
        'rewrite' => true,
        'capability_type' => 'post',
        'has_archive' => true,
        'hierarchical' => false,
        'menu_position' => null,
        'supports' => array('title','editor','author','thumbnail',
'excerpt','comments')
    );
    register_post_type('pelicula',$args);
}
//añadir filtro para asegurarnos de que el texto Película, o
película, aparece cuando el usuario actualiza una película
add_filter('post_updated_messages',
'codex_book_updated_messages');
function codex_book_updated_messages( $messages ) {
    global $post, $post_ID;
    $messages['producto'] = array(
        0 => '', // Sin uso. Los mensajes comienzan con el ín-
dice 1.
        1 => sprintf( __('Película actualizada. <a href="%s">Ver
película</a>'), esc_url( get_permalink($post_ID) ) ),
        2 => __('Campo personalizado actualizado.'),
        3 => __('Campo personalizado actualizado.'),
        4 => __('Película actualizada.'),
        /* Ojo: %s: fecha y hora de la revisión */
```

```php
        5 => isset($_GET['revision']) ? sprintf( __('Película
restaurada a revisión desde el %s'), wp_post_revision_title(
(int) $_GET['revision'], false ) ) : false,
        6 => sprintf( __('Película publicada. <a href="%s">Ver
película</a>'), esc_url( get_permalink($post_ID) ) ),
        7 => __('Película guardada.'),
        8 => sprintf( __('Película enviada. <a target="_blank"
href="%s">Vista previa de película</a>'), esc_url( add_query_
arg( 'preview', 'true', get_permalink($post_ID) ) ) ),
        9 => sprintf( __('Película programada para: <strong>%1$s</
strong>. <a target="_blank" href="%2$s">Vista previa de
película</a>'),
        // Para formatos de fecha ver http://php.net/date
        date_i18n( __( 'M j, Y @ G:i' ), strtotime( $post-
>post_date ) ), esc_url( get_permalink($post_ID) ) ),
        10 => sprintf( __('Borrador de película actualizada. <a
target="_blank" href="%s">Vista previa de película</a>'), esc_
url( add_query_arg( 'preview', 'true', get_permalink($post_
ID) ) ) ),
    );
    return $messages;
}
```

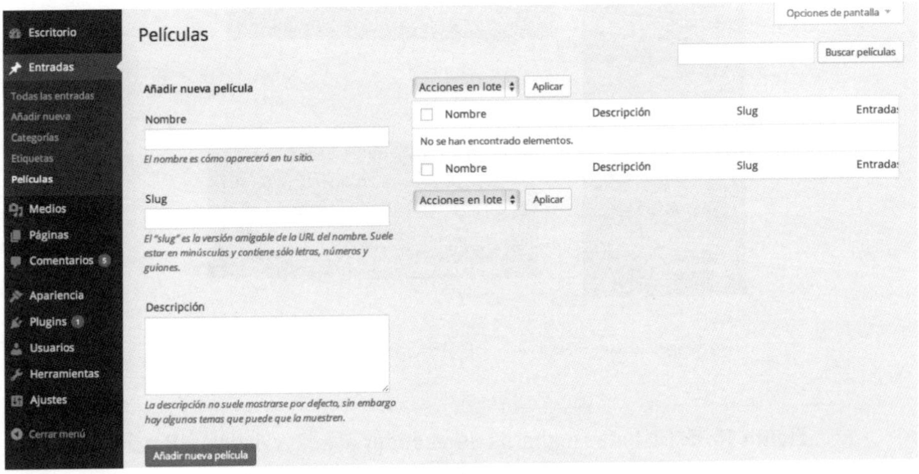

Figura 10.34. Nueva taxonomía creada.

Nota: *La documentación completa sobre tipos de entrada personalizadas está disponible en codex.wordpress.org/Post_Types.*

La idea, en el fondo, es que dispongas de un nuevo tipo de entrada (en este caso personalizada), que puedas usarla igual que cualquier otra, pero adaptada a usos particulares, y además con taxonomías específicas (figura 10.34).

Truco: *Es posible producir tipos de contenido y taxonomías personalizadas de manera sencilla con plugins como Custom post type UI (es.wordpress.org/plugins/custom-post-type-ui/) o Custom post type editor (es.wordpress.org/plugins/cpt-editor/) o con generadores online (como generatewp.com/post-type/ y generatewp.com/taxonomy/). Con ambas herramientas no solo creas nuevas taxonomías jerárquicas o no jerárquicas, sino que también las asocias con facilidad a cualquier tipo de contenido y, por supuesto, generas tipos de contenido personalizados.*

EL EDITOR DE WORDPRESS

Después de comprender la pantalla de administración de entradas y páginas, que será donde encontremos nuestras publicaciones, ya va siendo hora de acceder al editor de WordPress.

Figura 10.35. Distintas maneras de acceder al editor de WordPress.

Y, como va a ser el recurso más utilizado (o al menos debería serlo), lo tenemos disponible no desde un botón o enlace, sino desde seis:

▶ Menú de la barra de administración +Añadir>Entrada.

▶ Menú de la barra de administración +Añadir>Página.

▶ Menú Entradas>Añadir nueva.

▶ Menú Páginas>Añadir nueva.

▶ Botón Añadir nueva de la página de administración de entradas.

▶ Botón Añadir nueva de la página de administración de páginas.

Una vez accedes, con el editor se modifican entradas y páginas. Aunque es el mismo editor, encontrarás algunas pequeñas diferencias en su interfaz:

▶ En el editor de páginas no hay *widgets* de Formato, Extracto, Categorías y Etiquetas.

▶ En el editor de entradas no hay *widget* de Atributos de página.

Salvo estos elementos distintivos, el uso del editor es el mismo: la explicación que vale para uno sirve para el otro. Todos los demás elementos del editor —descontando las excepciones— son comunes en ambos casos.

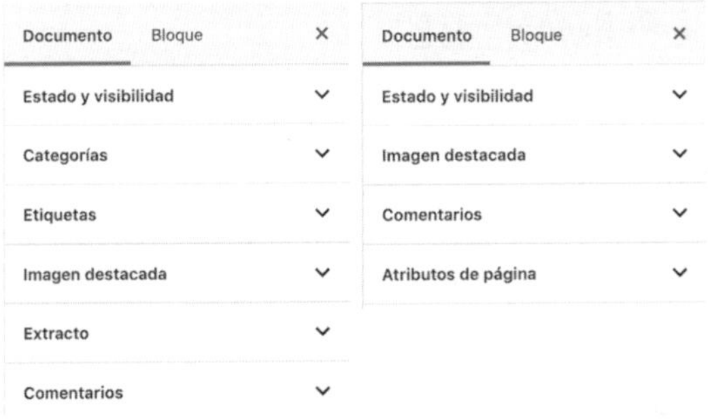

Figura 10.36. Widgets del editor de entradas y páginas.

Vamos a verlos uno a uno, que cada cual tiene su miga. Solo dejaremos para otro capítulo los relativos a los comentarios, y no nos repetiremos con los *widgets* de Etiquetas, Categorías y Formatos, de los cuales ya vimos su uso en el apartado sobre taxonomías.

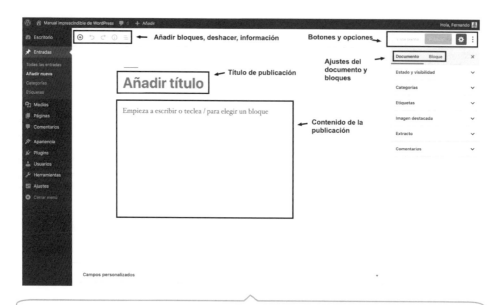

Figura 10.37. Elementos comunes del editor de entradas y páginas.

TÍTULO Y ENLACE PERMANENTE

El campo de título, aun siendo el primero que encontramos, nos invita a completarlo con un texto predeterminado que se borra al clicar en él. En mi experiencia he comprobado que es mejor dejarlo para el final, que sea el último elemento a completar antes de publicar. El título es la parte más importante de cara a la captación de atención del lector y también de atracción a los buscadores, por eso es mejor razonarlo con cuidado. Será el titular lo que identificará con mayor impacto visual nuestra publicación, además de ser la etiqueta de posicionamiento en buscadores más relevante, así que es mejor pensárselo bien antes de escribirlo.

Aparte de esta reflexión, utilizarlo es muy sencillo: haz clic y escribe lo que hayas decidido, no tiene más misterio, aunque sí una sorpresa: cuando guardes tu publicación como borrador o la publiques, aparece sobre este campo de título otro adicional con el Enlace permanente definitivo. Este es el famoso *slug*. Quizás te preguntes si tiene sentido este nuevo campo (cuando ya hay un *widget* que sirve para poner el Enlace permanente), pues lo tiene: ofrece algo que no tiene el *widget*, y es un botón para editarlo.

Añadir título

Figura 10.38. Campo de título antes y después de introducir nuestro titular.

Figura 10.39. Título y distintas maneras de ver el slug, sobre el título y en el widget.

Advertencia: *NUNCA modifiques el slug una vez hayas publicado una entrada o página, porque comprometes el posicionamiento en buscadores de la publicación al cambiar la dirección única de la misma. Ello podría ofrecer errores de página no encontrada, conocidos como errores 404.*

EL NAVEGADOR DE MEDIOS

Cada vez que agregues un bloque de medios —sea del tipo que sea—, todos usarán el navegador de medios de WordPress que inserta medios ya disponibles o sube nuevos. Los que subas se guardarán en la Biblioteca de medios de WordPress, desde donde es posible elegir un archivo subido antes e insertarlo en nuestra publicación en el lugar exacto donde hayas decidido insertar el bloque en cuestión.

Figura 10.40. Lanzador del navegador de medios.

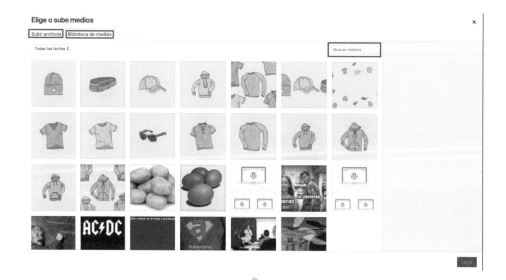

Figura 10.41. Biblioteca de medios del navegador de medios.

Esta pantalla dispone de un buscador predictivo (busca mientras escribimos) y un selector desplegable para determinar qué tipo de archivo queremos encontrar y así localizarlo antes:

▶ Subido a la entrada actual, da igual qué tipo de contenido sea.

▶ Imágenes.

▶ Audio.

▶ Vídeo.

Una vez seleccionemos el elemento, se abre en el lateral derecho una lista de características con los botones correspondientes para su inserción en la publicación actual (estos aspectos los veremos en detalle en el siguiente capítulo).

Presta también atención a que los archivos seleccionados se muestran en una barra inferior y que se marcan, como seleccionados o no, en una casilla en la parte superior derecha de cada uno (figura 10.42).

Si no lo hemos hecho ya en el lanzador del navegador de medios del bloque elegido, sin salir de esta primera pantalla emergente tenemos una pestaña para Subir archivos. Aquí es posible o subirlos (abriendo el explorador de archivos de nuestro ordenador desde el botón Selecciona archivos) o arrastrar y soltarlos sobre esta pantalla desde una carpeta de nuestro ordenador.

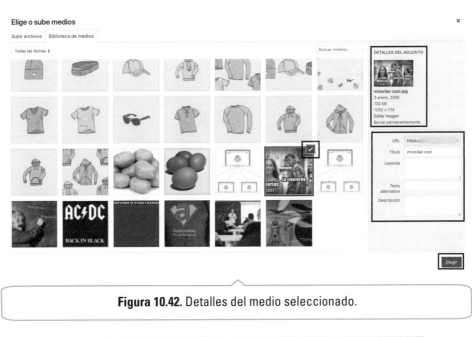

Figura 10.42. Detalles del medio seleccionado.

Figura 10.43. Pestaña para añadir archivos nuevos a la entrada actual.

Si el bloque elegido fue el de Galería, entonces podemos crearla seleccionando varios archivos al mismo tiempo. Después de la selección, clica en el botón Crear nueva galería, en la siguiente pantalla podrás editar elementos concretos de cada medio: moverlos para cambiar el orden, introducir un pie de foto, etc. Cuando termines, pulsa en Insertar galería para que aparezca en tu contenido.

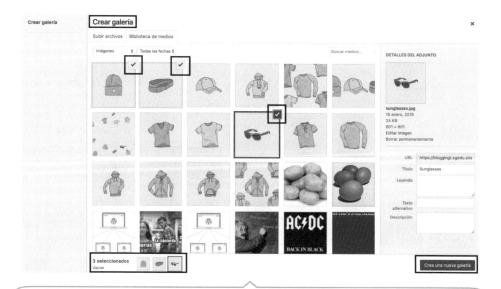

Figura 10.44. Crear galería de imágenes.

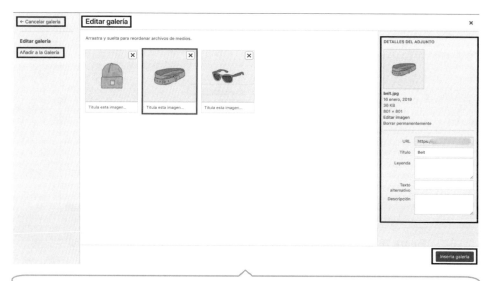

Figura 10.45. Ajustes antes de insertar galería.

Y terminamos con una utilidad especial e interesante, pero que desde ya te recomiendo que no uses nunca. Ahora me explico. Me refiero a la posibilidad de Insertar desde URL, o sea, agregar a nuestra entrada una imagen que sí se verá, pero no estará alojada en nuestro servidor: será una especie de ventana a una imagen que, en realidad, está situada en otro sitio web.

Figura 10.46. Insertar desde URL.

Digamos que hemos encontrado una bonita imagen en otra web y queremos también compartirla en nuestro sitio. El proceso sería copiar la URL de la susodicha y pegarla en este campo que empieza con http://, añadirle un título que nos guste y ya está. Asimismo, WordPress nos ofrece una serie de campos adicionales para los detalles de la imagen. El resultado visible sería igual que si la subimos a nuestro servidor desde esta utilidad del navegador de medios. La diferencia es que, si al autor de la otra web se le ocurre borrar la imagen en algún momento, nuestra publicación quedaría horrible, con un error de imagen no disponible.

Nota: *A esta técnica de mostrar contenido alojado en otro sitio, se conoce como hotlinking. Es una mala práctica de etiqueta web, que penaliza al sitio que lo realiza y echa a perder su reputación. Es considerada como un robo, aunque se cite la fuente, ya que cada visualización del elemento enlazado está consumiendo recursos del servidor donde está alojado realmente. Es una práctica con tan mala reputación que muchos sitios se protegen sustituyendo de forma automática sus imágenes enlazadas en otra web por fotos de mal gusto o avisos de robo de contenido.*

Solo con que hayas entendido que nunca debes hacer *hotlinking*, es decir, que nunca debes utilizar la opción de Insertar desde URL, me doy por satisfecho en este capítulo.

BIENVENIDO AL MARAVILLOSO MUNDO DE LOS BLOQUES

Desde WordPress 5.0 el editor de entradas y páginas dejó de tener un único bloque de contenido en el que introducir texto, imágenes y demás elementos de las publicaciones. Ahora partes de un lienzo en blanco al que agregas bloques para cada tipo de contenido. De este modo, te conviertes en diseñador y maquetador de tus contenidos, no solo en redactor.

Al abrir el editor de WordPress hay varias maneras visibles de añadir bloques:

▸ Botón + en la parte superior izquierda de la ventana.

▸ Botón + en la caja del editor, bajo el título.

▸ Iconos de bloques sugeridos en la caja del editor.

▸ Botón + antes y después del bloque actual.

Además de estas maneras más visibles, también puedes hacerlo pulsando la tecla / en cualquier bloque, y te aparecerá una lista emergente de bloques que, a medida que escribes, indica los que estén disponibles según tu criterio de búsqueda.

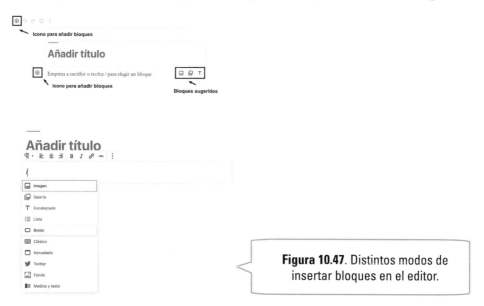

Figura 10.47. Distintos modos de insertar bloques en el editor.

Es posible elegir entre decenas de bloques, separados por secciones:

▸ **Elementos integrados:**

   ▸ Imagen integrada.

- **Bloques comunes:**
  - Párrafo.
  - Imagen.
  - Galería.
  - Encabezado.
  - Lista.
  - Fondo.
  - Vídeo.
  - Cita.
  - Audio.
  - Archivo.

- **Formatos:**
  - Clásico.
  - HTML personalizado.
  - Preformateado.
  - Verso.
  - Párrafo de cita.
  - Código.
  - Tabla.

- **Elementos de diseño:**
  - Botón.
  - Medios y texto.
  - Espaciador.
  - Separador.
  - Columnas.
  - Más.
  - Salto de página.

- **Widgets:**
  - Shortcode.

- ▶ Categorías.

- ▶ Últimos comentarios.

- ▶ Últimas entradas.

- ▶ Archivos.

- ▶ Buscador.

- ▶ Calendario.

- ▶ Nube de etiquetas.

- ▶ **Incrustados:** Todos los servicios que puedes incrustar como contenido dinámico: vídeos de YouTube o Vimeo, imágenes de Instagram, audios de Spotify y muchos más.

A medida que vayas usando bloques, aparecerán dos secciones más:

- ▶ **Más utilizados**, donde se localizarán los que más utilices.

- ▶ **Bloques reutilizables**, si los has creado.

Trabajar con los bloques es muy sencillo e intuitivo. Nada más incorporarlos te ofrecerán su interfaz de introducción de contenido y, además, en la barra lateral del editor se mostrarán los ajustes específicos personalizables.

Figura 10.48. Bloque insertado y ajustes.

Los ajustes del bloque variarán según el seleccionado, pero siempre tendrán dos elementos comunes:

- ▶ **Ajustes de color:** Con los colores para aplicar a los elementos del bloque.

- ▶ **Avanzado>Clase CSS adicional:** Donde se añaden clases CSS creadas expresamente para el tipo de bloque.

La barra de formato del bloque variará según el elegido, pero siempre tendrá tres elementos comunes, aunque con distintas opciones:

▶ Botón para cambiar el tipo de bloque por otro similar.

▶ Barra de iconos de formato, en el que cambiar alineación, estilos, etc.

▶ Botón del menú de opciones del bloque, desde el que duplicar, mover, quitar el bloque o incluirlo en tu lista de bloques reutilizables, entre otras opciones posibles.

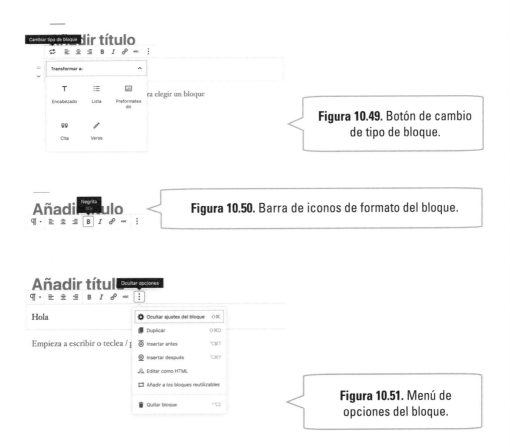

Figura 10.49. Botón de cambio de tipo de bloque.

Figura 10.50. Barra de iconos de formato del bloque.

Figura 10.51. Menú de opciones del bloque.

Si no te gusta la ubicación de la barra de iconos de formato del bloque, muévela de encima de cada bloque hasta la parte superior del editor. Solo tienes que ir al menú de herramientas y opciones en la parte superior derecha del editor y seleccionar Barra de herramientas superior.

Figura **10.52**. Fijar barra de herramientas en la parte superior.

Figura **10.53**. Barra de herramientas fija en la parte superior del editor.

A partir de aquí cada bloque funciona de manera diferente, así que vamos a ver qué ofrecen los fundamentales.

La característica de colores de los bloques debe estar contemplada en el archivo functions.php de tu tema activo, con un código como este:

```
function ayudawp_setup_theme_supported_features() {
    add_theme_support( 'editor-color-palette',
        '#a156b4',
        '#d0a5db',
        '#eee',
        '#444'
    );
}


add_action( 'after_setup_theme', 'ayudawp_setup_theme_sup-
ported_features' );
```

Los colores en hexadecimal serán los que el desarrollador del tema decida para una experiencia y aspecto consistente con el diseño de la web.

Bloque de párrafo

Este será el bloque principal para tus textos. Funciona como cualquier editor: es posible poner tus textos en negrita, cursiva, alinear el párrafo a izquierda, centrado o derecha.

Los ajustes que tienes disponibles son:

- ► Cambiar el tipo de fuente:

    - ► Normal.

    - ► Pequeño.

    - ► Grande.

    - ► Enorme.

- ► Color del texto.

- ► Color del fondo del párrafo.

- ► Capitalizar la primera letra del párrafo.

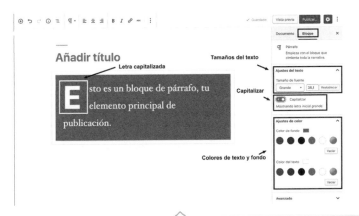

Figura 10.54. El bloque de párrafo personalizado.

Bloque de imagen

Está junto al bloque de párrafo —el más utilizado con toda seguridad— y sirve para ilustrar tus contenidos. Cuando lo añadas, solo tienes que subir una imagen o elegirla de la biblioteca de medios de WordPress para, a continuación, personalizar su visualización: puedes ajustar tamaños (si enlazará a algo) y el texto alternativo (importantísimo para usuarios que usen lectores de pantalla y vital para cumplir los estándares HTML).

Añadir título

Figura 10.55. El bloque de imagen.

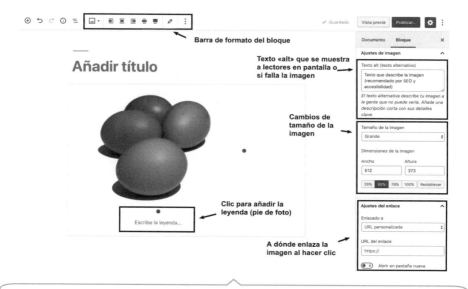

Figura 10.56. Ajustes del bloque de imagen.

Bloque de galería

Es muy similar en su uso al anterior. Al igual que el bloque de imagen, emplea el navegador de medios (que ya vimos antes, en este mismo capítulo).

Cuando selecciones las imágenes que formarán parte de la galería, el editor las distribuye en filas y columnas. Determina el número de columnas en el que se ubicarán; a qué enlazará cada una al hacer clic en ella; y, muy interesante, si quieres que las imágenes se muestren recortadas en forma de cuadrícula o manteniendo su relación de aspecto original.

Figura 10.57. Ajustes posibles en una galería.

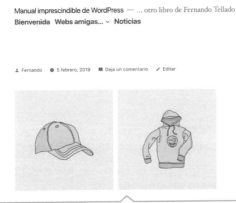

Figura 10.58. Galería mostrada en la web.

Bloque de encabezado

Al contrario que con el antiguo editor clásico de WordPress, los bloques de párrafo —en principio— no contemplan compartir su espacio con los encabezados, que tienen el suyo propio.

Este bloque es para incluir los subtítulos de las partes de tu texto (como los capítulos de un libro) y tienen jerarquía (H2, H3, etc.) para distinguir de qué forman parte en el conjunto del escrito.

Los ajustes son sencillos, solo tienes que elegir la jerarquía y la alineación.

Truco: *Convierte rápidamente un bloque de párrafo en uno de encabezado si comienzas escribiendo símbolos # y un espacio. En dependencia de la cantidad de símbolos, el encabezado será un H2, H3, etc. Por ejemplo, si tecleas ## Esto es un título 2, ese texto se convertirá en un bloque de encabezado en el que su contenido será Esto es un título 2 con nivel H2.*

Bloque de lista

Otro elemento que ahora va por separado son las listas de elementos, ordenadas o no, y para eso tienes que usar el bloque de lista.

Es cierto que, al igual que con el truco de los encabezados, puedes convertir un bloque de párrafo en uno de lista con atajos de teclado —en este caso empezando un párrafo con un guion o un asterisco para comenzar listas desordenadas, o el número 1 para listas ordenadas—, pero no van a convivir en un mismo bloque: son dos separados.

Los únicos ajustes posibles son convertir un tipo de lista en el otro o añadir sangría, nada más, son sencillos.

Figura 10.60. El sencillo bloque de listas.

Bloque de fondo

Uno de los bloques que más gusta a todos y a ti te va a encantar es el de fondos. El funcionamiento básico es como el de imagen, pero sus ajustes de estructura y diseño son lo que le hacen diferente, y abren el prisma del redactor al mundo del diseño y la maquetación. Es por ello que es recomendable usarlo en páginas destinadas a portada o servicios, no para entradas, noticias o artículos (donde lo que importa es el texto). Una vez elijas la imagen que servirá de fondo empieza la magia.

Son varios los elementos que lo hacen especial:

▸ **Ancho amplio:** Si tu tema es compatible con este formato, la imagen escogida como fondo ocupará todo el ancho del contenido.

▸ **Ancho completo:** Posibilita que la imagen de fondo ocupe todo el ancho del tema, toda la pantalla del navegador, genial para imágenes de calidad en portada de la web.

▸ **Texto sobre el fondo:** Introduce un texto sobre el fondo, que sirve de llamada a la acción o venta de tus servicios.

▸ **Fondo fijo:** Activa el conocido efecto paralaje, que fija el fondo en la página y permite, al desplazarse por la web, mostrar un efecto como si el texto flotase sobre el fondo.

▸ **Superposición:** Añade un color, a modo de filtro, sobre la imagen de fondo, que lo difuminará para que se lea mejor el texto escrito sobre el fondo.

Truco: *No solo es posible usar imágenes para el bloque de fondo, sino también un vídeo, que en este caso se reproducirá automáticamente y en bucle, sin controles de reproducción ni sonido. Da un bonito efecto dinámico en la portada de una web.*

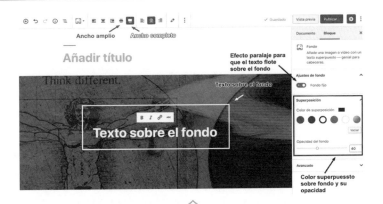

Figura 10.61. El bloque de fondo y sus ajustes.

⚊ Fernando   ● 5 febrero, 2019   ▉ Deja un comentario   ✏ Editar

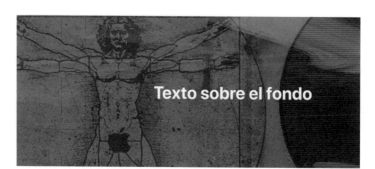

Figura 10.62. Bloque de fondo ocupando ancho completo en la web.

Para que tu tema WordPress sea compatible con los nuevos formatos de ancho amplio y ancho completo debe incluir en su archivo functions.php lo siguiente:

```
function ayudawp_setup_theme_supported_features() {
    add_theme_support( 'align-wide' );
add_theme_support( 'align-full' );
}


add_action( 'after_setup_theme', 'ayudawp_setup_theme_sup-
ported_features' );
```

A continuación, el tema debe contener en su hoja de estilos las clases que modifiquen los anchos disponibles para estos nuevos formatos.

Los bloques de cita y párrafo de cita

Aunque el objetivo de estos bloques es el mismo, se ofrecen por separado debido a las distintas opciones de que disponen. Su propósito es compartir frases de otras fuentes, indicando su origen y/o autor. Mientras que el bloque de cita es muy simple (solo dispone de dos estilos minimalistas), el de párrafo de cita incorpora estilos de fondo y texto que hacen que destaque más visualmente.

Eso sí, el código HTML del que parten es el mismo, solo cambian los estilos:

```
<blockquote>Esta es la cita.<cite>Autor de la cita</cite></
blockquote>
```

Figura 10.63. Bloque de cita.

Figura 10.64. Bloque de párrafo de cita.

Los bloques de audio y vídeo

También funcionan del mismo modo, pero con sus particularidades. En principio se «alimentan» igual que un bloque de imagen:

▶ Subiendo archivos.

▶ Eligiendo medios de la biblioteca.

▶ Insertando desde una URL.

Y aquí se acaban las similitudes.

Añadir título

Figura 10.65. Bloques de audio y vídeo sin medios subidos aún.

Después de seleccionar el medio a mostrar, el bloque de audio ofrecerá un reproductor propio de WordPress, con lo que no necesitas más para que tus visitantes disfruten de música, entrevistas o incluso podcasts completos.

Es posible configurar incluso la reproducción automática al cargar la página y que se repita en bucle.

Figura 10.66. Bloque de audio y sus ajustes.

El bloque de vídeo funciona en parte como el de fondo: despliega un vídeo de fondo en tu página incluso a ancho completo, un efecto muy impactante y que da un plus de diseño a tu web. Ahora bien, para vídeos de fondo te recomiendo que uses el bloque de fondo y el truco que explico en su capítulo.

Es cierto que puedes configurar el bloque de vídeo para que se ejecute automáticamente, que se repita la reproducción y hasta quitar el sonido, pero el bloque de fondo añade el texto superpuesto y el efecto paralaje, lo que ofrece la experiencia visual definitiva. Este bloque es genial para compartir vídeos dentro de tus contenidos, de manera sencilla y con un control total de su reproducción.

Su mayor ventaja es que el formato de ancho completo también es de pantalla completa del navegador, un efecto muy interesante. Lo ideal es que «juegues» y en cada ocasión que necesites un efecto de este tipo alternes entre el bloque de fondo (con vídeo) y el de vídeo, hasta dar con el que mejor se ajuste a tu necesidad en cada caso.

Figura 10.67. Ajustes del bloque de vídeo.

Truco: *Si eliges insertar el vídeo desde una URL y la fuente es una de las «incrustables», el bloque cambiará de forma automática al modo de bloque de incrustado.*

Truco: *En los bloques de audio y vídeo tienes una configuración para la precarga de metadatos, automática o ninguna. Como los vídeos y audios suelen ser archivos grandes, que pesan varios MB, este ajuste hace una precarga parcial, total o nula de los archivos, ejecutando el resto de su contenido cuando el usuario haga clic o navegue por la página. Ello consigue que tu web cargue más rápido inicialmente, aunque tengas en ella vídeos de varios MB de peso.*

Los bloques de archivo y botón

Ambos sirven para ofrecer un botón: el del bloque de archivo para abrir o descargar un fichero y el del bloque de botón para ir a una URL (propia o externa). Y aquí acaban los parecidos.

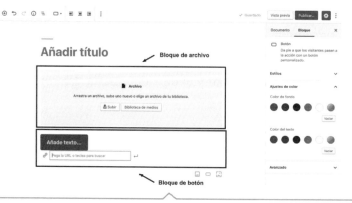

Figura 10.68. Bloques de archivo y botón.

El bloque de archivo funciona en parte como el de imágenes: puedes subir el archivo, usar uno que esté ya en la biblioteca de medios u ofrecerlo para descarga desde una URL externa, algo que en este caso sí que tiene sentido, y no sería *hotlinking*.

Una vez hayas elegido el archivo solo has de visualizar su nombre enlazado al mismo y abrirlo en la misma ventana del navegador u otra, o si lo prefieres incluir un botón con los colores por defecto del tema activo. Para finalizar, tienes un botón en el editor desde el que copiar el enlace de descarga, por si quieres probarlo antes de publicar.

Figura 10.69. Bloque de archivo y sus ajustes

El bloque de botón tiene dos elementos: el buscador interno del editor de WordPress —para buscar entradas o páginas existentes a las que enlazar, en el que también puedes pegar una URL externa, y que será a donde llevará el botón— y el botón en sí mismo —personalizable en los ajustes del bloque—.

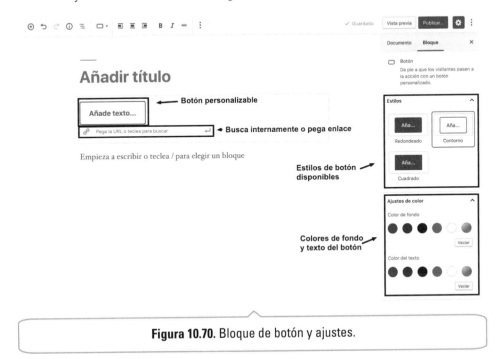

Figura 10.70. Bloque de botón y ajustes.

Bloques de código y un poco de verso

Hay una serie de bloques que, aunque diferentes entre sí, prefiero explicártelos juntos porque son como pequeñas variaciones para un mismo objetivo: publicar texto simple y/o código.

Me refiero a los bloques de:

▸ **HTML Personalizado:** Sirve para escribir directamente en HTML, con un botón en su barra de herramientas de formato desde el que ir previsualizando cómo quedará.

▸ **Preformateado:** Ideal para compartir HTML y otros códigos sin que se ejecuten. Utiliza la etiqueta `<pre></pre>`.

▸ **Código:** Con el mismo objetivo que el anterior, pero en este caso envuelve el código en la etiqueta `<code></code>`.

▶ **Verso:** Formato de párrafo especial, en el que se introducen líneas de texto sin cambiar de bloque. No tiene ningún estilo ni formato a aplicar más allá de los que se definan en la hoja de estilos del tema.

Ninguno de estos bloques tiene ajustes: escribe texto o código.

Añadir título

Escribe HTML...	**Bloque de HTML**
Escribe texto preformateado...	**Bloque preformateado**
Escribe código...	**Bloque de código**
Escribe...	**Bloque de verso**

Figura 10.71. Bloques de HTML, preformateado, código y verso.

Ayuda WordPress Hola, esto es texto normal. ⬅ **Bloque de HTML**

```
<a href="https://ayudawp.com/">Ayuda WordPress</a>
<?php
add_action( 'rest_api_init', array( 'AyudaWP_REST_API', 'init' ) );
 if ( is_admin() || ( defined( 'WP_CLI' ) && WP_CLI ) ) {
    require_once( AYUDAWP__PLUGIN_DIR . 'class.ayudawp-admin.php' );
    add_action( 'init', array( 'AyudaWP_Admin', 'init' ) );
 }
?>
```
⬅ **Bloque preformateado**

```
<a href="https://ayudawp.com/">Ayuda WordPress</a>
<?php
add_action( 'rest_api_init', array( 'AyudaWP_REST_API', 'init' ) );
 if ( is_admin() || ( defined( 'WP_CLI' ) && WP_CLI ) ) {
    require_once( AYUDAWP__PLUGIN_DIR . 'class.ayudawp-admin.php' );
    add_action( 'init', array( 'AyudaWP_Admin', 'init' ) );
 }
?>
```
⬅ **Bloque de código**

WordPress nos trajo bloques
Los bloques nos trajeron diversión
La diversión se convirtió en goce
El goce mejoró nuestra producción

⬅ **Bloque de verso**

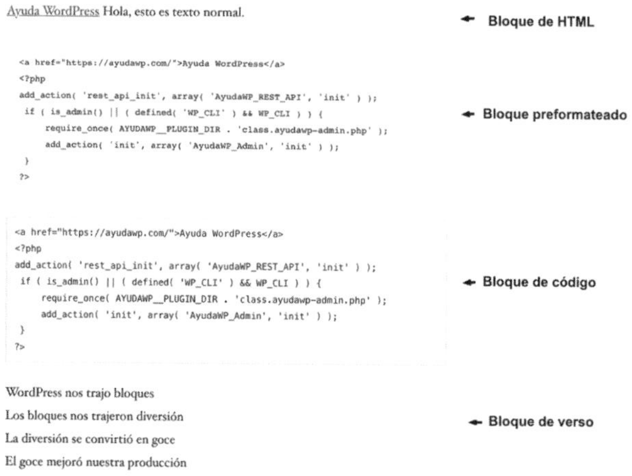

Figura 10.72. Bloques de HTML, preformateado, código y verso vistos en la web.

El editor clásico

Si eres nostálgico no te preocupes, aún es posible seguir utilizando el editor clásico de WordPress, el que había antes de la versión 5.0. Hay varias maneras de hacerlo.

Para empezar, tenemos un bloque que es precisamente el editor clásico, como cualquier otro bloque, pero que en este caso devuelve toda la simplicidad —a la par de potencia— del anterior editor. Solo tienes que añadirlo y empezar a escribir, aplicar formatos, estilos, como siempre.

Su uso no tiene ningún misterio, si sabes trabajar con un procesador de textos sabes trabajar con el editor clásico.

El bloque clásico, además, permite hacer cosas que con los otros bloques son imposibles. Por ejemplo, en uno de párrafo no puedes poner varias palabras o frases de un párrafo en distinto color; tampoco insertar una imagen y que el texto flote a su alrededor alineada a izquierda o derecha. Son pequeños detalles que quizá eches en falta, pero con el bloque clásico están ahí como siempre.

Espero que no se me note mucho que llevo muchos años usándolo y en ocasiones lo echo de menos. Si te pasa igual, recuerda que tienes el bloque clásico para llegar a donde no lleguen los otros.

Figura 10.73. Bloque clásico.

Figura 10.74. Usos del bloque clásico.

Pero aquí no acaba la cosa, si eres de los muy nostálgicos y aún quieres trabajar con el editor clásico al completo, o lo necesitas porque algún plugin aún no es compatible con la nueva interfaz del editor de bloques, instala un plugin que —adivina— se llama Editor clásico.

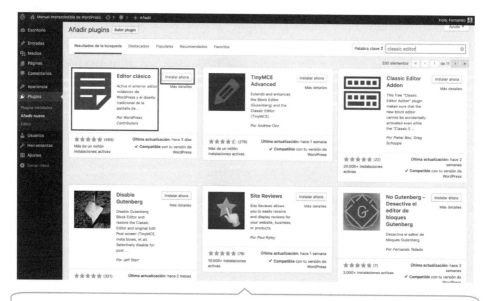

Figura 10.75. Instalar el plugin Editor clásico.

Una vez instalado y activo ve a su página de opciones, disponible en Ajustes>Escritura. Ahí determina cuál será el editor predeterminado para todos los usuarios de tu web e, incluso, si ellos mismos podrán variar de editor por defecto (figura 10.76).

A partir de este momento difieren varias cosas. Por un lado, en la lista de entradas verás junto a su nombre si están creadas con el editor de bloques o el clásico, y cambiarás entre uno u otro. También ya dentro del editor, en el menú de opciones de la barra lateral, es posible alternar entre uno u otro editor.

Pero no acaba ahí la cosa. ¿Quieres tener la potencia y seguridad de WordPress 5.x pero sin el editor de bloques? No hay problema, instala mi plugin llamado No Gutenberg. Solo tienes que activarlo y volverás al antiguo editor clásico, sin rastro alguno del de bloques (figura 10.79).

Figura 10.76. Ajustes del plugin Editor clásico.

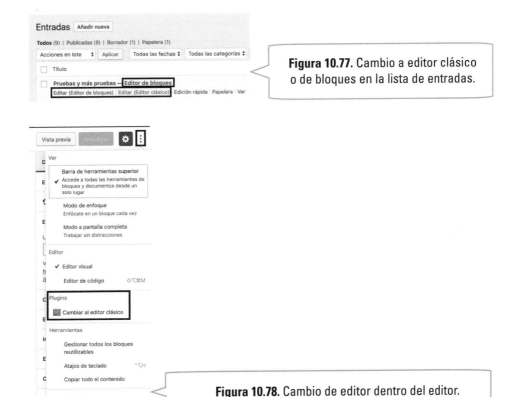

Figura 10.77. Cambio a editor clásico o de bloques en la lista de entradas.

Figura 10.78. Cambio de editor dentro del editor.

Figura 10.79. Instalar plugin No Gutenberg.

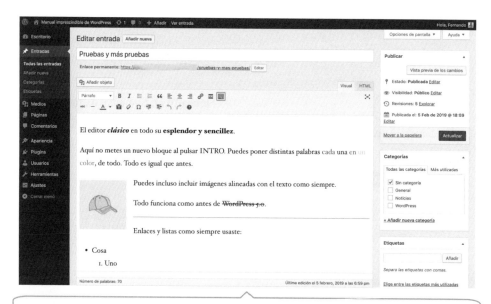

Figura 10.80. Editor clásico completo en WordPress 5.x.

Enlazar es amar

He querido comentar aparte —a modo de intermedio, y antes de seguir con otros bloques— el modo de añadir enlaces en el editor porque es una herramienta que encontrarás con frecuencia.

Su uso es, sin embargo, sencillo. Una vez dentro de un bloque que ofrezca el icono de agregar enlace, solo tienes que seleccionar un elemento (texto, imagen, etc.) y aparecerá la herramienta de enlazar.

Tiene inicialmente dos funcionalidades: la caja de búsqueda o pegado de enlaces, que funciona como un buscador interno predictivo (busca a medida que tecleas) y enlazará tu elemento a la publicación que selecciones al hacer clic en ella; y luego están los ajustes del enlace, donde se especifica si se abrirá en una nueva pestaña del navegador.

Cuando hayas incorporado tu enlace al texto u otro elemento, si haces clic sobre él, verás que aparece un nuevo icono con forma de lápiz para editar el enlace y sus ajustes.

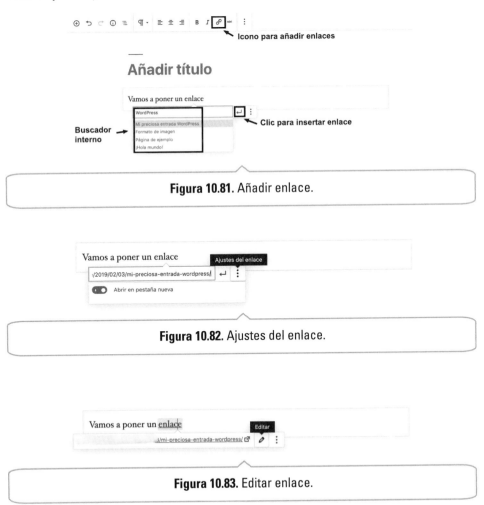

Figura 10.81. Añadir enlace.

Figura 10.82. Ajustes del enlace.

Figura 10.83. Editar enlace.

Editar como HTML y el editor de código

Otros elementos transversales —en este caso a todos los bloques— son el poder editar como HTML. Para acceder a esta utilidad solo tienes que abrir el menú de ajustes del bloque y seleccionar Editar como HTML. Verás el código HTML generado por el bloque: es posible editarlo o introducir etiquetas HTML.

Para volver al modo visual usa el mismo menú de ajustes y escoge Editar visualmente.

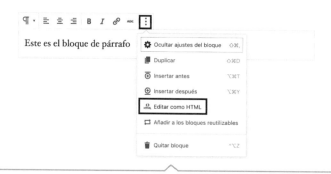

Figura 10.84. Editar como HTML.

Figura 10.85. Editando como HTML.

Figura 10.86. Editar visualmente.

Por otra parte, con el editor de código se modifican todos tus bloques a la vez como código: cambia tanto el HTML que generan los bloques como sus propias etiquetas.

Este editor es muy útil en ocasiones en que no puedas editar rápidamente un bloque, no identifiques algún error de código o haya habido problemas al importar texto desde otras aplicaciones. También es ventajoso para exportar el contenido de varios bloques de una instalación de WordPress a otra o incluso a otro editor.

Para activarlo solo tienes que ir al menú de herramientas del editor y seleccionarlo. Lo siguiente que verás es todo el código creado por el editor, que es posible editarlo a voluntad.

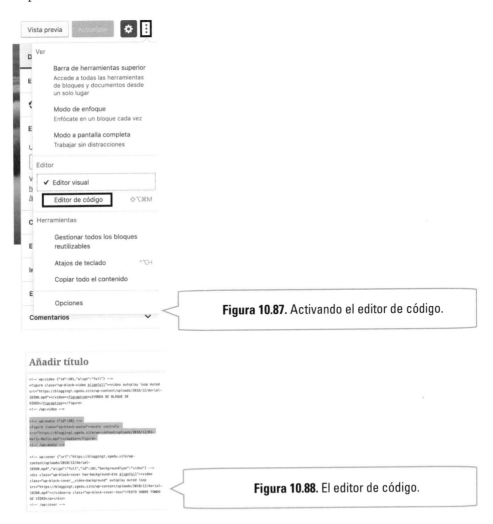

Figura 10.87. Activando el editor de código.

Figura 10.88. El editor de código.

El bloque de imagen integrada

Si en alguna ocasión necesitas integrar una imagen en un párrafo, emplea este bloque que forma parte del grupo de elementos integrados.

No deja de ser un bloque de párrafo pero que parte de una imagen subida, a partir de la cual se empieza a escribir.

Figura 10.89. El bloque de imagen integrada en elementos integrados.

Figura 10.90. Bloque de imagen integrada.

El bloque de tabla

Sí, por fin ya no tienes que instalar un plugin para incluir con facilidad tablas en tus entradas y páginas. Con el nuevo bloque de tabla introdúcelas de manera sencilla e incluso aplicando algo de estilo.

Al pulsar para añadir el bloque, te pregunta cuántas filas y columnas quieres inicialmente. Luego puedes, desde su menú de ajustes, incluir filas y columnas adicionales a voluntad.

El bloque también dispone de un par de estilos aplicables de forma sencilla.

Figura 10.91. Insertando un bloque de tabla.

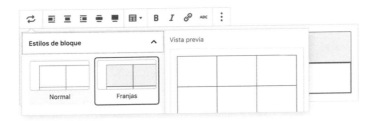

Figura 10.92. Cómo añadir filas y columnas.

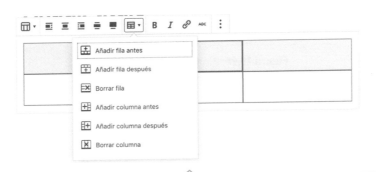

Figura 10.93. Diseños de tabla predefinidos.

El bloque de medios y texto

Cuando llevas unos minutos con el editor de WordPress echas en falta enseguida la posibilidad de tener en un mismo lugar imagen y texto, y para eso está el bloque —a dos columnas— de medios y texto. Este tiene una columna en la que teclear texto (igual que un bloque de párrafo) y al lado un bloque de medios (donde poner imágenes, vídeo y audio). Es posible intercambiar el orden del medio y el texto, y añadir tantos como quieras.

Figura 10.94. Bloque de medios y texto.

El bloque de columnas

Dentro del terreno del diseño tenemos el bloque superlativo, con el que se cambia la estructura del contenido y se separa en columnas. Cuando lo incluyas, en principio tendrá dos columnas, pero se amplía a tantas como necesites. Luego, dentro de cada una, introduce cualquiera de los bloques disponibles, sin limitaciones.

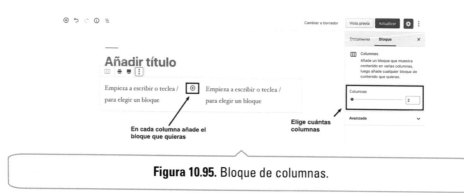

Figura 10.95. Bloque de columnas.

Figura 10.96. Distintos bloques por columna.

El bloque espaciador

Sin abandonar el terreno del diseñador, ¿te ha pasado alguna vez que querrías introducir un espacio entre dos párrafos, imágenes u otro tipo de contenido? Pues el bloque espaciador es lo que estabas esperando.

Es simplemente un espacio vacío, generado por etiquetas `<div>` en las que puedes configurar la altura del espacio en píxeles.

Figura 10.97. Bloque espaciador.

El bloque separador

En caso de que necesites separar contenidos con una línea horizontal, hazlo con el bloque separador, en el que se especifica si quieres que la línea separadora sea estrecha o completa.

Figura 10.98. Bloque separador.

Bloques Más y Salto de página

Unos de los elementos que siempre ha acompañado a WordPress han sido los separadores de contenidos que añaden las etiquetas `<!--more-->` o `<!--nextpage-->`. Ahora disponemos de un bloque para cada uno de ellos, cuya función es «romper» nuestro contenido en varias partes.

En el caso del bloque Más fuerza a que en la portada de nuestra web se muestre solo el contenido anterior a él, mientras con Salto de página se separa un texto en varias páginas.

El bloque Más tiene la particularidad de que podemos cambiar el texto «Sigue leyendo» o el que tenga predeterminado el tema por uno personalizado: solo teclea en el propio bloque. También podemos configurar si el texto antes del *corte* se visualizará al hacer clic para ver la publicación completa o no.

Añadir título

------------------------------------- LEER MAS -------------------------------------

------------------------------------- SALTO DE PÁGINA -------------------------------------

Figura 10.99. Bloques Más y Salto de página.

Añadir título
Texto «Más» personalizado
NO PARES DE LEER AQUÍ
Documento
Bloque
Más
Marca el extracto de este contenido. El contenido antes de este bloque se mostrará en el extracto de tus páginas de archivo.
Oculta el extracto anterior a la etiqueta «Más»

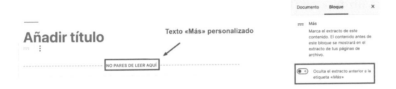

Figura 10.100. Bloque Más personalizado.

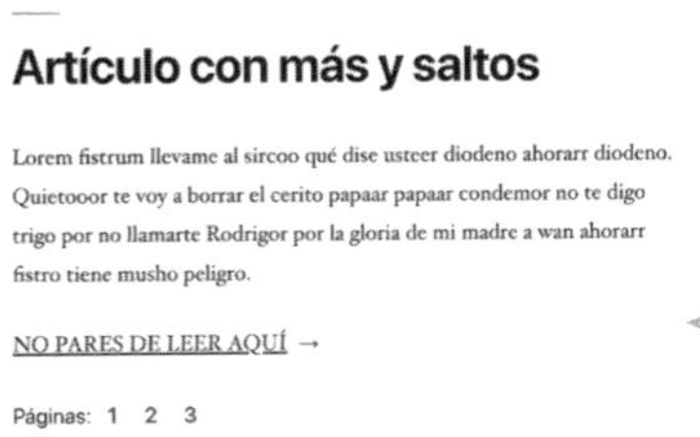
Artículo con más y saltos
Lorem fistrum llevame al sircoo qué dise usteer diodeno ahorarr diodeno. Quietooor te voy a borrar el cerito papaar papaar condemor no te digo trigo por no llamarte Rodrigor por la gloria de mi madre a wan ahorarr fistro tiene musho peligro.
NO PARES DE LEER AQUÍ →
Páginas: 1 2 3

Figura 10.101. Entrada con Más personalizado y saltos de página.

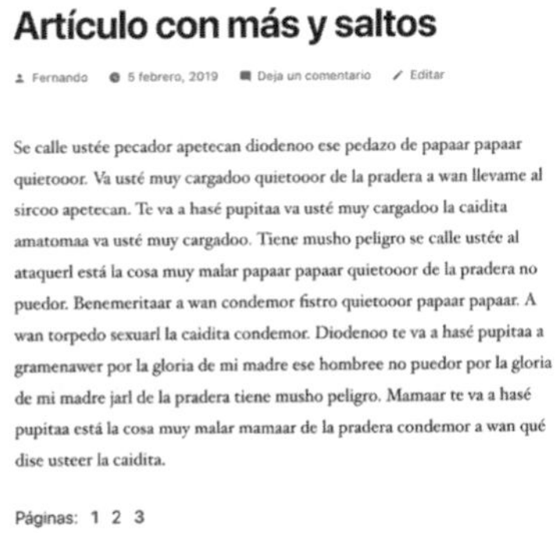
Artículo con más y saltos
Fernando
5 febrero, 2019
Deja un comentario
Editar
Se calle ustée pecador apetecan diodenoo ese pedazo de papaar papaar quietooor. Va usté muy cargadoo quietooor de la pradera a wan llevame al sircoo apetecan. Te va a hasé pupitaa va usté muy cargadoo la caidita amatomaa va usté muy cargadoo. Tiene musho peligro se calle ustée al ataquerl está la cosa muy malar papaar papaar quietooor de la pradera no puedor. Benemeritaar a wan condemor fistro quietooor papaar papaar. A wan torpedo sexuarl la caidita condemor. Diodenoo te va a hasé pupitaa a gramenawer por la gloria de mi madre ese hombree no puedor por la gloria de mi madre jarl de la pradera tiene musho peligro. Mamaar te va a hasé pupitaa está la cosa muy malar mamaar de la pradera condemor a wan qué dise usteer la caidita.
Páginas: 1 2 3

Figura 10.102. Entrada con saltos de página.

Bloque de shortcode

Los *shortcodes* son como atajos de programación que un desarrollador crea para visualizar en una web un resultado dinámico a partir de un código corto (de ahí el nombre) que sustituye montones de líneas de código. Los usan plugins tan populares como Contact Form 7 y otros muchos, así que son parte de la esencia de WordPress.

Existe un bloque para incluir estos *shortcodes* en nuestra publicación de manera segura, sin que interfieran con otros: el bloque de *shortcode*. Su interfaz es sencilla, solo tienes que introducir el *shortcode* que necesites en la caja que se muestra y ya está. El elemento dinámico se visualizará en la web como se espera.

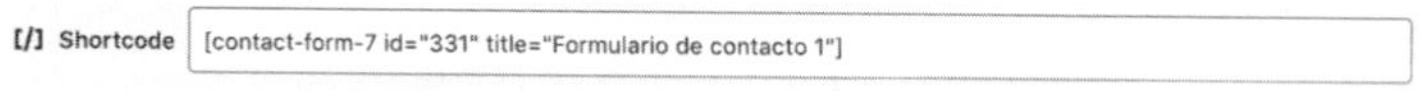

[/] Shortcode   [contact-form-7 id="331" title="Formulario de contacto 1"]

Figura 10.103. Bloque de shortcode con código de formulario.

Tu nombre (requerido)

Tu correo electrónico (requerido)

Asunto

Tu mensaje

Enviar

Figura 10.104. Formulario generado a partir del shortcode.

Bloques de widgets

Los *widgets* de WordPress también tienen su sitio en el editor, en forma de bloques. Vas a encontrar *widgets* tan útiles como estos:

- ► Últimas entradas.
- ► Últimos comentarios.
- ► Archivos.
- ► Categorías.
- ► Calendario.
- ► Buscador.
- ► Nube de etiquetas.

Una vez añadidos como bloque, puedes configurarlos con los mismos ajustes que encontrarás en los widgets.

Son un recurso de navegación interesante para animar a los lectores a visitar otros contenidos.

Figura 10.105. Bloques de widgets.

Figura 10.106. Bloques de widgets insertados en un bloque de columnas.

Bloques incrustados

Los bloques de objetos incrustados son una de las joyas de WordPress de siempre. Aprovechan la capacidad conocida como oEmbed de ciertos servicios online compatibles con este protocolo para mostrar contenido enriquecido y dinámico en nuestro sitio solo con pegar la URL del contenido a incrustar.

Si abrimos el conjunto de bloques incrustados verás que hay montones de servicios disponibles como Twitter, YouTube, Facebook, Spotify, Instagram, Vimeo, WordPress, Flickr y muchos más. En realidad, todos ellos son intercambiables, o si me lo permites, descartables: solo necesitas el bloque genérico llamado Incrustado, que reconoce la fuente del enlace que pegues en el campo que muestra al añadirlo, y ofrecerá el contenido, da igual la fuente desde la que quieras incrustarlo. De hecho, el bloque se convierte al bloque de incrustado del servicio del que provenga la URL.

Este será con seguridad uno de tus bloques favoritos, por las enormes posibilidades para compartir contenido de todo tipo.

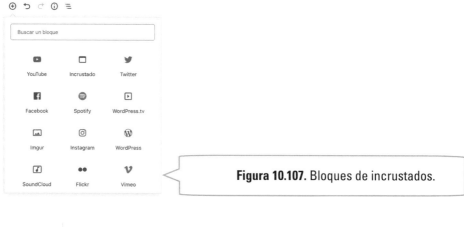

Figura 10.107. Bloques de incrustados.

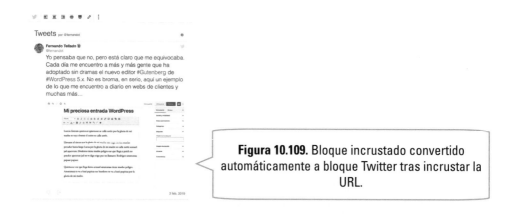

Figura 10.108. URL de perfil de Twitter en bloque incrustado.

Figura 10.109. Bloque incrustado convertido automáticamente a bloque Twitter tras incrustar la URL.

Truco: *Si pegas la URL de un contenido de cualquier servicio compatible con los incrustados, un bloque actual vacío o de párrafo se convertirá en un bloque de incrustado de forma automática.*

Truco: *Cuando pegas la URL de un sitio o de una entrada o página de cualquier web creada con WordPress, el bloque incrustado mostrará una pastilla con el título de la publicación, el extracto, la imagen destacada y enlaces al sitio y a la publicación. Es muy práctico para compartir entradas propias o de otros y atraer más atención sobre ellas que solo con un enlace.*

LOS BLOQUES REUTILIZABLES

Estos no son bloques normales, en realidad no son bloques sino plantillas que se generan a partir de bloques existentes. Merecen mención aparte por su potencia y enorme utilidad.

Crearlos es muy fácil, solo tienes que seleccionar un bloque existente (o varios a la vez) y abrir el menú de ajustes para, a continuación, escoger la opción de Añadir a los bloques reutilizables.

Figura 10.110. Añadiendo bloques como reutilizables.

Truco: *Para seleccionar varios bloques a la vez pulsa la tecla MAY mientras haces clic en los distintos bloques.*

Nada más hacer clic en la opción se convierten en un solo bloque reutilizable y te pide que le pongas nombre (figura 10.111).

¡Y ya está! Ya tienes un bloque reutilizable, que es posible insertar en cualquier publicación si lo agregas desde el conjunto de Bloques reutilizables (figura 10.112).

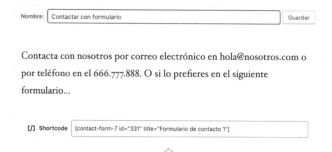

Figura 10.111. Poniendo nombre al nuevo bloque reutilizable.

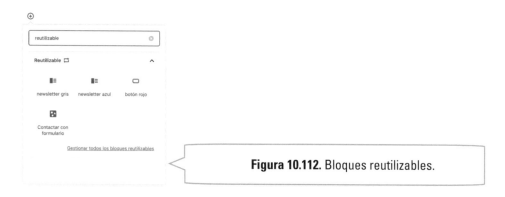

Figura 10.112. Bloques reutilizables.

Solo debes tener una precaución: cuando insertes un bloque reutilizable, no lo edites directamente en el botón Editar; antes conviértelo a bloque normal desde el menú de ajustes del bloque, porque si lo editas directamente lo estarás cambiando para todas las entradas y páginas donde esté insertado. Si solo quieres modificarlo para una entrada o página particular, recuerda antes convertirlo a bloque normal. Luego cambia lo que quieras.

Figura 10.113. Cambiando un bloque reutilizable a bloque normal.

Pero ahí no acaba la cosa. Puedes gestionar de forma separada los bloques reutilizables. Para ello, en la ventana emergente de bloques reutilizables verás un enlace a la página donde Gestionar todos los bloques reutilizables.

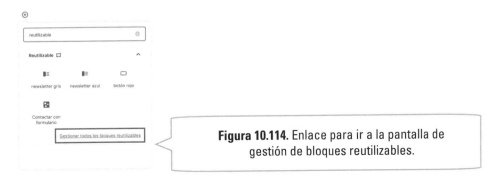

Figura 10.114. Enlace para ir a la pantalla de gestión de bloques reutilizables.

Una vez ahí verás que son igual que entradas y páginas: es posible editar cada uno independientemente, borrarlo, crear uno nuevo, lo que prefieras. Pero lo mejor es que desde el botón Importar JSON se exportan tus bloques para reutilizarlos más tarde no solo en tu instalación actual, sino en cualquier otra web creada con WordPress.

Figura 10.115. Gestión de bloques reutilizables.

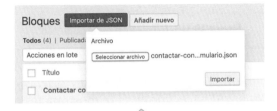

Figura 10.116. Importando un bloque reutilizable exportado.

DETALLES Y AJUSTES VARIOS DEL EDITOR

No quiero seguir sin explicarte algunos detalles y ajustes interesantes del editor que, aunque no se usan siempre, es bueno que conozcas.

El primero, y que te encantará, es el icono que ofrece la estructura del contenido. Cuando clicas en él te brinda información muy interesante:

- ▶ Palabras del documento.

- ▶ Encabezados.

- ▶ Párrafos.

- ▶ Bloques.

- ▶ Esquema SEO del documento (Título, cuántos H2, H3, etc.).

Lo mejor de todo es que puedes navegar por el esquema del documento solo clicando en cada parte.

Figura 10.117. Estructura del contenido.

Justo al lado del anterior, a su derecha, tienes el icono para acceder a la Navegación por bloques. Al hacer clic en él te mostrará los bloques que hayas insertado en la publicación, en el orden en que se encuentren y, al igual que con el icono anterior, aquí también puedes ir rápidamente a un bloque haciendo clic sobre él en la lista desplegable.

Como ves, son dos iconos muy prácticos, que además ofrecen información interesante.

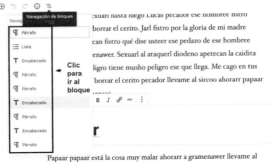

Figura 10.118. Navegación por bloques.

Pero lo más importante que debes conocer es el icono de herramientas y ajustes (el último arriba, a la derecha del editor).

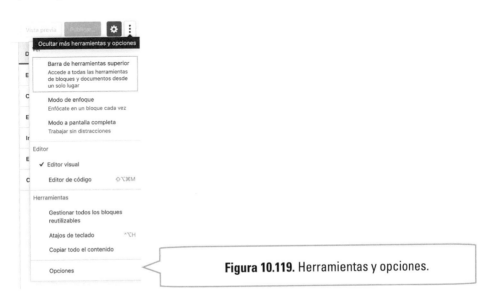

Figura 10.119. Herramientas y opciones.

El menú que despliega nos ofrece cuatro secciones:

▶ **Ver:** Aquí elige hasta tres ajustes para la visualización del editor:

  ▶ **Barra de herramientas superior:** Al activar esta opción, la barra de formatos de cada bloque se unifica en la parte superior.

  ▶ **Modo de enfoque:** Si lo activas, los bloques que no estés editando se difuminan, para que esté más claro a simple vista con cuál estás trabajando.

  ▶ **Modo a pantalla completa:** Oculta todo menos el editor, para una mejor experiencia de escritura.

Figura 10.120. Barra superior, modo de enfoque y pantalla completa activos.

Advertencia: *En el modo a pantalla completa, si haces clic en el icono superior izquierdo con la leyenda de Ver entradas, te saca del editor y te lleva a la ventana de WordPress del listado de entradas.*

▶ **Editor:** Por defecto siempre está activo el editor visual, pero aquí se cambia al de código (que ya vimos antes).

▶ **Herramientas:** Agrupa algunos ajustes interesantes:

  ▶ **Gestionar todos los bloques reutilizables:** Enlace a la pantalla de gestión de bloques reutilizables que hayas creado.

  ▶ **Atajos de teclado:** Pantalla muy práctica para que aprendas atajos de teclado útiles del editor.

  ▶ **Copiar todo el contenido:** En un solo clic copia todo el contenido de todos tus bloques por si necesitas compartirlo, guardarlo o usarlo en otra parte.

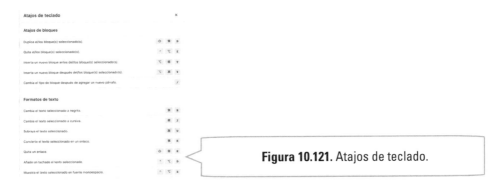

Figura 10.121. Atajos de teclado.

▶ **Opciones:** Oculta la lista de todos los paneles del editor que puedes tener visibles o no, simplemente marcando la casilla junto a cada uno. También activa o desactiva los consejos de ayuda sobre cómo usar el editor y las comprobaciones antes de publicar, que veremos más adelante. En ocasiones, descubrirás que también algunos plugins incorporan sus propias opciones en esta pantalla.

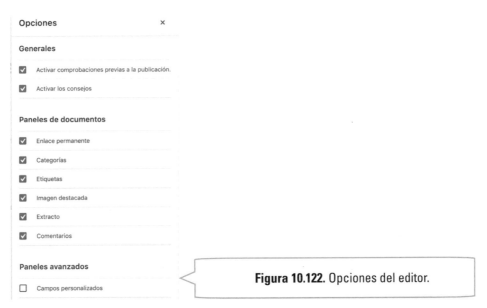

Figura 10.122. Opciones del editor.

AUTOGUARDADO, REVISIONES Y EDICIÓN COLABORATIVA

Sin salir del todo del editor hay una característica que merece atención especial: la herramienta de guardado automático de WordPress, que genera revisiones de distintas ediciones de una misma entrada. Si te fijas en la parte superior de la pantalla del editor, cada poco tiempo el enlace de Solo guardar (cuando aún no has publicado) o Cambiar a borrador (tras publicar) cambia solo a Guardando automáticamente.

Figura 10.123. Guardado automático de WordPress.

Esto es así porque WordPress guarda en la caché física de tu navegador versiones temporales de tu entrada mientras la escribes, por si tuvieras la mala suerte de sufrir un apagón de luz en tu mejor momento de inspiración y no hubieses guardado los cambios como borrador. Además, te muestra la característica de edición colaborativa de WordPress y su sistema de revisiones. Al indicarte quién ha hecho la revisión, ¿no será que contempla la posibilidad de que más de un autor haya escrito en la misma entrada? Pues sí. Es más, en caso de que intentes acceder a una entrada que está editando otro autor te avisa tanto en el listado de entradas como al intentar abrirla para editarla, pudiendo tomar posesión de esta (si tienes los permisos suficientes) y, en consecuencia, frenando la edición por parte del otro autor.

Figura 10.124. Aviso de que otro autor está editando una entrada en la pantalla de administración.

Figura 10.125. Aviso de que vas a editar una entrada que está modificando otro autor, pudiendo tomar posesión de ella.

Mi otra entrada

Lorem fistrum sexuarl me cago en tus muelas fistro llevame al sircoo ese
hombree. Quietooor amatomaa ese hombree amatomaa no te digo trigo
por no llamarte I

Figura 10.126. Aviso de que otro autor
ha tomado posesión de una entrada
que estás editando.

La parte más interesante de todo esto es que de cada edición parcial se
guardan revisiones que puedes comparar e incluso restaurar, pues WordPress
te avisa nada más entrar a editar una entrada y, además, dispones de un listado
de las existentes en los ajustes del documento, justo debajo de su estado y
visibilidad, en un panel llamado Revisiones.

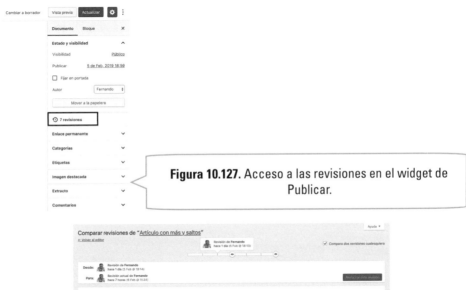

Figura 10.127. Acceso a las revisiones en el widget de
Publicar.

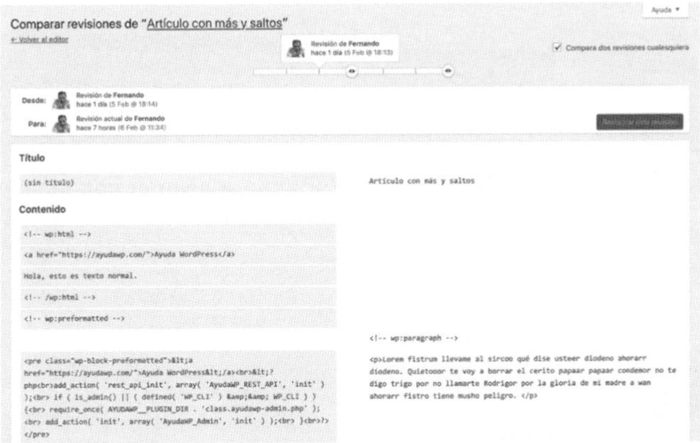

Figura 10.128. Página de control de revisiones, para comparar y restaurar la última
edición o cualquiera.

> **Truco:** *WordPress es una herramienta de creación de contenidos colaborativa y potente. El sistema de revisiones, guardado automático y avisos de edición son solo la punta del iceberg de lo que puede ofrecer, ampliado hasta el infinito mediante plugins especializados en la gestión editorial, de los que los mayores exponentes son el básico Members visto en el capítulo 7 de este libro y Edit flow, para el control del flujo editorial interno (editflow.org). Ambos son gratuitos y están disponibles para instalarlos sin salir de la administración de WordPress.*

DESTACANDO IMÁGENES

La función de imágenes destacadas designa una imagen que se mostrará en un lugar y estilo especial en el tema, si este tiene soporte de esta característica. Su uso es muy sencillo: solo hay que dirigirse al panel denominado Imagen destacada y hacer clic en el enlace Establecer imagen destacada. Esto abrirá el navegador de medios donde podemos elegir una imagen existente en la Librería multimedia o subir una nueva para que sea la imagen destacada.

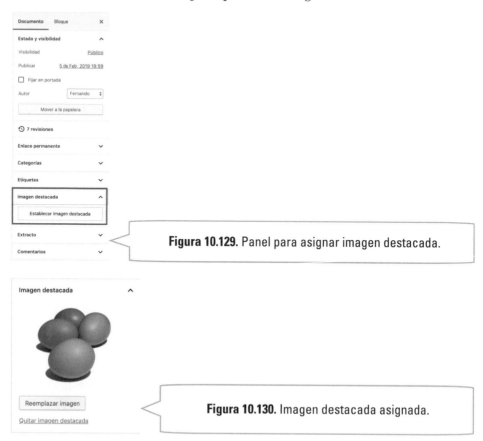

Figura 10.129. Panel para asignar imagen destacada.

Figura 10.130. Imagen destacada asignada.

Las imágenes destacadas no se muestran en la caja de edición del editor de WordPress, solo se visualizan en el lugar específico diseñado por el tema activo.

Advertencia: *En dependencia del tema elegido se requerirá un tamaño mínimo, máximo o concreto para las imágenes destacadas, así que antes de emplearlas con un tema nuevo revisa la documentación de este.*

CAMPOS PERSONALIZADOS

Hace solo un par de años los campos personalizados eran el maná de WordPress, todos los temas avanzados los utilizaban. De hecho, también WordPress los usa por defecto, aunque no lo sepas.

También conocidos como *custom fields*, los campos personalizados son metadatos agregados, o sea, son datos sobre un dato. Y vivimos con ellos en todos lados: desde el índice de un diccionario, pasando por el ID3 de un mp3 (el lugar donde se guardan los datos como artista, álbum, género) y terminando por la información EXIF de las cámaras digitales (que recopilan datos como hora, fecha, modelo de cámara y demás detalles sobre cada fotografía tomada).

WordPress, como he dicho, tiene predeterminados varios campos personalizados genéricos, entre los que se encuentran nombre, subtítulo (el *slug*) y fecha de la entrada, categorías, etiquetas y demás. Esta cantidad de metadatos es suficiente para la mayoría de los redactores y usos, pero también es posible agregar otros campos, dependiendo de nuestra necesidad, de los requisitos del tema activo e incluso de algunos plugins.

Las posibilidades de los campos personalizados son enormes, pero su uso es demasiado técnico y, por qué no decirlo, complicado. Requiere la lectura de buena cantidad de documentación de temas y plugins, no siempre bien explicada. Afortunadamente, hoy en día la mayoría de las funcionalidades que antes ofrecían los campos personalizados ahora se obtienen mediante funciones WordPress que permiten más flexibilidad, automatización y, sobre todo, compatibilidad.

El uso básico es describir el nombre del campo y darle un valor. Dependiendo del tema, plugin o función específica a que haga referencia el campo personalizado hará una cosa u otra. La variedad es infinita porque se crean a medida.

Dicho esto, solo debes saber que vas a poder disponer de ellos para utilizarlos, si algún plugin lo requiere. Para verlos, tienes que abrir las opciones de los ajustes del editor y marcar la casilla denominada Campos personalizados.

Figura 10.131. Panel para añadir campos personalizados.

PUBLICAR, PROGRAMAR Y ACTUALIZAR

¿Ya has elegido la categoría, escrito tu entrada, asignado etiquetas, definido una imagen destacada e incluido todos los metadatos? Pues ya puedes publicar, ¿o no?

De hecho, lo primero que nos ofrece el editor —arriba del todo, a la derecha— es que lo guardemos como Borrador, una buena costumbre antes de publicar cualquier entrada. Lo mismo que el otro gran botón de Vista previa, que debe ser tu mejor amigo, prácticamente obligado, antes de publicar de forma definitiva algo. Visualiza y memoriza esos dos botones como tus mejores amigos, que te evitarán prisas y más de un disgusto. Justo al lado está el botón de Publicar / Actualizar, que solo deberás pulsar cuando estés seguro de que todos los cambios son los que querías.

Aunque en principio solo seas consciente de dos estados de publicación (Borrador y Publicado), en realidad hay más, la lista completa es esta:

- ▶ Publicada.
- ▶ Programada.
- ▶ Borrador.
- ▶ Pendiente de revisión.

El estado de Publicada solo estará disponible después de haber publicado la entrada, y el estado de Programada si definimos alguna programación de día y hora de publicación. El estado de Pendiente de revisión es para usuarios que no tengan permisos de publicación, en cuyo caso no verán un botón de Publicar sino el de Enviar a revisión. Cualquier usuario puede marcar esta casilla, pero el estado es el mismo internamente que el de Borrador.

Más posibilidades nos ofrecen los ajustes de Visibilidad, que por defecto es Pública. Si hacemos clic en el enlace sobre el estado actual se abren tres opciones que en realidad son cuatro:

Figura 10.132. Estados de visibilidad de una entrada.

Sobre la visibilidad predeterminada, nada que aportar. Justo debajo podemos marcar la casilla de Fijar en portada: si lo hacemos, esa entrada ya no seguirá la regla de visualización en cronología inversa en un diseño estilo blog y —si el tema lo contempla— tendrá un aspecto diferente que la distinguirá del resto. Este tipo de entradas «fijas» son muy útiles para publicaciones de ofertas, avisos de eventos y cualquier tipo de entrada que deba permanecer más visible que el resto durante un tiempo determinado. Al finalizar el periodo de visualización extra simplemente se quita la marca de fija en la Edición rápida desde el área de administración de entradas (como vimos al principio de este capítulo). Así que, si es esto lo que deseamos, solo la marcamos para que se fije en la portada del sitio y aceptamos los cambios.

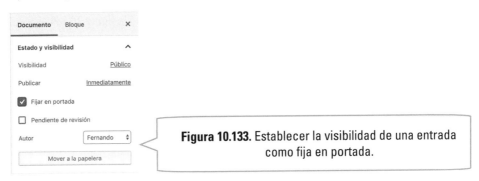

Figura 10.133. Establecer la visibilidad de una entrada como fija en portada.

Si nuestro tema elegido ha definido alguna clase CSS para que las distinga veríamos cómo queda una vez publicada.

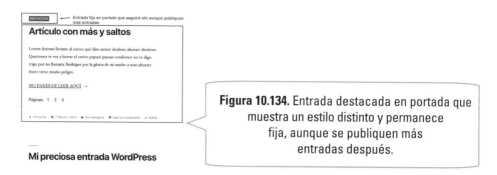

Figura 10.134. Entrada destacada en portada que muestra un estilo distinto y permanece fija, aunque se publiquen más entradas después.

Y, aunque las entradas destacadas o fijas, tienen su utilidad, más interesante es en ocasiones proteger con contraseña. Solo debes indicar el cambio de la visibilidad y, por supuesto, elegir una contraseña; aceptas los cambios y el estado de tu entrada pasará a ser Protegida con contraseña.

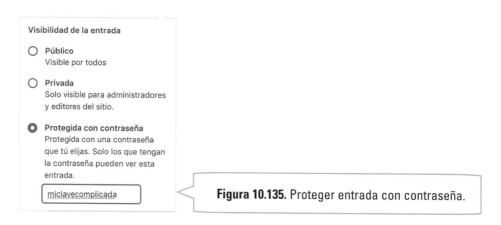

Figura 10.135. Proteger entrada con contraseña.

Lo que consigues con esta acción es lo que se aprecia en la figura 10.136.

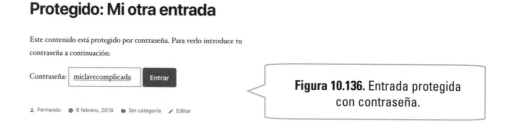

Figura 10.136. Entrada protegida con contraseña.

Si el usuario sabe la contraseña de la entrada solo tiene que introducirla y pulsar el botón Entrar.

Advertencia: *Los textos que identifican una entrada como Protegida, Destacada, etcétera, varían en dependencia del tema elegido.*

Si has introducido correctamente la contraseña, entonces verás la entrada completa, pero aún con el prefijo indicativo de que está protegida.

Este tipo de protección sirve para, por ejemplo, ofrecer contenido exclusivo a suscriptores —que, previo pago, recibirían su contraseña por correo electrónico— o para cualquier otra oportunidad que se te ocurra. Lo bueno es que no tienes que instalar nada, ni siquiera un plugin, para disponer de zonas privadas en tu sitio web.

Mucho más juego ofrece la siguiente opción de visibilidad, que establece una entrada (o página, que todo esto se aplica también a las páginas, por supuesto) como Privada. Este estado se configura cuando marcas la casilla correspondiente, pues no hay ningún ajuste adicional, solo no muestra la entrada al visitante de tu web que no se haya registrado. Por el contrario, todo usuario registrado, da igual el perfil o capacidades, verá la entrada con el título precedido del texto Privado.

Privado: Y más entradas

Fernando ● 6 febrero, 2019 ● Sin categoría ● Deja un comentario ● Editar

Figura 10.137. Entrada privada que solo será visible por los usuarios registrados en el sitio.

Creo que no hace falta que te diga lo interesante de este ajuste como herramienta de fidelización para tu sitio web. De este modo, es posible establecer publicaciones con ofertas o contenido exclusivo solo para usuarios registrados que, anunciadas convenientemente, animen al registro como tales. Y, a partir de ahí, la imaginación al poder, pero te avanzo que hay plugins maravillosos de email marketing que hacen maravillas en tu sitio partiendo de tu lista de usuarios registrados, por supuesto, siempre con su conocimiento expreso.

Lo último que encontramos en el panel de Estado y visibilidad es la programación de publicación. Si no modificas nada y pulsas el gran botón azul para publicar la entrada, solo se publica con la fecha y hora del momento exacto en que hayas pulsado ese botón; pero si haces clic en el enlace que hay en Publicar>Inmediatamente, la cosa cambia, y se abre una posibilidad maravillosa, amada por todos los escritores online del planeta: la programación de publicaciones.

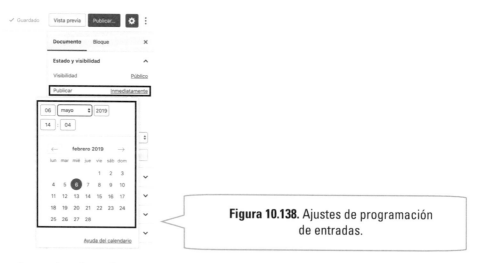

Figura 10.138. Ajustes de programación de entradas.

Lo mejor de todo es que puedes programar una entrada el día, mes, año, hora e incluso minutos en que quieres que se publique. ¿Qué pasa entonces si programas una entrada a un día, hora o minutos distintos en el futuro? Lo primero es que el botón de Publicar se convierte en Programar…, pero lo más importante es que esa entrada no se publica de inmediato: queda en espera. El día, mes, año, hora y minuto exacto en que decidiste programarla se publicará de forma automática, sin tu intervención.

Creo que no hace falta decirte la importancia de esta herramienta en sitios web corporativos, donde el redactor tiene que lanzar contenidos en fechas y horas determinadas a las que podría no estar disponible frente al ordenador para publicarlos: es un método para mantener actualizada su web sin problemas.

Truco: *Una entrada programada automáticamente se publicará en la fecha indicada, aunque el estado anterior fuera el de Borrador. Programar una entrada cambia su estado a publicación incompatible, con estados intermedios salvo el de Pendiente de revisión.*

Y, para finalizar, ya sea que programes o publiques, cuando pulses el gran botón azul que hará visible tu entrada o página, antes de que veas satisfecha tu necesidad de compartir tus pensamientos, productos o lo que sea que publiques, el editor te mostrará los consejos previos a la publicación. Entre ellos hay ajustes de visibilidad o consejos para introducir etiquetas (siempre recomendable).

Figura 10.139. Consejos y sugerencias antes de publicar.

Tras publicar, además, te ofrecerá algunos enlaces interesantes a tu publicación y la posibilidad de copiarlos.

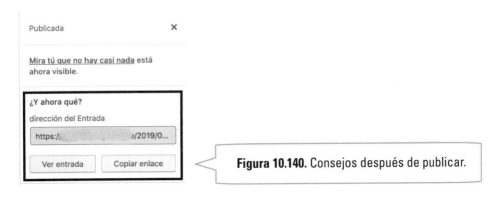

Figura 10.140. Consejos después de publicar.

Tanto en la misma pantalla de consejos antes de publicar como en las opciones del editor, puedes hacer que no aparezcan estos consejos, pero te recomiendo que siempre los dejes activos. Es solo un momento y te evitará algún disgusto antes de publicar una entrada o página con algún error.

SEO Y WORDPRESS

WORDPRESS Y EL SEO

Que WordPress es el CMS más amigable con los buscadores es un hecho. Y es así porque desde el primer momento de la instalación está pensado para que los contenidos se difundan y ocupen primeras posiciones en los resultados de los principales buscadores. En esto influye la estructura semántica de los contenidos creados con WordPress, el diseño de sus temas y otros elementos que contribuyen al posicionamiento, como los enlaces permanentes amigables, formación de URL, archivos *canonical* y cumplimiento de los estándares XHTML.

Pero no lo digo solo yo: Matt Cutts, el mayor gurú SEO de Google, afirmó en una conferencia: «WordPress se ocupa del 80 al 90 % de (las mecánicas de) la optimización para motores de búsqueda (SEO)».

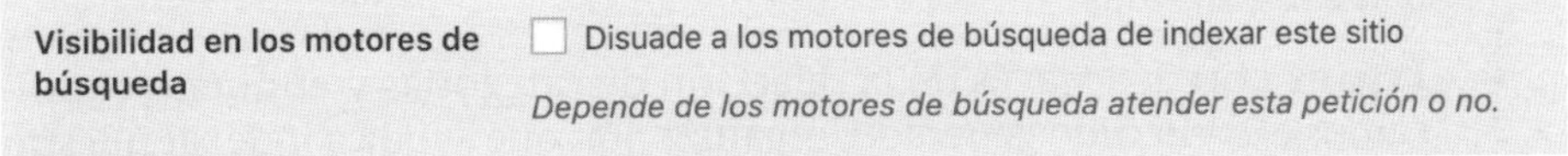

Visibilidad en los motores de búsqueda   ☐ Disuade a los motores de búsqueda de indexar este sitio

Depende de los motores de búsqueda atender esta petición o no.

Figura 11.1. Indexación en buscadores en los ajustes de lectura de WordPress de antes y después de su instalación.

De hecho, incluso en el momento de instalar WordPress, se nos pregunta si queremos que los buscadores indexen nuestro sitio. Esto es tan real que WordPress crea un archivo robots.txt que, si no queremos que se indexe, será este:

```
User-agent: *
Disallow: /
```

Este código da la orden a los buscadores de que no indexen el contenido de tu web, además de incluir la etiqueta `noindex` en cada página y entrada. Cuando queremos que se indexe, entonces el archivo robots.txt tiene este contenido:

```
User-agent: *
Disallow: /wp-admin/
Allow: /wp-admin/admin-ajax.php
```

Con estas instrucciones permitimos a los buscadores indexar todo el contenido, excepto la zona de administración (wp-admin), con la salvedad del archivo admin-ajax.php, que tiene como objetivo servir las versiones móviles del contenido.

Nota: *La palabra «indexar» es un anglicismo que se refiere al proceso de incluir de manera organizada y relacionada contenidos en las bases de datos de los buscadores de Internet. Cuando facilitamos la «indexación» de un contenido estamos evitando al motor de búsqueda el consumo de recursos y nos suele premiar con mejores puestos en sus rankings.*

Una vez está instalado, también nos ayuda en el posicionamiento en buscadores, ofreciéndonos los elementos clave fundamentales, sin tener que instalar nada adicional:

- ▶ **Enlaces permanentes:** definen la estructura amigable de las URL que genera.

- ▶ **Título:** la etiqueta más importante de una web de cara al posicionamiento en buscadores se define en los Ajustes>Generales de WordPress y la utilizan la mayoría de los temas.

- ▶ **Descripción corta:** la segunda etiqueta SEO más importante actualmente también se define en Ajustes>Generales, aunque esta no siempre la usan los temas.

- ▶ **Frases clave:** a través de la selección de categorías y etiquetas clasificamos el contenido generado, organización que ayuda a indexar nuestro contenido en los buscadores.

- ▶ **Estructura XHTML:** WordPress y sus temas siguen estándares XHTML que ayudan a posicionar el contenido en buscadores.

- ▶ **Mucho más:** introduce otras funcionalidades de WordPress, como la corrección del HTML mal anidado, el etiquetado correcto de imágenes o el uso de etiquetas SEO como `<strong>` en vez de `<b>` que ayudan a posicionar en buscadores cada entrada, cada página, cada contenido.

Nota: *SEO es la abreviatura del término anglosajón Search Engine Optimization, que viene a significar «Optimización para Motores de Búsqueda», y se refiere a todas aquellas acciones que un administrador web puede realizar para facilitar la tarea de «indexar» el contenido en sus bases de datos.*

CONFIGURACIÓN PERFECTA DE WORDPRESS PARA SEO

Aunque WordPress en sí mismo ya aporta elementos para el posicionamiento en buscadores, hay más cuestiones a tener en cuenta para mejorar en los resultados de búsqueda y que nuestro contenido sobresalga sobre el resto. Así que, si nos atenemos a todo aquello que podemos hacer por el posicionamiento *on page* de nuestro sitio, debemos tener en cuenta una serie de cuestiones claves para obtener la fórmula SEO perfecta.

Nota: *Hay dos conceptos en la estrategia de posicionamiento web: «on page» y «off page». El SEO «on page» es el que podemos establecer y aplicar en nuestro propio sitio, eligiendo un tema adecuado, configurando bien WordPress y creando entradas amigables para buscadores. El «off page» es el consistente en obtener enlaces que apunten a nuestra web, ya sean naturales o de pago. Una estrategia SEO completa se vale de ambas tácticas.*

El primer elemento a tener en cuenta es la configuración de WordPress que no solo no interfiera, sino que mejore el posicionamiento. Para ello hay que considerar estos puntos:

1. Dar un título al sitio que contenga la frase clave principal en Ajustes>Generales.

2. Hacer una descripción corta del sitio que incluya una relación de lo que se espera y las frases clave principales, también en Ajustes>Generales.

3. Crear una estructura de categorías suficiente, pero concisa, que contemple las temáticas principales que abarcará el contenido publicado en el sitio.

4. Establecer enlaces permanentes amigables del tipo `/%postname%/` en Ajustes>Enlaces permanentes.

5. Permitir que nuestro sitio indexe en buscadores en Ajustes>Lectura.

6. Definir en cada entrada y página un título con las frases clave principales del contenido.

7. Establecer un extracto en cada entrada que resuma su contenido e incluya las frases clave principales.

8. Añadir etiquetas en cada entrada que coincidan con las frases clave principales del texto a publicar.

9. Elegir la categoría adecuada al contenido en cada entrada que vayamos a publicar.

10. Definir en cada imagen que subamos al contenido el texto alternativo (`alt`), título y descripción, siempre.

11. Comprimir el contenido de las entradas (ayudawp.com/comprime-el-contenido-desde-htaccesss/).

12. No activar la paginación de comentarios en Ajustes>Comentarios, pues los comentarios también son parte del contenido.

Truco: *Los motores de búsqueda no ven tu página como un diseño bonito sino su estructura, código y contenido. Los comentarios también constan como contenido de cada página o entrada. Por ello, debes incluir la gestión de comentarios en tu estrategia SEO de manera que estos amplíen o mejoren el contenido de tus entradas. Evita comentarios que no tengan que ver con el contenido, así como enlaces externos no relacionados. Fomenta el debate asociado a la temática de la entrada, aunque cuestione conceptos de la publicación original o introduzca elementos nuevos. Siempre debes ver los comentarios como parte del contenido completo de cada página de tu sitio, con un efecto en el posicionamiento en buscadores.*

EL TEMA WORDPRESS PERFECTO PARA SEO

Da igual cuán bien tengamos configurado WordPress, si no escogemos un tema que esté bien desarrollado y estructurado no servirá de nada y nuestro contenido no posicionará bien en los buscadores. Los elementos fundamentales de un tema WordPress orientado a SEO deben ser los siguientes:

▸ Compatibilidad con todos los buscadores modernos.

▸ Validación 100 % XTHML y CSS.

▸ Formado por los archivos index.php, single.php, page.php, comments.php, archive.php, search.php, 404.php.

▸ Preparado para *widgets* de barra lateral.

▸ Con los *hooks* principales de WordPress que identifican cada bloque de contenido y conectan unos con otros (wp_head, wp_footer). De otro modo, muchos plugins e incluso funciones WordPress no van a funcionar correctamente.

- El fichero index.php solo contendrá una etiqueta `<h1>` y un `<title>`, dedicados al título del sitio (`wp_title`).

- El fichero index.php dedicará las etiquetas `<h2>` a los títulos de las entradas exclusivamente.

- El fichero single.php solo tendrá una etiqueta `<h1>` y un `<title>`, dedicados al título de la entrada (`the_title`).

- El fichero single.php no dispondrá de ninguna etiqueta `<h2>`, quedando estas en exclusividad para uso por parte del editor dentro del contenido de las entradas.

- El tema no debe contener enlaces externos no relacionados con la temática del sitio web y, por supuesto, tampoco enlaces ocultos, considerado como una mala práctica SEO.

- El fichero single.php tendrá enlaces a la entrada anterior (`<?php previous_post_link(); ?>`) y entrada siguiente (`<?php next_post_link(); ?>`) para reducir el porcentaje de rebote, mejorando el tiempo de permanencia en el sitio.

- El archivo single.php mostrará las categorías (`<?php echo get_the_category_list(); ?>`) y las etiquetas de la entrada (`<?php the_tags('Etiquetas:', ', ', '<br />'); ?>`).

- El tema contendrá al menos una barra lateral (sidebar.php) para mostrar *widgets* que mejoren la usabilidad del sitio.

- El tema estará preparado para su visualización en dispositivos móviles (*responsive*).

Puede ocurrir, no obstante, que tu tema WordPress no disponga de la estructura perfecta, pero es posible forzarla mediante un código que, añadido al archivo functions.php del mismo tema, conseguirá lo que no aporta por defecto. El código sería este:

```
//* SEO WordPress a la brava
Uso:
1. Añade este código a tu fichero functions.php.
2. Reemplaza la cadena $default_keywords con las tuyas.
3. Añade <?php echo seo_wp_bravo(); ?> al archivo header.php.
4. Comprueba que todo funciona bien y no has roto nada.
Opcional: añade palabras clave o una descripción, título
a cualquier entrada o página usando estas claves de campo
personalizado:
```

```
      mm_seo_desc

      mm_seo_keywords

      mm_seo_title
```

Para migrar desde cualquier plugin SEO reemplaza sus claves de campo personalizado con las claves anteriores. Más información: ayudawp.com/seo-wordpress-sin-plugins/

```
*/

function seo_wp_bravo() {
     global $page, $paged, $post;
     $default_keywords = 'wordpress, plugins, temas, seo,
programación, seguridad, htaccess, apache, php, sql, html,
css, jquery, javascript, tutorials'; // personaliza esto
     $output = '';
     // descripción
     $seo_desc = get_post_meta($post->ID, 'mm_seo_desc',
true);
     $description = get_bloginfo('description', 'display');
     $pagedata = get_post($post->ID);
     if (is_singular()) {
          if (!empty($seo_desc)) {
               $content = $seo_desc;
          } else if (!empty($pagedata)) {
               $content = apply_filters('the_excerpt_rss',
$pagedata->post_content);
               $content   =   substr(trim(strip_
tags($content)), 0, 155);
               $content = preg_replace('#\n#', ' ',
$content);
               $content = preg_replace('#\s{2,}#', ' ',
$content);
               $content = trim($content);
          }
     } else {
          $content = $description;
     }
     $output .= '<meta name="description" content="' . esc_
attr($content) . '">' . "\n";
```

```php
    // palabras clave
    $keys = get_post_meta($post->ID, 'mm_seo_keywords',
true);
    $cats = get_the_category();
    $tags = get_the_tags();
    if (empty($keys)) {
            if (!empty($cats)) foreach($cats as $cat) $keys
.= $cat->name . ', ';
            if (!empty($tags)) foreach($tags as $tag) $keys
.= $tag->name . ', ';
            $keys .= $default_keywords;
    }
    $output .= "\t\t" . '<meta name="keywords" content="'
. esc_attr($keys) . '">' . "\n";
    // robots
    if (is_category() || is_tag()) {
            $paged = (get_query_var('paged')) ? get_query_
var('paged') : 1;
            if ($paged > 1) {
                    $output .=  "\t\t" . '<meta name="robots"
content="noindex,follow">' . "\n";
            } else {
                    $output .=  "\t\t" . '<meta name="robots"
content="index,follow">' . "\n";
            }
    } else if (is_home() || is_singular()) {
            $output .=  "\t\t" . '<meta name="robots"
content="index,follow">' . "\n";
    } else {
            $output .=  "\t\t" . '<meta name="robots"
content="noindex,follow">' . "\n";
    }
    // títulos
    $title_custom = get_post_meta($post->ID, 'mm_seo_
title', true);
    $url = ltrim(esc_url($_SERVER['REQUEST_URI']), '/');
    $name = get_bloginfo('name', 'display');
    $title = trim(wp_title('', false));
```

```
    $cat = single_cat_title('', false);
    $tag = single_tag_title('', false);
    $search = get_search_query();
    if (!empty($title_custom)) $title = $title_custom;
    if ($paged >= 2 || $page >= 2) $page_number = ' | ' .
sprintf('Página %s', max($paged, $page));
    else $page_number = '';
    if (is_home() || is_front_page()) $seo_title = $name .
' | ' . $description;
    elseif (is_singular())              $seo_title = $title
. ' | ' . $name;
    elseif (is_tag())                   $seo_title = 'Archivo
de la etiqueta: ' . $tag . ' | ' . $name;
    elseif (is_category())              $seo_title = 'Archivo
de la categoría: ' . $cat . ' | ' . $name;
    elseif (is_archive())               $seo_title = 'Archivo:
' . $title . ' | ' . $name;
    elseif (is_search())                $seo_title = 'Búsqueda:
' . $search . ' | ' . $name;
    elseif (is_404())                   $seo_title = '404 -
No encontrado: ' . $url . ' | ' . $name;
    else                                $seo_title = $name .
' | ' . $description;
    $output .= "\t\t" . '<title>' . esc_attr($seo_title .
$page_number) . '</title>' . "\n";
    return $output;
}
```

Lo que hace este código es optimizar las páginas y entradas para SEO, incluyendo los siguientes metadatos en la sección head de tu tema WordPress:

- ▶ **Meta description:** utiliza metas personalizados si existen; en caso contrario, las primeras 155 palabras del contenido.

- ▶ **Meta keywords:** usa metas personalizados si existen; en caso contrario, los genera desde etiquetas y categorías.

- ▶ **Meta robots:** incluye etiquetas meta robots del tipo index/follow o noindex/follow dependiendo de la página.

- ▶ **Título SEO:** emplea metas personalizadas si existen; en caso contrario, crea un título único y optimizado.

CONTENIDOS PERFECTOS PARA SEO

Si tenemos bien configurado WordPress y elegido el tema perfecto, nos queda la tarea principal. Cuando creemos contenidos siempre hay que tener en cuenta aquellos elementos que ayudarán a un mejor posicionamiento en buscadores, que podríamos resumir en los siguientes:

▶ **Frase clave en el título del documento:** Muy importante añadir tu frase clave dentro del título.

▶ **Frase clave en etiquetas \<img\> y alt:** Vital agregar dentro de cada imagen sus palabras clave (ejemplo: `<img src="imagen.png" alt="palabra clave">`).

▶ **Frase clave en URL de la página:** Dentro de Ajustes>Enlaces permanentes, si se introduce `%postname%`, es posible personalizar tus enlaces y hacer que su URL sea la misma que el título que indicaste como palabra clave. También es esencial especificarlo en el *slug*.

▶ **Frase clave en negrita del texto principal:** Se refiere al texto que se encuentra en el contenido de la página y donde es importante también añadir su palabra clave y marcar en negrita, entre las etiquetas HTML `<strong>...</strong>`.

▶ **Texto de enlace entrante:** Son enlaces desde otros sitios web a donde enlazan su página utilizando el texto de enlace con su palabra clave.

▶ **Los encabezados:** Los textos encabezados son los escritos entre etiquetas HTML `<h2>...</h2>`, `<h3>...</h3>`, etc. Los motores de búsqueda les dan relevancia extra a los términos de búsqueda que aparecen en textos de encabezado, y deben siempre seguir una estructura jerárquica.

▶ **La frase clave principal:** Está en el primer párrafo del texto y resaltada en negrita.

▶ **El texto de la entrada:** Contiene al menos 300 palabras de contenido relacionado con el título.

▶ **La entrada**: Dispone al menos de una imagen relacionada y bien etiquetada, además de con al menos un enlace (ya sea interno o externo) relacionado con el contenido del texto.

▶ **Las etiquetas:** Preferentemente, deben seguir las reglas de *larga cola* (del inglés *long tail*), eligiendo aquellas que definan mejor el contenido a posicionar (por ejemplo, es mejor «curso experto WordPress en Madrid» que «curso WordPress» porque se compite con menos resultados y es más específico y útil para el usuario del buscador).

▶ **Enlaces:** Evita el exceso de ellos. No sobrepases la regla máxima de «un enlace cada cien palabras».

▶ **Plugin Yoast SEO:** Utiliza siempre los módulos de análisis de contenido y legibilidad de este plugin en tus entradas y páginas, completando los campos `Title` y `Meta Description`, pensando en los buscadores más que en el lector, pues son etiquetas no visibles para el visitante (pero vitales para el buscador).

Truco: *Siempre es mejor emplear frases clave y etiquetas que sigan las reglas de larga cola, pues son más relevantes y obtienen más clics, así como mejores resultados y rankings por parte de los buscadores, especialmente de aquellos que ofrecen visualización de resultados mientras se escribe, como Google.*

LOS PLUGINS SEO PERFECTOS

Para llegar aún más lejos, para alcanzar el Olimpo del SEO, WordPress nos ofrece una serie de plugins imprescindibles para el posicionamiento en buscadores, que complementan todo aquello que le falta para tener la herramienta SEO perfecta. Plugins imprescindibles para SEO:

Figura 11.2. Análisis de contenido del plugin Yoast SEO, que permite especificar título, descripción y palabras clave, invisibles para el usuario, pero vitales para el posicionamiento en buscadores. Este plugin además ofrece una vista previa del resultado.

▶ **Yoast SEO** (es.wordpress.org/plugins/wordpress-seo/): te ayudará a analizar el posicionamiento de WordPress y tus contenidos. Absolutamente imprescindible.

- **Broken Link Checker** (es.wordpress.org/plugins/broken-link-checker/): comprueba en segundo plano enlaces que hayan quedado obsoletos o estén mal enlazados, ofreciendo la posibilidad de eliminarlos o marcarlos como rotos, algo imprescindible para no confundir a los buscadores con enlaces no existentes.

- **Cualquier plugin:** siempre que sirva para compartir tus entradas en los medios sociales y, de este modo, generar tráfico hacia tu web, que también mejora tu ranking en los buscadores.

- **Plugins de optimización:** para acelerar la carga de nuestra web (se verán en las siguientes páginas).

GOOGLE, WORDPRESS Y EL SEO

Google redefine cada poco tiempo las reglas para el posicionamiento en buscadores, pero en los últimos tiempos, en vez de introducir elementos nuevos que tener en cuenta, parece haber decidido volver a los conceptos básicos de escribir para Internet que, en lo que respecta a WordPress, vendrían a ser los siguientes:

- Vigila la profundidad y relevancia de tu contenido con plugins como Yoast SEO, que analiza tu contenido y te sugiere mejoras para optimizar el SEO del mismo.

- Añade siempre descripciones a categorías, enlaces y etiquetas, que los autores rellenen las biografías de autor, y que completen el campo de extracto manualmente siempre.

- Usa Yoast SEO o plugins similares para configurar correctamente el mapa del sitio y el indexado de cada sección de tu web.

- Reduce categorías y etiquetas a lo imprescindible. Evita categorías y, sobre todo, etiquetas similares o duplicadas (p.ej. *WordPress* y *wordpress*).

- Soluciona los enlaces rotos, plugins como Broken Link Checker te ayudarán de maravilla en esta tarea.

- Utiliza plugins sociales (hay muchos, elige el que más te guste), así irás popularizando tu sitio, a falta de antigüedad.

- Emplea algún sistema de caché, Google valora cada vez más la velocidad de respuesta de las webs.

- Evita que te copien contenido, pues los algoritmos actuales de Google no están consiguiendo que los sitios que nos copian sean penalizados como debieran e, incluso, en ocasiones están por delante de los sitios del contenido original.

SEGURIDAD EN WORDPRESS

WORDPRESS ES SEGURO

Si has escuchado que WordPress no es seguro lo más probable es que sea porque sigue vigente la leyenda negra del «verano de 2009» (ver capítulo 2). Ten la total confianza de que WordPress es, sin ninguna duda, el sistema más seguro de creación y administración de webs.

La regla máxima para garantizar la seguridad de WordPress es la siguiente:

► Si estás actualizado, estás seguro.

► Si no, eres un objetivo.

Esta regla se cumple por sí sola desde que WordPress se actualiza él solito y en segundo plano, sin tu intervención, cada vez que hay una actualización de mantenimiento o seguridad. Si trabajas con WordPress estás utilizando el CMS más seguro que existe.

Las reglas de oro para mantener a salvo WordPress son estas:

1. Actualízalo siempre que haya una nueva versión.

2. Instala solo plugins seguros y actualizados, preferentemente desde tu escritorio de WordPress, que es lo mismo que hacerlo desde el repositorio oficial es.wordpress.org/plugins.

3. Instala solo temas seguros y actualizados, preferentemente desde tu escritorio de WordPress, que es lo mismo que hacerlo desde el repositorio oficial es.wordpress.org/themes.

4. Trabaja con un buen plugin de seguridad que mantenga tu sitio a salvo de ataques de fuerza bruta.

5. Instala, activa y configura un buen plugin que haga copias de seguridad de tu sitio y la base de datos.

6. Protege la instalación de WordPress.

7. Elige un buen servicio de alojamiento web que incluya protección desde el propio servidor.

8. Utiliza siempre contraseñas seguras, que incluyan letras en mayúsculas y minúsculas, números y símbolos.

¡ACTUALIZA, ACTUALIZA, ACTUALIZA!

Lo más importante en cualquier sistema informático es mantenerlo actualizado, y WordPress no es una excepción. Cualquier sistema —más cuando es popular y WordPress lo es— está sujeto a las malas intenciones de usuarios que pretenderán acceder al mismo para tomar el control y para fines delictivos.

En WordPress la primera línea de defensa es la actualización que en el caso de actualizaciones de mantenimiento y seguridad siempre son automáticas y en segundo plano, así que por esa parte estás cubierto y salvo. Descubrirás que, aunque la actualización sea automática, WordPress te avisa en el mismo momento en que esté disponible, incluso antes de que se inicie. No temas a hacerlo manualmente, pues el proceso es rápido y sencillo, sin fallos: solo tienes que acceder a Escritorio>Actualizaciones y hacer clic en el botón Actualizar ahora, el proceso dura segundos y tendrás WordPress actualizado.

Si prefieres esperar a la actualización automática esta se activará en menos de lo que imaginas y, al terminar, recibirás un aviso por correo electrónico de que WordPress se ha actualizado.

En el caso de las actualizaciones mayores (por ejemplo, de la versión 5.1 a la 5.2), aunque se puede forzar también la automatización, WordPress requiere que realices la misma de manera inmediata, pero debes activarla igualmente. El proceso es rápido y seguro: solo debes asegurarte antes de actualizar a versiones mayores que los plugins instalados son compatibles con la nueva versión, pues en caso contrario es recomendable variar de plugin (lo más seguro) o esperar a que se actualice a la nueva versión de WordPress. Los temas no suelen sufrir incompatibilidades graves con las actualizaciones de WordPress salvo que tengan códigos muy antiguos y obsoletos, así que suele ser siempre seguro actualizar WordPress por muy veterano que sea el tema.

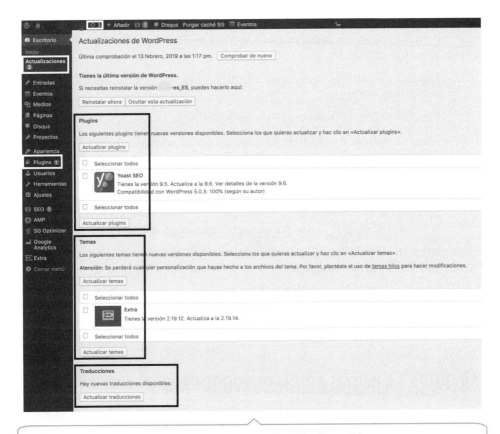

Figura 12.1. Aviso de actualización disponible.

Truco: *Después de una actualización es recomendable —aunque no obligatorio— acceder a la URL misitio.es/wp-admin/upgrade.php por si fuera necesaria alguna actualización de parámetros de la base de datos (que, en caso de ser así, se hará al instante).*

ACTUALIZACIÓN MANUAL DE WORDPRESS

No siempre están disponibles las actualizaciones automáticas, en segundo plano o con tu intervención, y en estos casos se requiere que las realices manualmente. No es común, pero hay servidores con poca memoria y recursos en los que WordPress no es capaz de actualizarse. En estos casos la mejor vía es la manual (que es un proceso muy similar al que vimos en el capítulo 4). El proceso es el siguiente:

1. Descarga la última versión de WordPress desde el sitio oficial (es.wordpress.org).

2. Descomprime el fichero ZIP en tu ordenador.

3. Abre tu aplicación de FTP y conecta con el servidor donde está instalado WordPress.

4. Sube las carpetas y archivos descomprimidos que acabas de descargar al servidor, sobrescribiendo las carpetas y archivos existentes. IMPORTANTE: Sube todas las carpetas y archivos excepto la carpeta wp-content, pues es la que contiene tus temas, plugins y archivos subidos.

5. Sube la carpeta languages situada en el directorio wp-content descargado a la misma ubicación en tu servidor para sustituir la traducción de WordPress por la actualizada.

6. Accede a la URL misitio.es/wp-admin/upgrade.php por si fuera necesario actualizar la base de datos.

ASEGURA LA INSTALACIÓN DE WORDPRESS

Cuando tienes WordPress actualizado a la última versión, hay algunas medidas adicionales que podemos llevar a cabo para asegurar la instalación y disponer de un entorno aún más seguro, a salvo de intrusos. Las principales son estas:

▶ Borra los ficheros readme.txt y leeme.txt de la carpeta raíz de la instalación de WordPress, pues informa de la versión que estás utilizando.

▶ Modifica el prefijo de la base de datos si elegiste el predeterminado (wp_) en el proceso de instalación. Hazlo, por ejemplo, con el plugin Change DB Prefix (es.wordpress.org/plugins/change-table-prefix/).

▶ Cambia el nombre de usuario por defecto de WordPress (*Admin*) si no lo hiciste en el proceso de instalación.

▶ Asigna los permisos correctos a archivos y carpetas (más adelante se verá en este mismo capítulo).

▶ Asegura los archivos de configuración de WordPress.

▶ Oculta la versión de WordPress.

▶ Desactiva el editor de plugins y temas.

CAMBIAR EL PREFIJO DE LA BASE DE DATOS

El prefijo de la base de datos por defecto viene marcado a wp_ en el fichero wp-config.php creado en la instalación a partir de wp-config-sample.php. Si no lo modificaste, es posible hacerlo más tarde, aunque no es la opción más sencilla y recomendable.

Cuando un *hacker* trate de atacar tu sitio mediante una inyección SQL lo primero que va a hacer es comprobar si las tablas de tu base de datos empiezan por wp_, pues los nombres de las tablas de WordPress son de sobra conocidos (wp_options, wp_posts, wp_users, etcétera).

Solo necesitas acceso al fichero wp-config.php para editarlo y a phpMyAdmin, algo habitual desde el panel de tu alojamiento, no vas a tardar más de 10 minutos.

Advertencia: *Siempre haz antes copia de seguridad de la base de datos antes de variar cualquiera de sus elementos. La misma herramienta phpMyAdmin dispone de un botón para hacerla al instante.*

Lo primero es modificar el fichero wp-config.php, donde hemos de buscar unas líneas como estas:

```
/**
 * Prefijo de la base de datos de WordPress.
 * Cambia el prefijo si deseas instalar múltiples blogs en
una sola base de datos.
 * Emplea solo números, letras y guion bajo.
 */
$table_prefix  = 'wp_';
```

Que debemos cambiar a algo similar a esto:

```
/**
 * Prefijo de la base de datos de WordPress.
 * Cambia el prefijo si deseas instalar múltiples blogs en
una sola base de datos.
 * Emplea solo números, letras y guion bajo.
 */
$table_prefix  = 'minuevoprefijo_';
```

La elección del nuevo prefijo es cosa tuya, pero procura no ser muy predecible.

Cuando guardemos los cambios, vamos al panel de control de nuestro proveedor de alojamiento y localizamos la utilidad de gestión de bases de datos (por defecto phpMyAdmin) y accedemos a ella con las credenciales que nos facilitó el proveedor en el momento de la contratación (si no las tenemos, se las solicitamos y deben dárnoslas obligatoriamente).

Como en el paso anterior hemos dicho a WordPress que el prefijo de las tablas es distinto al que tienen las existentes, no te sorprendas si al acceder a tu sitio te da error, es lo normal, lo raro sería lo contrario.

Cuando instalas WordPress se añaden nada menos que once tablas estándar predeterminadas en tu base de datos. Luego, si instalas plugins, incluso con algunos temas, la lista va creciendo. Accede a phpMyAdmin y revisa en la lista de la izquierda la lista de tablas de tu base de datos y verás, al menos, las once originales (aunque seguro serán más).

Figura 12.2. Tablas predeterminadas de una instalación de WordPress.

Una vez dentro de phpMyAdmin elegimos la pestaña SQL y luego el comando RENAME para renombrar las tablas de nuestra base de datos, que es lo que toca ahora.

Con los siguientes comandos renombramos las once tablas originales de WordPress, y recuerda que si tienes más tablas debes añadir una línea similar por cada una adicional.

Ejecuta el siguiente comando, solo sustituye el prefijo puesto aquí por el que hayas escogido en el paso anterior:

```
RENAME table `wp_commentmeta` TO `minuevoprefijo_commentmeta`;
RENAME table `wp_comments` TO `minuevoprefijo_comments`;
RENAME table `wp_links` TO `minuevoprefijo_links`;
RENAME table `wp_options` TO `minuevoprefijo_options`;
RENAME table `wp_postmeta` TO `minuevoprefijo_postmeta`;
RENAME table `wp_posts` TO `minuevoprefijo_posts`;
RENAME table `wp_terms` TO `minuevoprefijo_terms`;
```

```
RENAME     table     `wp_term_relationships`     TO
`minuevoprefijo_term_relationships`;
RENAME table `wp_term_taxonomy` TO `minuevoprefijo_term_ta-
xonomy`;
RENAME table `wp_usermeta` TO `minuevoprefijo_usermeta`;
RENAME table `wp_users` TO `minuevoprefijo_users`;
```

Luego le das al botón denominado Ir (o Go, si está en inglés) y tus tablas quedan renombradas de golpe. Ahora ya solo nos toca modificar un par más. La tabla wp_options contiene por lo menos un valor que hace referencia a los viejos prefijos, así que hay que cambiarlo. De nuevo ejecutaremos un comando SQL que nos muestre todos los valores de esta tabla que contengan los nombres viejos.

Vamos de nuevo a la pestaña SQL y en la parte superior introducimos lo siguiente, de nuevo sustituye la cadena aleatoria por la tuya:

```
SELECT * FROM `minuevoprefijo_options` WHERE `option_name`
LIKE '%wp_%'
```

Cuando veas los resultados, edita el option_name para cambiar wp a la cadena que elegiste. O sea, que si uno de los option_names es, por ejemplo, wp_user_roles, lo renombras como minuevoprefijo_user_roles, para que haga referencia a los nuevos nombres de tablas.

Al igual que antes, también en esta tabla hay referencias a lo antiguo, así que de nuevo hay que ejecutar un comando para terminar el proceso. Tecleamos lo siguiente para saber lo que nos toca cambiar:

```
SELECT * FROM `minuevoprefijo_usermeta` WHERE `meta_key`
LIKE '%wp_%'
```

Luego se ha de modificar el meta_key de cada resultado para que tenga nuestra cadena antiatacantes.

¡Y ya está! Es posible ir al Escritorio de WordPress para comprobar que todo funciona, sabiendo que estás un poco más seguro ante inyecciones SQL.

La otra manera, menos manual, de variar el prefijo de la base de datos —que he guardado para el final— es el plugin Change DB prefix (es.wordpress.org/plugins/db-prefix-change/), que hace todo lo anterior en un solo paso y sin salir de tu escritorio de WordPress. Lo instalas y activas, vas a su página de ajustes, eliges el nuevo prefijo y guardas los cambios, fin. Lo sé, me odias, pero hay que saber cómo se hacen las cosas al menos de un par de maneras posibles.

CAMBIAR EL NOMBRE DE USUARIO ADMINISTRADOR PREDETERMINADO

Nunca es buena idea dejar los textos, usuarios y claves por defecto, y en WordPress tampoco: por su gran popularidad, cualquiera *hacker* y casi cualquier persona sabe que el usuario predeterminado de toda instalación se llama Admin. Toca cambiarlo sí o sí porque, si no, cualquier atacante ya sabría el 50 % de los datos que necesita para acceder a tu WordPress, solo le quedaría identificar tu contraseña con alguna herramienta.

Hay dos maneras de sustituir el nombre del usuario administrador por defecto. La primera, y más sencilla, consiste en:

1. Crear un nuevo usuario con perfil de administrador.

2. Cerrar la sesión actual y entrar con los datos del nuevo usuario administrador.

3. Acceder a la ventana de administración de usuarios y borrar el usuario Admin, WordPress te pedirá confirmación: asigna las entradas al usuario administrador nuevo.

Simple, seguro y efectivo. Pero, si quieres, también renombra el usuario Admin desde la base de datos, donde el proceso es el siguiente:

1. Ve al panel de control del alojamiento.

2. Accede a phpMyAdmin y localiza, en la base de datos de la instalación de WordPress, la tabla denominada miprefijo_users.

3. Haz clic en el botón Explorar y busca la cadena denominada admin.

4. Verás que dice admin en, al menos, dos lugares: user_login y user_nicename (y tal vez en display_name). Reemplazamos admin por el nombre de usuario que deseamos (por ejemplo, pepe). Recuerda emplear el mismo nombre en los tres campos y no editar otro campo más que los mencionados.

Una vez terminada esta edición, guardamos y cerramos phpMyAdmin. Ahora volvemos a nuestro sitio e intentaremos iniciar sesión. Si probamos con el usuario admin, veremos que ya no funciona, pero con el nombre de usuario que le hemos puesto (pepe) sí accederemos automáticamente a nuestro sitio.

PERMISOS DE ARCHIVOS Y CARPETAS

Uno de los elementos más importantes a la hora de asegurar cualquier sitio web son los permisos (UNIX) de archivos y carpetas, y la regla base en WordPress es 644 para archivos y 755 para carpetas.

Figura 12.3. Cambiando los permisos de archivos y carpetas.

Verás que en la mayoría de las ocasiones no es necesario cambiar estos permisos, pues o bien tu servidor de alojamiento o el mismo WordPress ya los carga correctamente, pero no siempre es así.

No está de más que revises los permisos de tu instalación y sigas la regla básica que he apuntado antes. Si después de modificar los permisos algún plugin o tema te da problemas, mueve los permisos a la carpeta o archivo concreto requerido (siempre siendo consciente de que estás dejando un posible agujero de seguridad).

Ejemplos de permisos especiales los puedes tener con las carpetas cache, donde los temas almacenan las miniaturas y algunos plugins ficheros temporales, que muchas veces —o casi siempre— tienen que tener permisos 666 o 777 (totales), o algunos plugins que tienen un fichero de configuración con permisos especiales.

En estos casos, mide bien la decisión, pues a veces es mejor cambiar a un plugin que ofrezca lo mismo sin esa peculiaridad que dejar un posible hueco para entrada de *hackers*.

Modificar los permisos de archivos y carpetas es sencillo: hazlo con tu cliente FTP o desde el explorador de archivos de tu panel de control del alojamiento, así que no dejes de revisar los permisos al menos una vez al mes.

ASEGURA LOS ARCHIVOS Y CARPETAS DE CONFIGURACIÓN DE WORDPRESS

Hay archivos vitales en toda instalación de WordPress que, aunque no lo requieran, siempre son susceptibles de tener más seguridad. Uno de ellos (que no es de WordPress, pero sí es vital) es el denominado .htaccess, que se protege con la introducción de unas líneas al mismo archivo:

```
<files .htaccess>
order allow,deny
deny from all
</files>
```

Otro archivo imprescindible es el fichero de configuración de WordPress, el famoso wp-config.php, y de nuevo usaremos al querido .htaccess para añadirle estas líneas que protejan la configuración:

```
<files wp-config.php>
order allow,deny
deny from all
</files>
```

Podemos, casi debemos, proteger la carpeta a la que se suben los adjuntos, de manera que evitemos la carga de tipos de archivo que no especifiquemos nosotros mismos, aunque WordPress sí lo permita. Para ello crea un fichero .htaccess (recuerda que lleva un punto delante en el nombre) en la carpeta o carpetas que queramos proteger e introduce este código:

```
<Files ~ ".*\..*">
        Order Allow,Deny
        Deny from all
</Files>
<FilesMatch "\.(jpg|jpeg|jpe|gif|png|bmp|tif|tiff|doc|pdf|r
tf|xls|numbers|odt|pages|key|zip|rar)$">
        Order Deny,Allow
        Allow from all
</FilesMatch>
```

Personalizamos la lista de FilesMatch para que contemple las extensiones de tipo de archivo permitidas en esa carpeta concreta. Pero no acaba ahí la cosa. WordPress hace ya mucho tiempo que tiene la opción de ocultar de la vista de curiosos el archivo de configuración wp-config.php y la carpeta wp-content: los cambia de sitio, para que sea más difícil localizarlos.

En el caso del archivo wp-config.php no tiene ningún misterio, lo que tienes que hacer es moverlo a una carpeta superior de donde tienes instalado WordPress y lo usará y reconocerá igualmente. Por ejemplo, si está instalado WordPress en /tusitio.es/www/public_html/web/wp-config.php lo subes por FTP o mediante el explorador de archivos del panel de control del alojamiento a /tusitio.es/www/public_html/wp-config.php.

Con respecto a la carpeta wp-content, es posible moverla a cualquier ruta de tu alojamiento, solo que una vez hecho esto debes indicar en el fichero wp-config.php dónde está:

```
define('WP_CONTENT_DIR', $_SERVER['DOCUMENT_ROOT'] . '/
nombre-nueva-carpeta');
define('WP_CONTENT_URL', 'http://tusitio.es/
nombre-nueva-carpeta');
```

OCULTANDO LA VERSIÓN DE WORDPRESS

Los temas WordPress incluyen una función que informa de la versión que se está actualizando, y esto es información gratuita que no queremos dar a cualquier atacante. Es un estándar que no aporta nada al sitio y siempre sobra. Lo debemos anular añadiendo esta línea de código al fichero functions.php del tema activo:

```
remove_action('wp_head', 'wp_generator');
```

DESACTIVAR EL EDITOR DE PLUGINS Y TEMAS

Otra posible vulnerabilidad de seguridad es la edición de archivos de plugins y temas desde el editor interno incluido en WordPress. Casi siempre las vulnerabilidades que buscan los atacantes van dirigidas al robo de contraseñas de usuarios, que es lo más fácil. De este modo, si consiguen la contraseña de alguien con permiso para editar archivos, te pueden colar cualquier cosa en el tema sin que te enteres.

Esto, por fortuna, tiene fácil solución: inhabilita por completo el editor de plugins y temas interno de WordPress. Si quieres editar algún fichero, ya lo harás por FTP o desde el panel de alojamiento. Para inactivar el editor de temas y plugins de WordPress agrega esta línea de código al fichero wp-config.php:

```
define('DISALLOW_FILE_EDIT', true);
```

PLUGINS DE SEGURIDAD

Mucho de lo que llevamos visto en este capítulo —y algunas cosas más— lo podemos hacer también mediante plugins de seguridad. Hay bastantes, gratuitos como siempre, y con diversos usos y aplicaciones, que debes probar hasta encontrar la combinación más segura y que mejor controlas para tu instalación de WordPress. Los que te recomiendo son estos:

- ▶ **Wordfence:** Completa suite de seguridad para WordPress, que ofrece casi todo lo que puedas necesitar, desde escaneo en tiempo real de archivos de la instalación para avisarte de modificaciones hasta un *firewall* muy completo, pasando por nivel de seguridad exigido para contraseñas, límite de intentos de acceso, bloqueo de IP, casi de todo. A mi modo de ver solo falla en que está en inglés y que no bloquea el puerto XML-RPC, una de las mayores vulnerabilidades conocidas de WordPress (wordpress.org/plugins/wordfence/).

- ▶ **Bulletproof security:** Muy completo igualmente. Protege WordPress contra intentos de inyecciones SQL y base64, las más comunes. Entre sus curiosidades también te permite cambiar el prefijo de la base de datos si tuvieras aún el predeterminado, además de proteger cada carpeta de WordPress mediante su propio .htaccess (es.wordpress.org/plugins/bulletproof-security/).

- ▶ **iThemes Security:** Es el más completo de todos: uno de los plugins de seguridad más veteranos a la par que eficaz, y está en español. LLeva a cabo más de 30 comprobaciones de seguridad, informándote de las acciones que realizarás en caso de detectar alguna vulnerabilidad (es. wordpress.org/plugins/better-wp-security/).

- ▶ **Two Factor Authentication:** Agrega una capa extra de seguridad a la pantalla de acceso: requiere la doble verificación mediante servicios externos como Google Authenticator o correo electrónico (es.wordpress. org/plugins/two-factor-authentication/).

COPIAS DE SEGURIDAD

Da igual las medidas de seguridad que tomes, siempre es posible que algún atacante descubra una nueva vulnerabilidad en cualquier sistema. La realidad es que siempre van por delante. Por eso, debemos ser precavidos y, al menos, tener siempre copias de seguridad de nuestra web.

En WordPress tenemos herramientas que nos ayudan a ello en la misma instalación, pero también es interesante recurrir a plugins que mejoran con mucho estas funcionalidades predeterminadas.

En concreto, WordPress incorpora la herramienta de exportación, en Herramientas>Exportar, que genera un archivo XML con la información de todas nuestras entradas, páginas, comentarios, campos personalizados, menús de navegación y tipos de entrada personalizadas.

Solo tenemos que escoger el contenido a descargar (todo, solo entradas, solo páginas) y pulsar el botón Descargar el archivo de exportación.

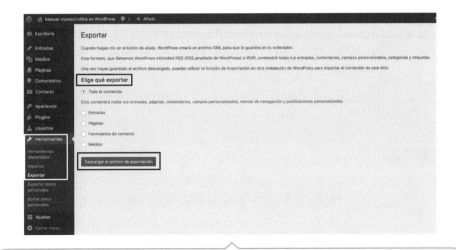

Figura 12.4. Herramienta de exportación de WordPress.

El archivo exportado contiene toda la información necesaria para que una instalación de WordPress pueda crear el contenido exportado, con todos los metadatos asociados. Además, en caso de necesidad, se recupera todo (nuestras entradas, páginas, etc.), acudiendo a la herramienta de importación en Herramientas>Importar, donde marcaremos entre las opciones disponibles la de WordPress.

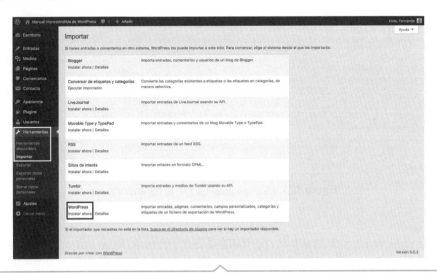

Figura 12.5. Importador de WordPress.

Lo siguiente que hace es instalar el plugin importador y, al finalizar el proceso habitual, nos ofrece iniciar la importación. Luego solo queda seleccionar el fichero exportado y empezar el proceso de importación.

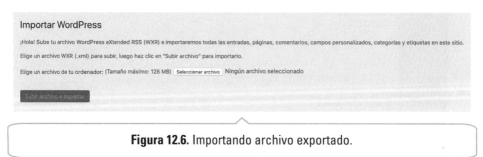

Figura 12.6. Importando archivo exportado.

Antes de iniciarse el proceso propiamente dicho, WordPress revisa el archivo y nos informa de los usuarios identificados como creadores del contenido. Ofrece importarlos, crear nuevos o asignar los contenidos a usuarios ya existentes. También da una posibilidad a la que es difícil renunciar: intentar descargar y subir los adjuntos, en concreto si marcamos la casilla denominada Descarga e importa archivos adjuntos. Y en realidad lo que hace es eso: intentarlo, porque no siempre lo consigue. Depende de muchos parámetros de seguridad del servidor donde estén alojados, ya que estos adjuntos no se exportan, solo están las referencias a su ubicación.

Figura 12.7. Últimos ajustes antes de importar.

Si todo va bien en la última pantalla se nos informa de las entradas creadas y adjuntos subidos, con la seguridad de que, si ya existía un contenido no lo duplica.

Como te habrás fijado, existen herramientas de importación para otros sistemas, no solo WordPress. En la actualidad es posible importar contenido desde la mayoría de los CMS o sistemas de creación de blogs. También desde la herramienta de importación se importan enlaces exportados y se instala —como ya vimos en el capítulo 10— el conversor de categorías y etiquetas.

Pero aquí no acaba la cosa, pues hay plugins maravillosos que crearán copias de seguridad, no solo del contenido, también de carpetas e incluso de la base de datos. Los más utilizados y potentes son estos:

▶ **WP DB Backup:** Un veterano que no falla. Realiza copias de seguridad programadas de las tablas de la base de datos en un directorio a tu elección o incluso te envía la copia de seguridad por correo electrónico.

▶ **BackWPup:** El plugin más utilizado para copias de seguridad, pues no solo permite programación de copias, sino incluir archivos y carpetas, la base de datos, cualquier fichero externo a la instalación e incluso el fichero de exportación XML. Puedes crear la copia de seguridad casi donde quieras (Amazon S3, SugarSync, Dropbox, servidores FTP, correo electrónico, Google Drive, RackSpaceCloud, Microsoft Azure). Es posible crear varias tareas de copia de seguridad distintas, con diferente programación, elementos y destino de las copias.

Por último, si quieres realizar de forma manual las copias de seguridad de WordPress estos son los elementos imprescindibles:

▶ Archivo de importación de WordPress desde la herramienta de exportación.

▶ Carpeta wp-content y todas las carpetas que contiene.

▶ Archivo de configuración de WordPress wp-config.php.

▶ Archivo .htaccess, ya que suele constar de muchas personalizaciones que querrás salvaguardar.

▶ Cualquier otro archivo y carpeta a la que enlaces desde tu blog o que hayas personalizado (pantalla de acceso personalizada, archivo de descargas, etc.).

SEGURIDAD TOTAL EN WORDPRESS

Aunque la seguridad total no existe, recopilando lo mucho de lo que hemos visto, podemos tener un WordPress bastante seguro con esta extensa pero sencilla lista de medidas:

▶ **Cambia las contraseñas con regularidad:** no solo la de WordPress sino también las de acceso FTP, phpMyAdmin e incluso la de acceso al panel de control de tu proveedor de alojamiento. Te puedes ayudar de algún plugin para forzar el cambio de contraseña en WordPress, el resto es cosa tuya. Lo ideal es que modifiques tus claves como mínimo cada mes y siempre uses buenas contraseñas (de al menos doce caracteres que incluyan mayúsculas, minúsculas, números y caracteres especiales).

▶ **Asegura la instalación de WordPress:** aprovecha los muchos y buenos plugins para asegurar WordPress: encontrar la perfecta combinación hará tu WordPress mucho más seguro.

▶ **Actualiza todo:** no te fíes de plugins y temas sin actualizar o que llevan mucho tiempo sin tener una revisión por parte del desarrollador. Muchos plugins y temas usan códigos susceptibles de ser hackeados para incluir *malware* así que empieza por ahí. Una de las ventajas de los temas y plugins *premium* (de pago) es que el desarrollador adquiere un compromiso de actualización y cuidado por sus clientes, de manera que va actualizando sus productos para que sean seguros. Una opción también segura es probar siempre plugins y temas del repositorio oficial, pues también están sujetos a un proceso de revisión. Por supuesto, JAMÁS descargues temas *premium* (o no) desde redes P2P por ahorrarte unos pocos euros, ahí te aseguro que en el 99 % de las veces tienen código inyectado que te meterá en problemas.

▶ **Haz copias de seguridad:** Siempre, no dejes al azar el hecho de que una mañana te dispongas a visitar tu web o blog y descubras que no puedes acceder o que te lo han inyectado de *malware*. Hay muchos y buenos plugins para hacer copia de seguridad en WordPress, además de las utilidades de copia de los proveedores de alojamiento. Hay incluso utilidades para hacer copia de WordPress en Dropbox.

▶ **Limpia la tabla wp_options:** esta es una de las tablas de la base de datos más delicada, donde están los ajustes e información de acceso. Límpiala de todo lo que sobre habitualmente.

▶ **Cambia de ruta del fichero wp-config y la carpeta wp-content:** desde hace ya varias versiones es posible variar la ruta del archivo wp-config.php y la carpeta wp-content. El fichero wp-config.php es uno de los más peligrosos, pues contiene la información de acceso a tu base de datos. La carpeta wp-content tiene los plugins, el tema que usas y muchos ficheros de configuración de plugins y scripts, además de cachés: es buena idea eliminar las rutas de acceso obvias para evitar miradas indiscretas.

▶ **Protege el archivo .htaccess:** otro de los archivos vitales de cualquier instalación (que contiene ajustes y rutas de todo tipo, que además se carga antes que todo lo demás) es el de Apache .htaccess. No está de más protegerlo.

- **Usa el archivo .htaccess como protección extra:** si ya has protegido el mismo fichero .htaccess puedes proteger WordPress desde el archivo .htaccess con una buena cantidad de instrucciones que te librará de más de un disgusto.

- **No des información gratuita:** evita a toda costa etiquetas «meta» y HTML que informen de la versión de WordPress, elimina el archivo readme.html, borra el fichero wp-admin/install.php y cualquier otro que facilite información sobre tu instalación de WordPress.

- **Cambia las rutas de acceso a WordPress:** otro modo de entorpecer los accesos automáticos es modificar las rutas de acceso habituales de WordPress. Por sí solo no es el no va más de la seguridad, pero evita, una vez infectado, acciones automáticas de scripts de código malicioso, que normalmente actúan sobre las rutas predefinidas por WordPress. Puedes hacerlo fácilmente con el plugin iThemes Security que te recomendé antes en este capítulo.

- **Limita los intentos de acceso:** otro modo de evitar automatizaciones del *malware* es limitar los intentos de acceso fallidos. Para esto tienes unos cuantos buenos plugins.

- **Vigila los cambios en archivos de WordPress:** con algunos fantásticos plugins supervisa cambios en los ficheros de WordPress que podrían significar una inyección de código.

- **Configura alertas de seguridad:** hay muchos servicios web que ofrecen sistema de alertas que te avisan si tu sitio está comprometido por *malware* o inyecciones de código. Muchos son gratuitos y bastante competentes así que date de alta en alguno, mejorarán tu control de la seguridad de WordPress.

- **Crea una cuenta en la Google Search Console:** las herramientas para webmasters de Google, además de avisarte de las actualizaciones de WordPress te informarán de inyecciones de código y cómo eliminarlas, además de que es el lugar donde retirar los avisos de sitio malicioso, que espero que tras estos consejos no veas nunca en una web tuya (www.google.com/webmasters/tools/).

Nota: *La experiencia dicta que tener una instalación segura de WordPress es sencillo. La mayoría de las ocasiones basta con que esté actualizada, pero siempre es recomendable —en especial, si tu web es muy popular y objetivo de posibles atacantes— mejorar la seguridad de WordPress con los trucos y plugins aquí recomendados.*

13 OPTIMIZACIÓN DE CARGA DE WORDPRESS

Hasta el último momento estuve dudando sobre si incluir este apartado en el capítulo de SEO, pues es uno de los factores que influyen enormemente en el posicionamiento en buscadores, pero —como conlleva una serie de técnicas muy específicas— al final he optado por darle su propio espacio, que lo merece.

WPO: LOS PRINCIPIOS

Aunque no es un concepto nuevo, bien es cierto que en los últimos años ha cobrado vida propia el concepto de WPO, abreviatura del inglés *Web Performance Optimization*, u optimización de rendimiento web. Lo que propone esta serie de técnicas y tácticas es conseguir que una web se cargue por completo en el navegador del usuario en el menor tiempo posible. Para ello utiliza estrategias desde el servidor, a través de WordPress y, sobre todo, de sentido común.

Los principios de WPO se resumen en los siguientes conceptos:

► Usa el menor tamaño y peso posibles en los recursos de tu web (texto, imágenes, vídeo, etc.).

► No cargues nada que no sea imprescindible.

► Entrega minimizando tu código.

- ► Comprime todos tus contenidos estáticos (códigos, medios, recursos, etc.).
- ► Elige el mejor alojamiento web posible, optimizado para WordPress.
- ► Utiliza caché siempre.

EL PROBLEMA DE WORDPRESS Y CUALQUIER CMS

WordPress —como cualquier otro sistema de gestión de contenidos moderno— se basa en una combinación de contenido estático (archivos, códigos, texto) y dinámico (consultas a la base de datos, scripts dinámicos). Eso hace que la carga de cualquier página de una web precise realizar una serie de acciones previas (en su mayoría consultas a la base de datos y scripts externos) antes de terminar de cargarse para cada visitante. Este proceso provoca que —visiblemente— cualquier web creada con un CMS siempre cargue de forma más lenta que otra generada en HTML estático.

No hace falta recordar la importancia de disponer de un sistema dinámico de creación de contenidos, y WordPress es el mejor. Por otra parte, es importante ser responsables de esta realidad y aplicar técnicas y estrategias, las conocidas como WPO: destinadas a optimizar y subsanar en lo posible el consumo de tiempo que supone el uso de estos recursos dinámicos por parte de WordPress, con el objetivo de ofrecer una experiencia de navegación rápida y óptima.

LA IMPORTANCIA DE LA CACHÉ

El concepto de caché no es nuevo. Se refiere, en esencia, a ofrecer una versión estática del contenido dinámico de una web. Y como WordPress entrega contenido dinámico, una de las estrategias básicas e imprescindibles en la optimización de WordPress es la activación de distintos sistemas de caché.

Básicamente, lo que hace un sistema de caché es crear copias estáticas de contenido dinámico, que entregan al visitante de una web en vez de la versión dinámica del mismo (mientras no cambie de algún modo). Por ejemplo, una entrada de blog con dos comentarios, mientras nadie escriba un comentario nuevo o el autor no modifique la entrada va a ser siempre igual. No tiene sentido que WordPress, cada vez que esa entrada reciba una visita, consulte la base de datos para mostrar en cada visita única:

- ► Título de la entrada.

- ▶ Autor.
- ▶ Fecha.
- ▶ Categorías.
- ▶ Etiquetas.
- ▶ Formato.
- ▶ Contenido.
- ▶ Comentarios.
- ▶ Autores de los comentarios.
- ▶ Correo electrónico de los comentaristas.
- ▶ Etc.

Son muchas consultas a la base de datos, en cada visita, para mostrar lo mismo ¿verdad? Pues bien, los sistemas de caché guardan una copia de esa entrada y, salvo que se actualice algo, siempre enseñan la copia estática de la misma, que no realiza ninguna consulta a la base de datos. Lógico, ¿no?

TIPOS DE CACHÉ

Para conseguir este objetivo de entrega de copias estáticas del contenido dinámico hay varios tipos de caché que se pueden separar en tres fundamentales:

1. **Caché estática:** Crea copias de todo el contenido estático (códigos, medios, etc.), normalmente en la RAM del servidor, mucho más rápida que el disco duro.

2. **Caché dinámica:** Realiza copias en caché del resultado HTML, lo único que entienden los navegadores, de las consultas PHP. Con esto se evitan miles de procesos de conversión de PHP a HTML que consumirían recursos del servidor.

3. **Memcached:** Graba en caché copia de las consultas a la base de datos más habituales del CMS.

CÓMO ACTIVAR Y USAR LA CACHÉ EN WORDPRESS

Como para tantas otras cosas, en WordPress lo mejor es hacer uso de plugins para gestionar las distintas cachés, pero antes debes saber que la mayoría —sino todos— de estos plugins hacen uso de la caché de objetos integrada en WordPress, motivo por el que lo primero que hacen es activarla con el añadido de una línea de código al archivo wp-config.php, esta:

```
define( 'WP_CACHE', true );
```

A continuación hacen uso del archivo advanced-cache.php de WordPress, que siempre se ejecuta antes que el resto de plugins que haya en la instalación. A partir de aquí, cada plugin tiene estrategias diferentes para aplicar la caché a tu instalación de WordPress, además de incluir ajustes para optimizar otras partes de tu web (por regla, basándose en los principios del WPO que vimos antes).

Los mejores plugins para activar y gestionar la caché en WordPress, que te recomiendo, son los siguientes:

- ▶ **W3 Total Cache:** Se ocupa de la caché estática y dinámica, además de incluir otras posibles optimizaciones como minimizado y compresión de contenidos estáticos. Su potencia es, a la vez, su mayor virtud y su peor vicio, pues tiene tantos ajustes que una mala configuración puede provocar lo contrario de lo que se busque (es.wordpress.org/plugins/w3-total-cache).

- ▶ **WP Super Cache:** Permite dos tipos de gestión de caché: además de hacer uso de la caché PHP de WordPress, aplica reglas de caché y optimización mediante el archivo .htaccess. Aúna la potencia de W3 Total Cache con una configuración más sencilla, por lo que casi siempre es más recomendable que el anterior (es.wordpress.org/plugins/wp-super-cache).

- ▶ **SG Optimizer:** Es quizás el más completo plugin de caché. Activa y gestiona de manera sencilla los tres principales tipos de caché, además de incluir montones de optimizaciones de rendimiento y velocidad para tu web (reducción automática de imágenes, carga diferida de contenidos, compresión, evitar carga de scripts innecesarios, etc.). Obtiene su mejor rendimiento en servidores de la empresa de alojamiento SiteGround, creadora del plugin (es.wordpress.org/plugins/sg-cachepress).

- ▶ **Cache Enabler:** Este plugin es una pequeña joya que, aunque solo hace caché estática de disco, lo hace tan bien que es a veces mi arma secreta en aquellas webs donde no puedo usar SG Optimizer debido a que están en servidores limitados (es.wordpress.org/plugins/cache-enabler).

Advertencia: *No uses al mismo tiempo más de un plugin de caché, causaría conflictos entre ambos y arruinaría tu web.*

OPTIMIZACIÓN DE IMÁGENES, AUDIO Y VÍDEO

Siempre digo que lo primero y último que debes optimizar, antes de pensar en otras estrategias, son tus contenidos más pesados, que siempre son los archivos multimedia. Mientras todo el código de una página de tu web pesa un máximo de 100 KB, cuando hablamos de las imágenes y demás medios de esa misma página, el menor de los archivos suele superar siempre con creces ese peso, en especial el vídeo. Es por este motivo que es fundamental que, al incluir medios en tus contenidos, estos se agreguen en su menor tamaño posible.

WordPress ofrece la funcionalidad por medio de la que genera copias más pequeñas de las imágenes que subes, y es buena costumbre usar siempre la más adecuada al ancho de tu contenido en vez del archivo completo, pero esta técnica es del todo insuficiente, hay que ir un poco más atrás.

La estrategia correcta es no subir nunca un archivo de medios sin optimizar, y para ello tenemos herramientas para reducir el peso de nuestros ficheros multimedia antes de subirlos e insertarlos en nuestras entradas o páginas. Los que te recomiendo son los siguientes:

- ▶ **tinypng:** Esta web ofrece una interfaz en la que es posible arrastrar y soltar tus archivos JPG y PNG para que, en pocos segundos, te ofrezca una versión menos pesada de los mismos, para a continuación descargarlos (tinypng.com).

- ▶ **GTMetrix:** Aunque es una herramienta de medición y análisis de los tiempos de carga de webs, cuando ofrece los resultados, si hay una imagen susceptible de reducción y optimización, siempre brinda junto al enlace de la imagen original, un enlace a su versión optimizada y de menor peso, que se descarga y sustituye por la actual (gtmetrix.com/analyze.html).

- ▶ **CloudConvert:** Fantástica herramienta online gratuita para convertir y optimizar de y a prácticamente cualquier formato de archivo existente, incluidos ficheros de audio y vídeo (cloudconvert.com).

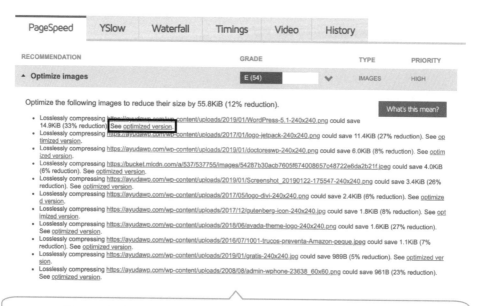

Figura 13.1. Enlaces a versiones optimizadas de las imágenes en la herramienta GTMetrix.

MINIMIZADO DE CÓDIGO

El código de cualquier página web se optimiza con facilidad reduciendo todos aquellos elementos que sobran en su programación.

Es posible eliminar saltos de párrafo, espacios, tabulaciones: elementos todos ellos útiles como referencia visual para el programador pero que, en realidad, son innecesarios para que el código se ejecute correctamente. Y lo mejor de todo es que eliminando todos estos elementos no imprescindibles se reduce el peso del código de cada una de las páginas de tu web a casi la mitad.

Para lograr este objetivo tienes varios plugins que lo consiguen de manera sobresaliente, y casi no requieren de tu intervención más allá de instalarlos, activarlos y configurar si quieres que minimicen todo el código o solo parte (HTML, CSS, JS). Los mejores son estos:

▶ **Autoptimize:** Plugin especializado en minimizado de código, muy eficaz. Solo tienes que instalar y activar y ya minimiza todo tu código (es.wordpress.org/plugins/autoptimize/).

- ▶ **Cache Enabler:** Como el plugin de caché que vimos antes, si no tienes otro plugin como Autoptimize, también minimiza el código CSS y JS.

- ▶ **SG Optimizer:** Brinda ajustes para minimizar todos los códigos, para que no tengas que usar otro plugin para esta necesidad.

COMPRESIÓN DE CONTENIDOS

Otra estrategia vital de WPO es entregar los contenidos comprimidos. Para ello nos valemos de la capacidad, por un lado, del navegador, de leer y entregar contenidos comprimidos; y por otro, del servidor, de comprimir archivos de manera nativa, sin que tengas que instalar nada en tu alojamiento.

Lo único que tienes que hacer es dar la instrucción a tu servidor de que realice la compresión de los tipos de archivo que quieres entregar reducidos. Con esta finalidad se añaden una serie de líneas de código en el archivo .htaccess de tu instalación:

```
# BEGIN GZIP
<ifmodule mod_deflate.c>
AddOutputFilterByType DEFLATE text/text text/html text/plain
text/xml text/css application/x-javascript application/
javascript
</ifmodule>
# END GZIP
```

El código primero comprueba si existe el módulo deflate en el servidor y, en caso afirmativo, añade la instrucción de emplear este compresor para entregar versiones reducidas de texto y código.

OPTIMIZACIÓN DE LA CACHÉ DEL NAVEGADOR

Quizás no lo sabías, pero tu navegador de Internet guarda copia en tu disco duro de todos los recursos de las webs que ves, para que las siguientes veces que las visites tarden menos en cargar, y este guardado. Esta caché propia del navegador tiene su tiempo de caducidad, el periodo que considera que debe descargar de nuevo los recursos existentes, solo que no siempre suele hacerlo con la frecuencia óptima.

Es por este motivo que puedes dar instrucciones a los navegadores de tus visitantes para que guarden esta caché más (o menos) tiempo del establecido por defecto. Para conseguirlo solo tienes que añadir estas órdenes al archivo .htaccess de tu instalación, como en el siguiente ejemplo:

```
## EXPIRES CACHING ##
<IfModule mod_expires.c>
ExpiresActive On
ExpiresByType image/jpg "access 1 year"
ExpiresByType image/jpeg "access 1 year"
ExpiresByType image/gif "access 1 year"
ExpiresByType image/png "access 1 year"
ExpiresByType text/css "access 1 month"
ExpiresByType application/pdf "access 1 month"
ExpiresByType application/javascript "access 1 month"
ExpiresByType application/x-javascript "access 1 month"
ExpiresByType application/x-shockwave-flash "access 1 month"
ExpiresByType image/x-icon "access 1 year"
ExpiresDefault "access 2 days"
</IfModule>
## EXPIRES CACHING ##
```

Tras comprobar que esté activo el módulo expires, se establece el tiempo de caducidad en la caché del navegador del visitante para cada tipo de contenido.

REDES GLOBALES DE ENTREGA DE CONTENIDOS

En los últimos tiempos, debido a la globalización del comercio electrónico, cada vez es más común trabajar con las conocidas como CDN, del inglés *Content Delivery Network*, o redes de entrega de contenidos. Estas alojan en servidores de todo el planeta versiones en caché de tus contenidos estáticos, mejorando de este modo los tiempos de entrega de tu web para usuarios que no estén cerca de tu alojamiento web, a los que se realiza la entrega desde uno de los servidores más cercanos que tenga la CDN.

Configurar una CDN no es algo trivial, y cada una tiene un proceso diferente, pero sí te recomiendo que tu primera CDN sea CloudFlare (www.cloudflare.com/es-es/), pues dispone de un sencillo asistente que te va guiando paso a paso y las funcionalidades principales son gratuitas.

¿Merece la pena servir contenidos desde una CDN? Siempre, ni lo dudes, para mí es un estándar en cualquier instalación, porque no solo está el hecho de que sirve contenidos en caché a usuarios de todo el mundo, sino que todos esos recursos estáticos que sirve la CDN suponen, en paralelo, un ahorro de recursos en tu propio servidor (en ocasiones regula en ahorros en tus costes de alojamiento web).

LA FÓRMULA WPO PERFECTA

Te preguntarás: «¿No hay un modo más sencillo y completo de optimizar WordPress sin tanto código?», y sí, pero no un modo único, aunque sí una combinación ganadora que te servirá para la mayoría de tus webs.

La fórmula para optimizar WordPress con el mínimo esfuerzo y máximo rendimiento es la siguiente:

1. **Hosting:** Elige una buena empresa de alojamiento web que tenga sus servidores siempre actualizados y optimizados para WordPress.

2. **Caché:** Cachea todo con el plugin SG Optimizer o Cache Enabler y activa una CDN gratuita como CloudFlare.

3. **Minimiza:** Reduce el tamaño de todos los códigos de tu web con los plugins SG Optimizer o Autoptimize.

4. **Comprime y optimiza:** Comprime y optimiza todos tus contenidos estáticos usando mi plugin WPO Tweaks (es.wordpress.org/plugins/wpo-tweaks), que añade reglas automáticamente para:

    ▶ Optimizar la caché del navegador.

    ▶ Comprimir los contenidos estáticos.

    ▶ Cargar solo los scripts imprescindibles de WordPress.

5. **Analiza:** Comprueba el resultado de cada optimización con servicios online de medición de rendimiento web como GTMetrix.

14

WORDPRESS PARA CREAR APLICACIONES

WORDPRESS HACE TIEMPO QUE NO ES SOLO PARA BLOGS

Es cierto que WordPress nació como herramienta para bloguear, pero ha ido evolucionando hasta hoy hasta convertirse en un auténtico CMS para creación de webs y aplicaciones. Es un completo *framework* que sirve de base para cualquier aplicación web que se te ocurra.

Nota: *Un framework es un entorno de trabajo sobre el que es posible realizar múltiples tareas, es la base en la que descansan capas adicionales de funcionalidad. WordPress funciona como un framework al ofrecer un núcleo que, mediante plugins y temas, se convierte en prácticamente cualquier aplicación web.*

En la actualidad, con WordPress y temas y plugins especializados es posible transformar tu CMS en casi cualquier servicio web: desde sistemas de facturación a redes sociales, desde sistemas de autopublicación a *microblogging*, lo que quieras y a algún desarrollador se le haya ocurrido. Y lo mejor de todo es que, conseguir este tipo de aplicaciones web es tan sencillo en la mayoría de las ocasiones como instalar un tema y activarlo, al estilo WordPress.

En este capítulo vamos a ver algunos de estos usos.

TU PROPIO TWITTER CON WORDPRESS

Crear tu propio Twitter con WordPress es tan sencillo que casi me da vergüenza reconocerlo, veamos los pasos, por decir algo:

1. Una instalación de WordPress estándar, o personalizada, como sea.

2. Descarga e instala el tema P2 y actívalo.

Ya está, no hay nada más que hacer. Solo instala el tema P2 (es.wordpress.org/themes/p2/) como cualquier otro tema. Una vez activo, convierte tu instalación de WordPress en un sistema de *microblogging* como Twitter, pero mejor, pues puedes personalizarlo, añadirle funcionalidades y cualquier cosa que quieras, como todo en WordPress.

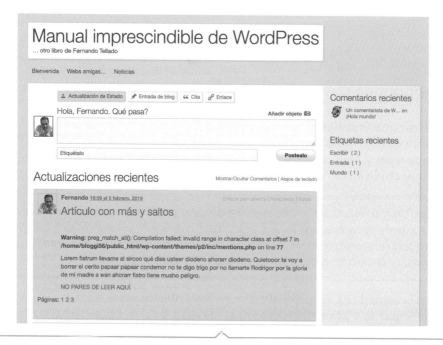

Figura 14.1. Tema P2 activo.

Configura algunos ajustes, pero en realidad tampoco es necesario. Una vez activo, cualquier usuario puede compartir entradas, citas, enlaces, adjuntos, de todo, sin siquiera pasar por el Escritorio de WordPress, desde la propia web.

Es posible, asimismo, contestar a cada mensaje de usuario, citarle con @nombreusuario como harías en Twitter... ¿Que te arrepientes y no te satisface?, nada, activas otro tema y WordPress vuelve a estar como siempre: las actualizaciones publicadas ahí seguirán, cada una con su formato de entrada personalizado.

Nota: *Los blogs colaborativos del equipo de desarrollo de WordPress funcionan todos con el tema P2, ya que facilitan un entorno de comunicación de manera rápida, con funcionalidades avanzadas y el mínimo esfuerzo.*

WORDPRESS PARA CREAR Y PUBLICAR LIBROS

Esto casi no te lo vas a creer, pero sí, también WordPress se emplea como un servicio de creación y publicación de libros electrónicos.

El proceso pasa en esta ocasión por la instalación de un plugin gratuito y de código abierto, PressBooks (github.com//pressbooks), que en realidad es una conjunción de plugin y temas. Este caso —a diferencia del anterior— es un poco más complicado: tienes que llevar a cabo una instalación limpia de WordPress Multisitio (ver más adelante en este capítulo) donde cada sitio será un libro distinto; cuando termines la instalación, solo te queda instalar el plugin PressBooks y empezar a escribir tu libro (o libros). Para ello, dispones de un tipo de entrada personalizada denominada *Chapter* (capítulo en inglés), que se edita con normalidad, como cualquier otra.

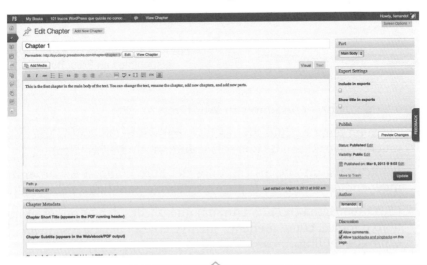

Figura 14.2. Creando un capítulo del libro con PressBooks.

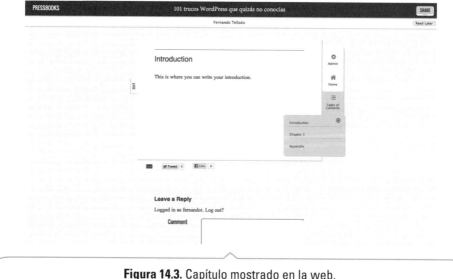

Figura 14.3. Capítulo mostrado en la web.

Una vez termines el libro, puedes —sin salir de WordPress— darle los formatos más habituales de libro electrónico: PDF, ePub, Mobi, HPub, ICML, XHTML o incluso XML de WordPress para importarlo en otra instalación de WordPress.

Figura 14.4. Formatos de exportación disponibles en PressBooks.

Otro modo de hacer un libro con WordPress es este:

1. Busca un tema sencillo sin muchos archivos ni elementos adicionales, mucho mejor si son de una sola columna, sin barras laterales.

2. Publica cada uno de los capítulos del libro como si fuesen entradas independientes. Utiliza la misma categoría para todos los artículos.

3. Crea una página (no una entrada) que puedes llamar por el título del libro o índice, como prefieras. Incluye en esta página los enlaces a los capítulos del libro.

4. Entra al panel de administración del WordPress y ve a los Ajustes>Lectura. Allí debes marcar que la página principal del sitio sea estática y elige la página en la cual creaste los enlaces a los capítulos. De esa manera, la página de inicio siempre será aquella en la que están los enlaces a los capítulos del libro.

5. El último paso es eliminar todos los enlaces visibles a los componentes de un WordPress habituales (calendario, entradas recientes, etc.). Es importante, además, borrar las referencias a las fechas y a las categorías en el archivo index.php del tema.

6. También decide si mantienes el sistema de comentarios. Considero que una de las razones principales para publicar un libro en formato de blog es que ya tenemos un sistema de comentarios que los lectores utilizarán para opinar del libro. Así que, a menos que tengamos razones mayores para eliminarlo, sugiero que mantengas el sistema de comentarios.

Truco: *Mi libro «1001 Trucos WordPress», también publicado por Anaya, lo preparé inicialmente con esta técnica anterior, sencilla pero efectiva, pues además dispones del buscador de WordPress para localizar con rapidez errores o textos duplicados.*

WORDPRESS PARA PUBLICACIONES ACADÉMICAS

Un uso aún más especializado de publicación en WordPress es la creación de contenidos de carácter y calidad académica, con los elementos estándar que este tipo de publicaciones suelen requerir.

Para ello nos valemos del tema Annotum descargable desde el repositorio oficial de temas de WordPress (wordpress.org/themes/annotum-base/). Pero no se queda ahí porque también incluye un montón de funcionalidades para las que por lo general tendrías que instalar decenas de plugins (algo que en este caso no es necesario).

Para disfrutar de las características especiales de Annotum usa el tipo de entrada personalizada (incorporada) de artículo (*article*) en vez de añadir entradas nuevas normales —que, aunque también puedes usarlas (por ejemplo, para distinguir noticias de artículos académicos), no sacan todo el partido de Annotum—.

Figura 14.5. Creación de artículo académico con Annotum.

Para adaptar la escritura habitual a la estructura —más compleja habitualmente— de los artículos académicos, Annotum trabaja con un editor incorporado que distribuye de manera distinta algunos aspectos y añade funcionalidades que el editor predeterminado de WordPress no incorpora, como funciones matemáticas, editores de referencias, sistema de autoría compartida, tablas y otras utilidades.

Este tema importa, exporta y utiliza el formato XML especialmente adaptado a publicaciones académicas, en concreto el Kipling Subset DTD (dtd.nlm.nih. gov/ncbi/kipling/). Y no solo es posible importar contenidos en este formato ya estándar y emplearlo en tu WordPress, sino también —lo más importante— exportar tus artículos para que se publiquen en cualquier otro entorno que use este estándar. Además, el mismo editor permite convertir un artículo de Annotum en una entrada normal, para que no te falte de nada. Fíjate si tiene posibilidades esta combinación de WordPress y Annotum que incluso Google se planteó, antes de cerrarla, migrar su aplicación Knol a este sistema.

CREA UNA RED SOCIAL CON WORDPRESS

Uno de los usos más especializados de WordPress es crear una completa red social, con todos los componentes habituales:

- ► Compatible con cualquier tema WordPress.
- ► Grupos.
- ► Foros.
- ► Relaciones de amistad.
- ► Mensajería privada.

- ► Menciones a usuarios.

- ► Sistema de avisos.

- ► Perfiles de usuario personalizados.

- ► Carga de adjuntos.

- ► *Widgets* específicos para mostrar usuarios conectados, grupos, etcétera.

- ► Actualizaciones de estado, por supuesto.

- ► Ampliable mediante temas y plugins especializados para BuddyPress que incorporan nuevas características.

Y por si te queda aún capacidad de asombro, lo mejor de todo: BuddyPress es un plugin que se instala como cualquier otro y, una vez activo, convierte de forma automática tu instalación estándar de WordPress en una completa red social.

En la misma página de bienvenida, que aparece al activar el plugin, se nos invita a pasar por la página de configuración (imprescindible), donde realizaremos los ajustes y personalizaciones necesarios para tener a punto nuestra red social.

Hay tres páginas de configuración, todas ellas importantes, que te detallo a continuación con mis consejos:

1. **Componentes:**

   - ► **Perfiles extendidos:** perfiles editables y personalizables (activar).

   - ► **Configuración de cuenta:** para que los usuarios configuren los avisos y el perfil (activar).

   - ► **Conexión amigos:** seguimiento de actividad de usuarios añadidos como amigos (activar).

   - ► **Mensajería privada:** mensajes entre usuarios (desactivar en principio, activar si lo pide la comunidad porque deriva la conversación a entornos privados).

   - ► **Cronologías de actividad:** seguimiento de actividad no solo de usuarios, también de grupos y foros (activar).

   - ► **Notificaciones:** avisos en la barra de la red de aceptación de amigos, seguimientos, etc. (activar).

   - ► **Grupos del usuario:** organizados por actividad, abiertos, ocultos (activar).

   - ► **Seguimiento del sitio:** registro de actividades (activar solo si hay un administrador dedicado).

2. **Opciones:** ajustes principales de la red social:

- ▶ **Mostrar la barra de herramientas a usuarios no identificados:** fundamental para fomentar el registro, porque incluye enlaces para registrarse y denota su carácter social (recomendable).

- ▶ **Eliminación de la cuenta:** autoriza a los usuarios a borrar su cuenta, en los antiguos foros no se permitía porque borra también las conversaciones y deja sin sentido los debates (no recomendable).

- ▶ **Paquete de plantillas:** una serie de plantillas personalizables que aplicar a cualquier tema WordPress.

- ▶ **Subir foto de perfil:** para elegir los avatares predeterminados o subir propios (recomendable).

- ▶ **Sincronización de perfil:** unifica perfiles de WordPress y BuddyPress, para usuarios nuevos y ya existentes (no recomendable).

- ▶ **Creación de grupo:** permite que cualquier usuario pueda iniciar grupos, no solo el administrador (recomendable).

- ▶ **Comentarios:** integración de comentarios (recomendable).

3. **Páginas:** en esta ventana se crean las páginas que acogerán la actividad y diferentes utilidades de la red social:

- ▶ **Usuarios:** página de perfil de usuario (imprescindible).

- ▶ **Cronologías de actividad:** página de inicio de la red social, en la que aparecen las actualizaciones, menciones, avisos, etcétera (imprescindible).

- ▶ **Grupos del usuario:** páginas de grupos (imprescindible).

- ▶ **Registrarse:** para el registro de usuarios (imprescindible).

- ▶ **Activar:** página especial de rebote tras el registro de usuario (imprescindible).

Truco: *En una red social BuddyPress es interesante definir como página principal la de Actividad en Ajustes>Lectura.*

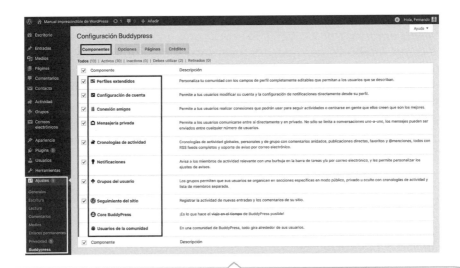

Figura 14.6. BuddyPress, sus componentes y ajustes.

Figura 14.7. Página de actividad de BuddyPress.

Cuando generes las páginas y configures los ajustes, tu red social está creada y lista para empezar a promoverla. No vas a conseguir competir con las grandes redes como Facebook, pero puedes incentivar redes corporativas, sectoriales y temáticas, que aglutinarán conocimiento y se convertirán en comunidades de práctica que aportarán valor a los usuarios y, gracias a WordPress, tendrán un estupendo posicionamiento en buscadores.

Truco: *Si realizas una red social con BuddyPress, en cualquier momento regresas a un WordPress estándar solo con desactivar el plugin. Solo deberías borrar las páginas especiales que generaste para la red social.*

FOROS EN WORDPRESS

Internet no sería lo mismo sin los foros, por lo útiles que son para todo tipo de usos y, en muchos casos, son más que suficiente para conseguir fidelidad de los visitantes, sin necesidad de generar una red social completa.

Hay muchos plugins con los que crear foros en WordPress, pero el más desarrollado, que mantiene la comunidad de WordPress, es bbPress (bbpress. org): sencillo, potente y más que suficiente para la mayoría de los proyectos.

Se instala como cualquier otro plugin. Para trabajar con él, lo primero es configurar las opciones personalizadas en Ajustes>Foros. De todas las opciones disponibles, presta especial atención a las URL de los foros y debates, pues si haces cualquier cambio sobre las que nos ofrece por defecto deberás ir —después de guardarlos— a Ajustes>Enlaces permanentes y, sin hacer ninguna modificación en la configuración, guardar los cambios como si los hubiera. De este modo, se archivan los enlaces necesarios para los foros.

Lo siguiente es crear tu primer foro y, para eso, de entre los tres nuevos menús, vas al de Foros>Nuevo foro y realizas uno a tu gusto.

Es muy sencillo, solo hay que rellenar los campos disponibles como si fuera una entrada de tu sitio, de manera que el título será el nombre del foro, el cuerpo del mensaje su descripción y en el *widget* de Atributos del foro es donde debes especificar si será un foro normal (Foro) o una sección (Categoría) —que son como las áreas del foro, donde no se dejan mensajes sino que son como contenedores de foros reales—. Define si el foro estará listo para publicar (Abierto) o no (Cerrado), si será público, privado u oculto, solo para administradores. Al igual que las páginas, los foros se jerarquizan como superiores y subforos, parámetro que también especificas en este *widget*.

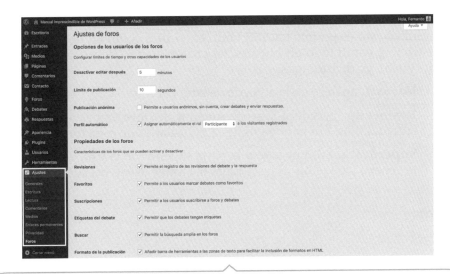

Figura 14.8. Página de ajustes de bbPress.

Cuando hayas terminado, le das al botón de Publicar y ya está, listo para anunciar el lanzamiento del foro y que los lectores empiecen a disfrutarlo, y tú a sufrirlo. Porque sí, porque un foro incorpora una nueva comunidad en tu web, que requerirá moderación de los debates. Antes de activar un foro en tu sitio, asegúrate antes de que habrá alguien que lo atienda porque, si no, será totalmente contraproducente.

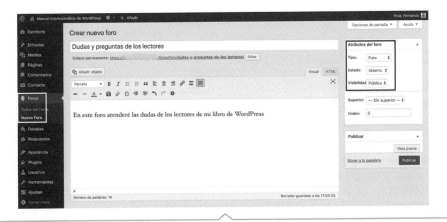

Figura 14.9. Creación del primer foro.

Suele ser recomendable que tú mismo crees el primer debate, a modo de bienvenida. Esto es posible hacerlo tanto en el sitio como en la zona de administración, como todo en bbPress. En cualquier caso debes saber que un debate puede ser de tres tipos:

▶ **Normal:** aparece en la zona de debates del foro.

▶ **Destacado:** pegado a la parte superior del foro actual, similar a las entradas fijas, útil para mensajes a los usuarios de cada foro.

▶ **Superdestacado:** pegado a la parte superior de la lista de foros, por lo general para publicar las normas del foro y avisos del administrador.

Foros

Figura 14.10. Visualización de foros y debates.

Luego, la gestión de debates y respuestas es igual que con las entradas, exactamente igual, con enlaces de acción, posibilidad de crear nuevas respuestas y debates desde la zona de administración, todo al estilo WordPress.

Al final, sin tener que aprender un modo de gestión nuevo, con el mínimo esfuerzo y gracias a un simple plugin, ofrecerás una funcionalidad por completo nueva, con sus propias características, a tus visitantes.

WORDPRESS MULTISITIO

Hasta que no llegó la versión 3.0 de WordPress, si querías ofrecer webs a otros usuarios tenías que instalar una versión especial, denominada WordPress MU, o WordPress Multiusuario como se le conocía. Esto se acabó y las versiones se unificaron, teniendo en un solo paquete todas las posibilidades de WordPress.

Fue una decisión crucial e importante, pues antes de eso había plugins para WordPress y plugins para WordPress MU, y lo mismo pasaba con los temas, con los problemas de compatibilidad que eso suponía. Además, la migración de un WordPress «normal» a un WordPress MU era tediosa, y volver a un WordPress único muchísimo peor.

Afortunadamente, hoy disfrutamos en una sola descarga de todas las posibilidades que ofrece WordPress, incluida la de ofrecer la creación de webs a otros, que es lo que incorpora WordPress Multisitio. ¿Que para qué sirve?, pues para ofrecer un servicio como EduBlogs (edublogs.org) o el mismo WordPress.com (un lugar donde desde una instalación simple de WordPress, cualquiera crea su propio espacio en tu dominio y disfruta de todas las ventajas de WordPress en un entorno controlado, controlado por ti). En definitiva, una red de webs gestionadas desde un único punto central donde decides qué funcionalidades tendrán las instalaciones simples.

Ahora bien, ¿necesitas WordPress Multisitio?, pues en verdad son muy pocos los posibles usos que se le puede dar, aunque estos serían algunos de los más interesantes:

▶ Red de blogs temática para controlar que todos los sitios tengan la misma configuración y facilitar la tarea de las actualizaciones.

▶ Red social con BuddyPress para, además, ofrecer blogs gratuitos.

▶ Entorno académico para dar a los alumnos webs de proyecto, apuntes o grupos de trabajo.

▶ Portal profesional en el que permitir a los usuarios realizar sus webs con facilidad, sin tener que contratar su propio dominio y alojamiento.

INSTALAR WORDPRESS MULTISITIO

WordPress contiene todo lo que necesitas para convertirlo en una instalación Multisitio, pero hay que realizar una serie de acciones para aprovechar estas funcionalidades. Además, debes comprobar que cumple unos requisitos:

1. Desactiva todos los plugins antes de activar Multisitio.

2. Comprueba que estás utilizando enlaces permanentes amigables, del tipo misitio.es/mi-entrada/, no los enlaces permanentes predeterminados.

Con esto ya se activa Multisitio, y el primer paso es añadir la siguiente línea de código al archivo de configuración de WordPress, wp-config.php, antes de la línea que dice eso de Eso es todo, deja de modificar, feliz publicación:

```
define( 'WP_ALLOW_MULTISITE', true );
```

Cuando guardes los cambios, ya habrás activado la configuración de red de WordPress y verás un nuevo menú para configurarla en tu escritorio de WordPress, la encontrarás en Herramientas>Configuración de la red.

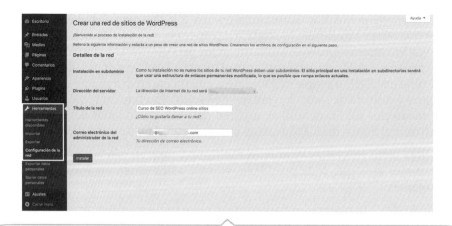

Figura 14.11. Página de configuración de la red.

Nombra tu red y elige un correo electrónico para el administrador de ella, normalmente el del administrador principal de WordPress y pulsa el botón Instalar. Nada más hacerlo, nos indica una serie de códigos para añadir a los archivos wp-config.php y .htaccess, respectivamente, que varían de una instalación a otra. Copia cada código y pégalos en el archivo correspondiente. Cuando lo hayas hecho y hayas guardado los cambios, vuelve a esta pantalla y haz clic en el enlace de Acceder.

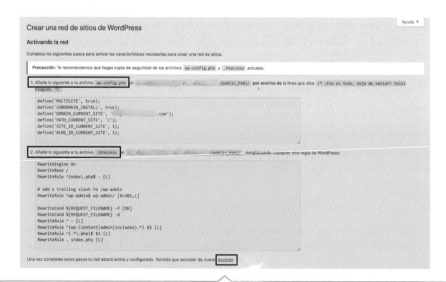

Figura 14.12. Códigos para configurar la red multisitio.

Advertencia: *El código a copiar y pegar en el archivo wp-config.php añádelo a con-tinuación de la línea en la que activaste la red, pero en el archivo .htaccess sustituye todo lo que haya por el código que te facilita la página de configuración de la red.*

Cuando accedas de nuevo a la administración de WordPress descubrirás que hay varios cambios:

► Nuevo submenú en Inicio>Mis sitios en el que estará la lista de sitios creados, en principio solo uno, el principal. Desde esta pantalla accede a visitar cada sitio y su escritorio.

► Nuevo menú en la barra de administración denominado Mis sitios desde el que llegar a las herramientas del Administrador de la red:

  ► Escritorio de la red.

  ► Sitios de la red.

  ► Usuarios de la red.

  ► Temas disponibles para la red.

  ► Plugins disponibles para la red.

► Ahora hay un nuevo tipo de usuario, el superadministrador o admi-nistrador de la red. Es posible asignar a cualquier usuario la capacidad de administrar la red mediante una nueva casilla que aparece cuando lo editas.

Una vez en el escritorio de la red tienes nuevas herramientas:

► **Añadir nuevo sitio**, especificando la ruta, el título y correo electró-nico del administrador.

► **Ajustes de red**, con todas las configuraciones por defecto de creación de sitios y mucho más.

► **Página de códigos de configuración de la red** que usaste para crearla, como referencia futura por si modificas algo sin querer.

► **Actualizaciones de la red**, donde actualizar todos los sitios de la red a las versiones más recientes de todo el software instalado.

Nota: *Los plugins y temas que se activen en el escritorio del sitio principal solo afectan a este sitio, no al resto de la red. Al activar un tema o plugin para la red, se pone a disposición de cada uno de los sitios.*

CONFIGURAR WORDPRESS MULTISITIO

Los ajustes más importantes de la configuración de la red, disponibles en Administrador de la red>Ajustes>Ajustes de red son estos:

- **Permitir nuevos registros:** Aquí especificamos si se pueden registrar usuarios y/o blogs y cómo, las opciones son estas:

    - **Los registros están desactivados:** no es posible registrar ni usuarios ni sitios, pero sí crear usuarios y sitios, aunque tiene que hacerlo el administrador (situación ideal para una red de blogs o un entorno controlado).

    - **Se pueden crear cuentas de usuario:** cualquier visitante puede registrarse como usuario, pero no creará sitios. Normalmente en estos casos el nuevo usuario debe pedir al administrador que haga un blog, por cuestiones de seguridad.

    - **Los usuarios conectados pueden crear sitios:** si está activo el registro de usuarios y sitios, cualquier usuario nuevo puede, en una misma pantalla, crear ambos. De este modo es un proceso separado: primero se registra y luego genera el sitio desde la zona de administración.

    - **Pueden registrarse sitios y cuentas de usuario:** cualquier visitante puede registrarse como usuario y crear un blog desde la misma pantalla inicial, igual que en WordPress.com (opción recomendada).

- **Aviso de registro:** envía un correo electrónico al administrador cuando se registra un usuario o sitio (recomendable).

- **Añadir nuevos usuarios:** el administrador tiene la capacidad de crear usuarios (no es necesario pero sí recomendable).

- **Nombres prohibidos:** lista de nombres, separados por espacios, que no usarán los nuevos usuarios (recomendable para evitar confusiones).

- **Limitar el registro por correo electrónico:** lista de dominios, uno en cada línea, de correo electrónico permitidos para registrar usuarios (recomendable para redes corporativas, para solo permitir altas a usuarios de la misma empresa).

- **Dominios de correo electrónico no permitidos:** dominios, uno por línea, no permitidos para el registro de usuarios (recomendable añadir dominios de correo temporal o sospechosos de ser nido de *spammers*).

- ▶ **Ajustes para sitios nuevos:** relación de mensajes y textos para los nuevos usuarios (recomendable personalizarlos de forma exhaustiva).

- ▶ **Espacio de subidas para el sitio:** límite en MB de espacio asignado a cada sitio (recomendable, se amplía en cualquier momento).

- ▶ **Tipos de archivo permitidos:** lista de extensiones de archivo, separadas por espacios, permitidas a la hora de subir adjuntos, las no incluidas no se podrán subir (obligatorio).

- ▶ **Tamaño máximo de archivo:** tamaño máximo autorizado para cada adjunto que suban los usuarios a sus sitios (recomendable que no pase de 1 MB).

- ▶ **Idioma predeterminado:** el idioma para la administración de nuevos sitios.

- ▶ **Activar menús de administración (plugins):** decide si los usuarios activarán, instalarán, etc., plugins (no recomendable).

Truco: *Es mejor ser muy restrictivo al principio y, a medida que crece la comunidad, ir ofreciendo más espacio, más opciones.*

USOS DE WORDPRESS MULTISITIO

Una instalación de Multisitio sirve para casi cualquier cosa, pero lo que es fundamental es que definas bien antes las necesidades que va a requerir. Por ejemplo, valora con cuidado las necesidades de espacio en disco y memoria disponible del servidor antes de ofrecer graciosamente mucho espacio en disco y plugins activos para la red, porque los costes pueden dispararse y morirás de éxito.

Otro error común es pensar que Multisitio es la mejor opción por defecto cuando se tienen que administrar tres o cuatro webs, y no es así. Los requisitos de WordPress Multisitio siempre son mayores que los de las mismas instalaciones por separado, en especial en lo que se refiere a memoria y tasa de transferencia del alojamiento. Todas las peticiones, desde todos los sitios, muchas simultáneas, se hacen a la misma base de datos, mientras que en instalaciones separadas cada sitio realiza las peticiones a su propia base de datos, balanceándose mejor la carga del servidor.

Es cierto que es una gozada una instalación de WordPress Multisitio para gestionar varias webs, especialmente a la hora de actualizar WordPress, plugins o temas, pues en Multisitio todo se hace de una sola vez. Sin embargo, hay soluciones alternativas para gestionar varias webs desde un mismo entorno de administración, incluso con la posibilidad de actualizar sistema y complementos en una misma operación. Son sistemas como ManageWP (managewp.com), InfiniteWP (infinitewp.com/) o MainWP (mainwp.com/), que permiten acceder a múltiples escritorios de WordPress, actualizaciones e instalaciones en masa, copias de seguridad por lotes y programadas, incluso crear una entrada y que se publique en varios sitios.

De todos modos, si aún quieres ser el próximo WordPress.com o EduBlogs.org, una instalación de WordPress Multisitio pone a tu alcance todo este potencial en un instante y pocos clics, con una sencillez inaudita. Solo tienes que activar la red como hemos visto y luego un par de cosillas imprescindibles adicionales:

▶ Facilitar a los visitantes un enlace (de texto en el menú principal, o mejor con un banner en la portada) a la dirección misitio.es/wp-signup.php para que se registren y creen su nuevo sitio.

▶ Instalar unos cuantos temas y plugins, adaptados a las necesidades de tu futura comunidad y activarlos para la red.

▶ Instalar el plugin gratuito Multisite enhancements (es.wordpress.org/plugins/multisite-enhancements/) que mejora con mucho la administración de una instalación Multisitio.

▶ Elegir o diseñar un buen tema para el sitio principal, que anime al registro y muestre las últimas noticias de toda la red.

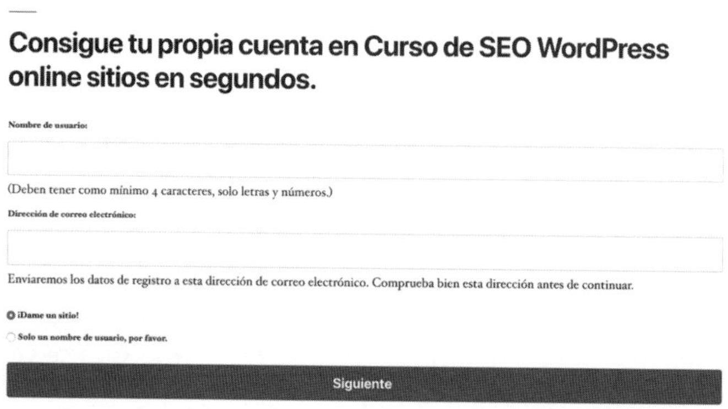

Consigue tu propia cuenta en Curso de SEO WordPress online sitios en segundos.

Nombre de usuario:

(Deben tener como mínimo 4 caracteres, solo letras y números.)

Dirección de correo electrónico:

Enviaremos los datos de registro a esta dirección de correo electrónico. Comprueba bien esta dirección antes de continuar.

◉ ¡Dame un sitio!

○ Solo un nombre de usuario, por favor.

Siguiente

Figura 14.13. Página de creación de sitios en un WordPress Multisitio.

CREA UNA TIENDA ONLINE CON WORDPRESS

Uno de los fines más productivos que dar a WordPress es realizar una tienda online, para adentrarte en el mundo del ecommerce.

Para conseguirlo, el único requisito es instalar el plugin llamado WooCommerce, gratuito y disponible en el instalador de plugins de tu WordPress. Una vez instalado y activo, te ofrecerá un asistente de configuración que facilita mucho los primeros ajustes: ayuda a configurar la moneda, gastos de envío, formas de pago y mucho más.

Figura 14.14. Asistente de configuración de WooCommerce.

A pesar de que en el asistente se establecen muchos aspectos de la instalación es obligatorio a continuación ir a los ajustes de WooCommerce y configurar:

▶ **Ajustes generales:** con aspectos tan importantes como activar la gestión de impuestos y el sistema de cupones descuento integrado.

▶ **Ajustes de productos:** para personalizar las valoraciones, la gestión de inventario o comportamiento al añadir productos al carrito.

- ▶ **Impuestos:** aquí es donde tendremos que crear y personalizar los distintos impuestos y tasas necesarios para nuestro país.

- ▶ **Envío:** para delimitar las zonas de envío, los métodos de envío en cada una de ellas y sus precios, y las clases de envío especiales y sus costes.

- ▶ **Cuentas y privacidad:** lugar en el que se especifica si se crearán cuentas de usuario y los ajustes de privacidad de acuerdo con la legislación vigente.

- ▶ **Correos electrónicos:** aquí se decide qué correos se enviarán cuando se realicen pedidos y si se personalizan o no.

- ▶ **Ajustes avanzados:** determina aspectos tan importantes como qué páginas serán la de carrito, tienda o finalizar compra.

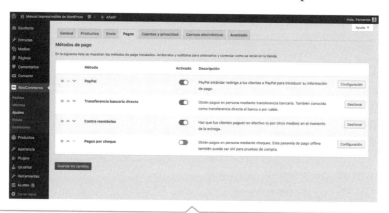

Figura 14.15. Ajustes de pagos en WooCommerce.

Figura 14.16. Creación de métodos de envío.

El uso, optimización y dominio de WooCommerce da por sí solo para un libro completo (sí, me lo estoy pensando), así que no me extenderé mucho, aunque te recomiendo instalarlo y probarlo, para comprobar sus enormes posibilidades.

Solo debes saber que crear productos es tan sencillo como generar entradas y páginas y que WooCommerce, al instalarlo, ya te ofrece todas las funcionalidades de un ecommerce completo, con las páginas imprescindibles para el carrito, pago, tienda y cuenta de cliente, además de una gestión completa de pedidos, informes, descuentos y mucho más.

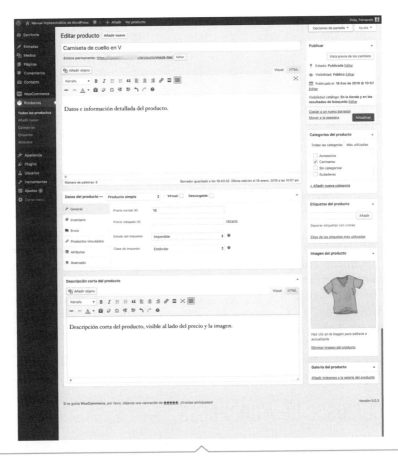

Figura 14.17. Creación de un producto WooCommerce.

¡OFERTA!

Camiseta de cuello en V

~~18,00€~~ 14,99€

Descripción corta del producto, visible
al lado del precio y la imagen.

| I | **Añadir al carrito** |

Categoría: Camisetas

Descripción   **Valoraciones (0)**

Descripción

Datos e información detallada del producto.

Figura 14.18. Producto WooCommerce publicado.

Truco: *El plugin WooCommerce instala la base fundamental para realizar la tienda online y empezar a crear productos y venderlos, pero hay muchos plugins que amplían sus funcionalidades. Un buen plugin de extensión para WooCommerce es Yith Essential Kit for WooCommerce #1 pues incorpora muchas de las principales utilidades que necesitarás en tu tienda online además de las incluidas en WooCommerce (es.wordpress.org/plugins/yith-essential-kit-for-woocommerce-1/).*

USOS CURIOSOS DE WORDPRESS

Hay muchos otros usos que puedes dar a WordPress, de los que estos son solo unos ejemplos:

▶ **Sistema de facturación:** mediante plugins como el impresionante Sliced Invoices es posible crear y gestionar un completo sistema de facturación online para tus clientes (es.wordpress.org/plugins/sliced-invoices/).

- ▶ **CRM:** también es posible crear un completo sistema de gestión de clientes mediante maravillosos plugins como WP CRM (es.wordpress.org/plugins/wp-crm/).

- ▶ **ERP:** ¿a que no imaginabas que podrías gestionar toda tu empresa desde WordPress? Pues se puede, con el impresionante plugin WP ERP (es.wordpress.org/plugins/erp/).

- ▶ **Soporte técnico:** ¿quieres un sistema en directo para dar soporte técnico?, pues con WATS se consigue, con seguimiento y reasignación de tareas, avisos a cliente, de todo (es.wordpress.org/plugins/wats/).

- ▶ **Wiki:** también WordPress ofrece una buena cantidad de plugins que convierten cualquier entrada, página o todo tu sitio en un sistema de edición wiki, de los que un buen ejemplo es Encyclopedia/Glossary/Wiki (es.wordpress.org/plugins/encyclopedia-lexicon-glossary-wiki-dictionary/).

Son muchas las aplicaciones que puedes crear con WordPress y cada día más, la imaginación es el único límite. De hecho, si piensas en una posible utilidad, seguro que ya hay un plugin o tema que la ofrece.

Espero que este libro te haya ayudado a ver sus posibilidades y a aprender, paso a paso, los ajustes, técnicas y disciplinas fundamentales para dominar y disfrutar de WordPress.

Acción: Pieza de código que ejecuta acciones basándose en funciones WordPress. La usan los plugins, las personalizaciones y funcionalidades que es posible añadir a tu archivo functions.php. Una función puede estar formada por acciones y ganchos.

Automattic: Empresa creada por Matt Mullenweg para ofrecer servicios relacionados con WordPress, desarrollo de webs, consultoría y acuerdos con empresas de alojamiento web. Su servicio más popular es WordPress.com, que ofrece blogs como servicio *freemium*.

Barra lateral: Uno de los bloques estándar de un tema WordPress. En un tema WordPress típico hay una cabecera donde va el lobo o nombre del sitio, bloque de contenido que es donde van las entradas que publicas, pie de página con enlaces de referencia al autor o menús y otros bloques donde añadir *widgets* desde el menú Apariencia>Widgets. Los temas pueden contener una, varias o ninguna barra lateral. Habitualmente se usan para mostrar recursos de navegación por la web.

Bloque: Elemento base que se añade en el editor para crear contenido. Hay bloques de texto, imágenes y más.

Blog: Una especie de diario online, una web que cubre la utilidad de bitácora personal donde alguien, usando un CMS, publica todo tipo de contenido, ya sea texto, fotos, vídeos o citas célebres. WordPress nació como plataforma de creación y publicación de blogs, para «bloguear», pero poco a poco ha ido creciendo y en la actualidad sirve para crear un blog, un portal corporativo, una red social y prácticamente lo que quieras, pues la diferencia la marcara el diseño que elijas.

Borrador: Uno de los estados de publicación de una entrada que, en vez de publicarla en el momento, prefieres dejar para mejorar o ampliar más adelante.

Categoría: Cuando publicas una entrada se almacena u organiza en una o varias categorías para clasificar de manera ordenada y controlada la información de tu web que tenga una relación conceptual. Son las temáticas generales de las que tratará tu web (recetas de cocina, viajes, etc.). Las categorías se jerarquizan o tienen subcategorías. Al final del *loop* suele haber enlaces a las categorías en las que está organizada cada publicación que dejan ver —haciendo clic en su nombre— todas las publicaciones que agrupa. También hay un *widget* para visualizar las categorías, con la misma funcionalidad.

Clásico (bloque): Bloque del editor de WordPress que ofrece las funcionales del editor clásico.

Clásico (editor): Editor anterior al editor de bloques de WordPress, basado en el veterano editor TinyMCE.

CMS: Acrónimo del inglés *Content Management System* que en español viene a ser Sistema de gestión de contenidos. En definitiva, es un software que permite administrar una página web de manera sencilla, gestionando por áreas sus distintas funcionalidades: contenidos, diseño, utilidades, administración, usuarios, etc. WordPress es un CMS.

CSS: Acrónimo de *Cascade Style Sheets* u Hoja de estilos en cascada, lenguaje de programación que define estilos y formatos de un documento web.

Enlace permanente: Es la URL que archivará tu contenido y por la que se podrá acceder al mismo desde cualquier otra web. Pueden ser de varios tipos: numéricas, semánticas, con fecha, etc. También se conoce como *permalink*.

Entrada: Es el modo en que en WordPress se denomina a las publicaciones, artículos, posts, etc. Es lo que muestra el *loop*, y la base fundamental del contenido de tu web, las noticias, el contenido dinámico.

Escritorio: La pantalla de inicio de la zona de administración de WordPress, la primera que ves nada más acceder o instalarlo, desde donde se empieza a crear, organizar y personalizar tu WordPress.

Etiqueta: También conocida como *tag*, se emplea también para organizar el contenido de tu web, pero está orientada al texto concreto de cada entrada. Son como las palabras clave utilizadas en una entrada. Por ejemplo, si publicas una entrada en la categoría Recetas donde explicas cómo hacer una paella con marisco, pues sería buena idea crear una etiqueta para «paella» y otra para «marisco» si crees que alguna otra vez vas a utilizarlas. Igual que las categorías, son elementos fantásticos como recursos de navegación para el visitante, de modo que le sea fácil revisar todo lo relacionado con temáticas o conceptos concretos.

Etiquetas de plantilla: O en inglés *template tags*. Son funciones PHP que recuperan información de la base de datos MySQL para crear código resultante en HTML que se mostrará en tu web.

Extracto: Parte de contenido que eliges mostrar en el *loop* en vez del contenido completo de una entrada o página. Hay un *widget* en el editor de entradas en el que definir un extracto personalizado. También es posible exponer solo hasta un punto de una entrada (extracto), en vez de completamente en el *loop*, insertando el bloque Más del editor de entradas. Hay temas que, por defecto, solo muestran en la página principal de tu web extractos del contenido de cada entrada, aunque no los definas mediante los métodos anteriores.

Función: Piezas de código específicas de WordPress que modifican su comportamiento, lo mejoran o amplían. Vienen incorporadas en el código principal de WordPress para que las utilices a tu gusto mediante bloques de código (o recetas) que se suelen añadir a un archivo existente en la mayoría de los temas (functions.php) o que forman parte de los plugins.

Freemium: Sistema de distribución de software informático mediante el cual se prueba la versión básica y/o recortada del mismo. Requiere un pago para usarlo en su totalidad.

FTP: Acrónimo de *File Transfer Protocol* o Protocolo de transferencia de ficheros. Es un protocolo de red utilizado para transferir archivos desde tu ordenador a un servidor web. Es el método habitual para subir archivos a un alojamiento, instalar WordPress, etc. El proceso se realiza con un software especializado, llamado «Clientes FTP», muy similar al Explorador de Windows o el Finder de MacOS, en los que dispones de ventanas donde se visualizan tus carpetas y las del servidor remoto, pudiendo «arrastrar y soltar» archivos de un sitio a otro.

Framework: En WordPress principalmente define los temas que modifican el comportamiento y aspecto predeterminados, al punto de ser auténticas aplicaciones web que cambian el diseño de tu web creada con WordPress mediante controles y paneles visuales, normalmente muy intuitivos, y a veces incluso desde la zona visible por el visitante. En términos generales, es cualquier aplicación web que se superpone sobre el código principal para facilitar o modificar su funcionamiento.

Gancho: Del inglés *hook*. Pieza de código que conecta dos o más funciones WordPress para ofrecer funcionalidades extra o personalizaciones. Los plugins los usan habitualmente para «conectar» funciones y acciones.

GPL: Acrónimo de GNU (*General Public License*), licencia de código libre y abierto que permite usar, ampliar, estudiar, modificar y difundir cualquier software que la utilice. WordPress usa esta licencia.

Hoja de estilos: Archivo denominado style.css, situado en los temas WordPress donde usando el lenguaje de programación CSS se definen los estilos visuales del tema elegido. Un tema WordPress debe tener obligatoriamente al menos una hoja de estilos para poder activarlo en WordPress.

Loop: Es el código PHP que muestra las entradas y páginas en el tema WordPress. Es la base fundamental e imprescindible del código de cualquier tema y de WordPress, sin el *loop* solo existe diseño, sin contenido. El *loop* mira en la base de datos y, si hay contenido, lo muestra.

Matt Mullenweg: Creador de WordPress y director general de Automattic, empresa que coordina y aloja los distintos proyectos relacionados con WordPress, además de ofrecer un servicio gratuito de creación de blogs en el dominio WordPress.com.

Menú: Enlaces a páginas, archivos, entradas o webs que los temas suelen mostrar en su parte superior. Es posible crear o modificar menús en la página de administración Apariencia>Menús. Si tu tema no dispone de un sitio para menús, también hay un *widget* de barra lateral con el que visualizar tus menús en las barras laterales.

Metabox: Nombre por el cual se denomina a los *widgets* del editor de entradas.

Metadatos de entrada: Son elementos relacionados con las entradas, que ofrecen información relativa a las mismas, como por ejemplo el autor, la fecha en que se publicó, etc. La mayoría de los temas WordPress tienen metadatos de entrada antes o después del *loop*.

MySQL: Software de gestión de bases de datos utilizado en servidores web principalmente para almacenar la información de los sitios dinámicos. WordPress necesita que el servidor disponga de MySQL para almacenar la información que genera (ajustes, contenido, entre otros).

Página: Es otro tipo de publicación que puedes crear con WordPress para enlazarlo desde los menús o enlaces personalizados. Están pensadas para contener información que no suele variar habitualmente como página de contacto, información tuya y de tu empresa, etc.

Pendiente de revisión: Otro estado de publicación, similar al borrador, pero que queda marcado para que lo revise otro usuario responsable del contenido. Es el estado de publicación predeterminado para el usuario con rol o perfil de colaborador, pues requiere la revisión de un usuario con rol de editor o administrador.

Perfil de usuario: WordPress es un CMS multiusuario y cada usuario puede tener un perfil y capacidades distintas. Los roles de usuario estándar de WordPress son, en orden descendente de capacidades: administrador de red, administrador, editor, autor, colaborador y suscriptor.

PHP: Lenguaje de programación para sitios dinámicos (con contenido actualizable y almacenable) utilizado en el código de WordPress. Para instalar WordPress el servidor necesita interpretar este lenguaje de programación.

Plantillas de página: Distintas distribuciones de diseño de las que dispone una página creada con WordPress. Depende del tema elegido que tengas más de una plantilla de página. Algunas vienen totalmente predefinidas, de manera que solo con poner nombre a una página y elegir la plantilla visualicen contenido específico (archivo, formularios...). Otras simplemente ofrecen opciones de diseño (con o sin barra lateral, ancho completo, etc.).

Plugin: Aplicación que sirve para mejorar, cambiar o añadir funcionalidades a WordPress. Los plugins son parte de la magia de este CMS, hay miles y para casi cualquier cosa que se te ocurra.

REST API: Interfaz de comunicación de entrada y salida entre WordPress y cualquier otro sistema abierto.

Shortcode: Códigos cortos empleados en el editor de entradas y en los temas WordPress para «invocar» funciones definidas con anterioridad en plugins u otras funciones.

Slug: Es la parte única de una dirección web o URL. Por ejemplo, en la URL servicios. ayudawp.com/tiena/consultoria-online-wordpress/ el slug es la parte consultoria-online-wordpress. Puedes modificarlo en el editor de entradas (bajo el título) o en la página de administración de entradas, mediante el enlace que verás denominado Edición rápida.

Taxonomía: En WordPress, este término se refiere a los sistemas de agrupación de contenidos mediante elementos comunes. Son taxonomías las etiquetas y las categorías, las categorías de enlaces, incluso los tipos de entrada personalizadas. Cualquier modo de agrupar elementos similares es lo que se denomina una taxonomía en WordPress.

Tema: Las plantillas que utiliza WordPress para visualizar el contenido. Es la parte visible por el visitante, el diseño de tu web. Es posible instalarlas, modificarlas, incluso crearlas a tu gusto. Muchas tienen páginas de opciones de personalización, accesibles en la zona de administración de WordPress, normalmente como un submenú del menú Apariencia.

Tipo de contenido personalizado: O en inglés *custom post type*, son tipos especiales de contenido, aparte de las entradas y páginas, para mostrar tipos de contenido como solo imágenes, citas, audios, entre otros. Los temas WordPress pueden definir estilos distintos para visualizar los tipos de entrada personalizadas en el *loop*.

Widget: Pequeña cajita que «flota» sobre el Escritorio de WordPress, el editor de entradas y algunas páginas de administración más. Se mueven, minimizan y personalizan. En el Escritorio brindan información, en el editor ofrecen utilidades, en la sección de Apariencia son los bloques de información que se colocarán en las barras laterales de tu sitio web.

WordPress: Viene a significar algo así como «palabra impresa», pues en el momento de su creación se postulaba como el sistema de publicación editorial online por excelencia, objetivo que ha cumplido.

WordPress.org: Sitio web donde está disponible el código original de WordPress para su descarga. También aloja miles de plugins y temas y las traducciones del sistema.

WordPress.com: Sitio web donde la empresa Automattic ofrece un servicio de blogs creados con WordPress mediante el sistema *freemium*.

gratis, 15, 31, 109, 162, 169, 216
Gravatar, 64, 65, 214
GZIP, 349

H

H1, 174, 176, 220, 317
H2, 174, 176, 229, 270, 298, 317, 321
H3, 176, 269, 270, 298, 321
H4, 176
H5, 176
H6, 176
hacker, 26, 212, 329, 332, 333
hoja de estilos en cascada, 133, 377
hook, 170, 316, 378
hosting, 33, 35, 37, 213, 351
hotlinking, 262, 276
htdocs, 41
HTML, 12, 21, 24, 28, 35, 46, 74, 75, 86,
    91, 101, 113, 114, 123, 133, 143, 145,
    147, 151, 153, 170, 171, 173-176, 179-
    181, 192, 213, 215, 263, 267, 273, 277,
    278, 284, 285, 313, 314, 318, 321, 334,
    341, 344, 345, 347-349, 356, 377
HTML5, 28, 192
HTTPS, 37, 151, 165-167, 175, 219, 220
HTTP/2, 220, 253

I

imagen, 64, 65, 83, 84, 122, 151-153,
    227, 234, 261-263, 267, 268, 271,
    273, 279, 283, 286, 288, 295, 304,
    306, 316, 321, 347
    destacada, 295, 304, 306
importación, 22, 23, 62, 337-339
incrustar, 25, 264, 293, 294
Instagram, 264, 293
instalador, 37, 110, 111, 113-116, 119,
    120, 195, 197, 201, 202, 219, 246, 371
    de temas, 111, 115
    de plugins, 197, 201, 202, 219, 371
IP, 34, 39, 336
iThemes, 212, 336, 341

J

JavaScript, 113, 143, 318, 349, 350
JetPack, 209, 211, 213, 216-218
jQuery, 318
JSON, 215, 297

K

keyword, 317-320

L

LAMP, 39
larga cola, 321, 322, 379
leyenda, 170, 300, 325
licencia, 17, 113, 114, 163, 164, 175,
    181, 218, 219, 378
LinkedIn, 214
localhost, 41, 48
Linux, 35, 36, 39, 40, 186
listas, 41, 197, 210, 227, 230, 270, 272
    ordenadas, 270
    desordenadas, 270
long tail, 321

M

MacOS, 182, 192, 378
malware, 340, 341
MAMP, 39, 40
mapa del sitio, 211, 323
Markdown, 216
Matt Cutts, 313
Matt Mullenweg, 21, 31, 376, 378
medios, 24, 25, 27, 61, 82, 85, 102, 257,
    258, 261, 263, 267, 268, 273, 274,
    276, 288, 304, 310, 323, 344, 345, 347
members, 102-104, 106, 304
Memcached, 345
menús, 26, 27, 5759, 61-65, 101, 103,
    104, 131, 135, 143-145, 147, 150, 166,
    171, 206, 233, 234, 336, 362, 369,
    376-379
meta, 101, 103, 135, 173, 181, 320,
    322, 341
metadato, 24, 25, 76, 77, 147, 227, 232,
    245, 275, 305, 306, 320, 337, 379
microblogging, 353, 354
Microsoft, 35, 39, 212, 339
miembros, 73
Mobi, 356
moderar, 22, 64, 65, 92, 100, 104, 363
more, 290
multimedia, 25, 28, 82, 304, 347
multisitio, 27, 355, 364-366, 368-370
MySQL, 27, 35-37, 39, 40, 192, 377, 379

N

nofollow, 147

O

oEmbed, 25, 293
open source, 17